可持续农产品供应链管理：
理论与建模

何 勇 著

科学出版社

北京

内 容 简 介

本书深入研究当前农产品供应链在可持续发展方面面临的关键挑战，提炼核心问题，通过理论分析和数学建模加以解决，形成系统的可持续农产品供应链管理理论体系和建模方法。本书从农产品供应链的需求端考虑消费者偏好挖掘、生产端考虑绿色生产、销售端考虑质量分级和全过程考虑绿色认证等多个维度出发，提出一系列针对性的策略，有助于提高农产品供应链整体盈利能力以及可持续发展水平。通过对农产品供应链管理理论与实践的深入探讨，本书深入浅出地阐述理论框架，通过数学模型构建与优化算法分析，并结合具体案例和实践经验，使读者能够快速理解并应用本书内容。

本书可作为农业从业者、农产品供应链研究人员以及相关政府部门的政策制定者的工具书，也可以作为高等院校农业科学、农业工程、农业经济、管理科学与工程等专业的教师及学生的教科书和参考书。

图书在版编目（CIP）数据

可持续农产品供应链管理：理论与建模 / 何勇著. --北京：科学出版社，2024.12

ISBN 978-7-03-077097-4

Ⅰ. ①可… Ⅱ. ①何… Ⅲ. ①农产品-供应链管理 Ⅳ. ①F724.72

中国国家版本馆CIP数据核字(2023)第219358号

责任编辑：陶 璇 / 责任校对：姜丽策
责任印制：张 伟 / 封面设计：有道设计

科 学 出 版 社 出版
北京东黄城根北街 16 号
邮政编码：100717
http://www.sciencep.com

北京建宏印刷有限公司印刷
科学出版社发行 各地新华书店经销

＊

2024年12月第 一 版 开本：720×1000 1/16
2024年12月第一次印刷 印张：13 3/4
字数：300 000

定价：168.00 元
（如有印装质量问题，我社负责调换）

前　言

随着农业污染的加剧和消费者对绿色农产品需求的提高，越来越多的传统农产品生产者开始向绿色生产转型。近些年来，消费者对农产品的质量安全问题越来越关注，大数据、人工智能等技术的发展也有助于挖掘需求信息。区块链、物联网等技术的发展为保障农产品质量安全提供技术支持，方便农产品生产者为产品提供清晰的质量与安全相关信息。在技术条件的支持、现实需求的引导下，如何实现农产品可持续发展成为亟须解决的问题，2015 年联合国可持续发展峰会提出农业可持续发展的目标；2016 年 8 月 19 日，我国农业部联合国家发展和改革委员会、科学技术部、财政部、国土资源部、环境保护部、水利部、国家林业局等八部门制定了《国家农业可持续发展试验示范区建设方案》，强调"贯彻绿色发展理念、推动生态文明建设、转变农业发展方式、补齐资源环境短板、加快农业现代化、促进农业可持续发展"。2021 年 11 月 12 日，国务院印发《"十四五"推进农业农村现代化规划》，强调"推进农业绿色发展，加强农村生态文明建设""促进农业农村可持续发展"。2024 年中央一号文件也提出，"坚持产业兴农、质量兴农、绿色兴农"。面对严峻的环境污染和农产品质量安全问题，建立并实践绿色可持续供应链运营已成为我国农业发展的一项战略性任务。本书从可持续供应链管理角度介绍了农产品供应链的消费者偏好挖掘、绿色生产、质量分级以及绿色认证等策略，为农产品利益相关者提高市场竞争力和盈利能力提供科学的决策依据，为我国政府推进可持续农业发展提供政策建议，具有重要的理论研究意义和实际应用价值。本书以可持续发展视角下的农产品供应链为对象，以节约资源、保护环境、安全健康为理念，以科学有效的管理、技术措施为手段，以实现农产品供应链更环保、更节能、更可持续发展为目标，从消费者偏好挖掘、绿色生产、质量分级以及绿色认证等方面介绍了农产品供应链的可持续发展策略。本书共 8 章，具体内容安排如下。

第 1 章介绍了可持续农业的相关概念，分析了可持续农业的发展模式及相应的评价，分别从农产品供应链的概念、农产品供应链的特征和农产品供应链管理策略研究等角度进行理论与方法的汇总，有助于读者更加清晰地理解可持续农产品供应链的内涵及管理方法。

第 2 章从农产品线上消费的角度，构建用户在线选择行为模型，对在线异质用户隐性需求及偏好进行挖掘研究。首先，基于互联网大数据，通过文本挖掘技术，挖掘评论中的用户需求特征；其次，结合用户属性及农产品属性(产地、重量、价格等），考虑评论隐反馈信息对用户购买决策行为的影响，构建融合评论社会影响效用的混合 logit 模型，对用户在线选择行为进行了分析。本章为农产品实现网络营销环境下的顾客需求挖掘、数据驱动运营提供了决策依据。

第 3 章从顾客的角度，研究顾客对农产品的隐性需求及异质性偏好。首先，通过考虑评论中的隐反馈信息对顾客购买决策的影响，构建顾客在线选择行为模型，引入评论影响效用；其次，基于京东生鲜电商平台的顾客在线评论和农产品数据，建立并分析农产品与顾客购买决策间的因果关系，探究各类特征属性对顾客在线选择行为的影响及顾客评论对发掘顾客潜在需求的作用。本章为农产品电子商务平台实现精准营销、个性化产品推荐、数据驱动运营提供了实践参考和决策依据。

第 4 章从需求信息不对称的角度，研究基于需求信息共享的绿色生产策略。研究由零售商群体和生产者群体组成的农产品供应链，针对传统生产者不同绿色转型策略和零售商不同需求信息共享策略，构建 Stackelberg（斯塔克尔伯格）博弈模型。然后，利用演化博弈的方法分析了零售商需求信息共享与生产者绿色转型之间的演化稳定策略。本章为基于需求信息共享的农产品绿色生产提供了决策依据。

第 5 章从政府补助的角度，研究考虑绿色生产成本共担的农产品供应链政府补贴策略。研究了一个由政府、主导企业与农户构成的三阶段博弈模型，其中一个主导企业与多个农户签订合同。该公司作为供应链的主导者，从多个农户那里采购产品。当地政府通过提供努力补贴或产量补贴，鼓励农户采用绿色生产，企业分担一部分努力成本。确定了最优绿色生产努力、批发价格和政府补贴，分析了不同参数对内生型或外生型补贴决策的影响，并从政府角度确定了补贴类型。本章为政府鼓励可持续农业的发展提供了参考依据。

第 6 章从农产品质量分级的角度，研究基于消费者质量偏好的农产品最优分级、定价和订货策略。在考虑消费者对不同质量等级偏好的基础上构建了消费者需求模型，结合农产品的质量分布特征构建质量分级模型，以零售商利润最大化为决策目标进行模型求解和分析，得到了不同农产品单位成本下，零售商最优分级、定价和订货策略，并与混合销售策略进行了对比。本章为制定消费者不同质量等级偏好下的农产品最优分级、定价和订货策略提供了理论基础。

第 7 章从生产者品牌竞争的角度，研究考虑生产者品牌竞争的农产品供应链绿色认证策略。研究了一个主导的零售商从两个不同品牌的生产者那里采购绿色农产品的供应链，考虑从绿色标签中获得的利润和额外认证成本之间的权衡。顾客在购买产品时既关心品牌价值，也关心质量安全。探讨了生产者的绿色认证和批发定价策略，以及零售商的生产者选择和零售定价策略。本章为制定农产品品牌竞争下的农产品供应链绿色认证提供了决策依据。

第 8 章从群体认证的角度，研究考虑需求信息披露的农产品供应链绿色认证策略。研究绿色标签带来的安全感知信息不确定、一些小规模的农产品生产者无法获得绿色农产品认证的情况下，合作社作为其代理机构时，合作社的需求信息披露策略和小规模生产者的产品质量信息披露策略。本章为制定安全感知信息不确定下的群体绿色认证机制提供了决策依据。

本书的主要内容源自整个研究团队的多年研究成果，感谢虞亚男(参与负责第 1 章、第 4 章、第 5 章、第 7 章和第 8 章内容)，陈静(参与负责第 2 章和第 3 章内容)，谢咏梅(参与负责第 6 章内容)以及其他硕博士在完成科研项目、从事科研活动过程中共同的努力、付出和贡献。本书得到了国家自然科学基金面上项目(72171047、71771053)、江苏省自然科学基金项目(BK20201144)和江苏省重点研发计划(现代农业)(BE2018385)资助。

尽管作者为项目研究和书稿撰写倾注了大量的精力与努力，但是面对可持续农业管理领域的复杂性，还有许多无法准确感知和正确理解的问题，还需要持续不断地学习、探索和深入研究，书中的不足之处，恳请读者批评指正。

何　勇

2024 年 4 月

目　　录

第1章 可持续农产品供应链管理理论

1.1 概 述

　　农业是我国立国之本，在国民经济建设与发展中起到支撑作用。中国国家统计局数据显示，2022 年我国农业总产值为 66 066.5 亿元，农产品进出口金额达 3343.2 亿美元，同比增长 9.9%；此外，2022 年我国粮食播种面积为 17.75 亿亩（1 亩≈666.7 平方米），比上年增加 1051.9 万亩，同比增长 0.6%，粮食总产量达到 13 730.6 亿斤（1 斤=500 克），比上年增加 73.6 亿斤，连续 8 年稳定在 1.3 万亿斤以上。由此可见，我国农业发展迅速，为社会生产和人民生活提供了重要保障，是经济发展的强大牵引力。2023 年 10 月，国务院发布的农业农村经济运行情况指出农业已成为我国加快构建新发展格局、着力推动高质量发展的有力支撑。因此，国家高度重视农业的发展，将农业工作作为重心，优化农业结构，大力推动农业向着现代化、绿色化、可持续化转型。近年来，我国政府部门陆续推出了《关于加大改革创新力度加快农业现代化建设的若干意见》《关于深入推进农业供给侧结构性改革　加快培育农业农村发展新动能的若干意见》《关于抓好"三农"领域重点工作确保如期实现全面小康的意见》等重要文件，全方位、多角度地对我国农业发展提供指导性意见与政策支持。不过也要看到，当前我国农业发展过程中依然存在资源浪费、环境污染等问题，在中国农业现代化建设中，影响农业资源可持续发展的主要因素是土、种、肥、药、水（罗锡文等，2016），在一定程度上制约农业高质量发展。一系列着眼于农业可持续发展的政策文件先后出台，如《全国农业可持续发展规划（2015—2030 年）》《建立以绿色生态为导向的农业补贴制度改革方案》《关于创新体制机制推进农业绿色发展的意见》《乡村振兴战略规划（2018—2022 年）》《"十四五"推进农业农村现代化规划》《"十四五"全国农业绿色发展规划》等，2024 年中央一号文件也提出，"坚持产业兴农、质量兴农、绿色兴农"。

　　作为农业活动最主要的产出，农产品是国民日常消费的必需品，往往通过农产品供应链一级一级传递到消费者手中。一般意义上的供应链是一个由供应商、制造商、分销商、物流服务商、批发商、零售商及最终消费者等共同组成的实现商品生产和流通的网络结构。而农产品供应链是指农业生产资料供应、农产品种植、加工、营销以及生产服务等环节连接而成的有机整体，通过对劳动力、资本、信息等要素流动进行组织、协调与控制，以期获得农产品价值的增值。不同于一般意义上的供应链，构成农产品供应链的主体非常广泛，从产前、产中、加工、运输、销售到末端消费者，涵盖了种植基地、农户和农业合作社、农产品加工企业和经销商、农产品超市、消费者、政府、学校、企业等，具有多层次和系统性的特征。同时，生鲜农产品易腐烂、易损坏、难储运等特性使得农产品供应链也具备了很多区别于传统供应链的特点，如供应链条较长、对物流要求严格、交易成本较高、损耗率大、生产与消费间隔短(姜永常等，2023)。

上述提到的这些特点都使得农产品供应链在运营管理上更具挑战，据有关资料报道，我国蔬菜和水果采摘后平均损耗率高达 25%～30%，这种经济损失每年超过 1000 亿元，不利于农产品在流通中增值，也影响到农民增收(但斌和陈军，2008)。同时，供应链成员之间的关系更加错综复杂，企业之间在盈利分配上更难以形成供应链合作联盟，农产品利益相关者间的竞合协作也变得更加困难。并且，随着信息技术的发展、消费者行为观念的转变，农产品供应链成员的生产方式与销售模式也迎来了全新的要求和挑战。

从农产品生产端的角度来看，目前我国农业源的排放几近占总污染排放量的一半，农产品供应链依然是不可持续的。在全球范围内，农业源是最大的人为源一氧化二氮排放部门，该气体会造成臭氧层破坏等多个环境问题(Gruber and Galloway，2008；Gu et al.，2023)。农产品供应链依然是不可持续的。《中共中央关于制定国民经济和社会发展第十四个五年规划和二〇三五年远景目标的建议》中提到"强化绿色导向、标准引领和质量安全监管，建设农业现代化示范区"，侧面反映了国家对于可持续农业的诉求。然而，绿色农产品的生产成本往往较高(例如，为了防治病虫害，绿色农产品在生产过程中不能喷洒农药，只能实施土地轮作或者人工除虫)，这在一定程度上加大了农产品供应链绿色转型的难度。同时，我国农产品质量安全问题的日益突出也引发了消费者对于农产品质量安全的关注，消费者希望农产品生产者能够为产品提供清晰的质量安全相关信息。但是绿色农业的市场进入成本(市场销售成本、推广成本、认证成本)较高，即使生产的农产品已经符合绿色生产的标准，某些小型生产者也会因为高昂的认证成本而选择不认证，阻碍了绿色认证的推进。

从农产品零售端的角度来看，消费者更加关注农产品的多样性、安全性和营养性，对蔬菜、水果、肉类及水产品等农产品的品质要求越来越高。消费者在购买农产品时不再只关注价格，也更加注重农产品的品质。一些农产品零售商采取混合销售(未对产品质量进行分级)的方式，依靠低价吸引用户，最终导致农产品经营面临着薄利甚至亏损的局面。例如，"一亩田"农产品网站上很多供应商提供的农产品销售信息并不涉及质量等级，而都是按照统一的低批发价混合销售，淘宝网很多零售商(果农)对水果销售也是采取混销的方式。最终的结果就是消费者对农产品的评价褒贬不一,从而进一步影响消费者的用户体验和农产品的口碑。而口碑的好坏直观体现在用户评论上。随着互联网的发展和用户在线消费习惯的养成,在线评论成了用户反馈使用体验的主要渠道。在线评论不只包含了有关产品和服务的实际反馈,也隐含着用户的购买体验和品牌认知。这些文本大数据不仅能够辅助其他用户进行品质判断并影响其购买决策,而且也能够帮助农产品零售商了解用户对农产品和服务的关注点与需求。然而,如何从海量的在线评论数据中挖掘信息并展开深入剖析,寻求贴近用户真实需求的商业服务模式和销售模式,实现精准预测和营销,对于目前农产品在线零售端而言还是一项不太成熟的技术。

本书旨在通过成本共担、政府补贴促成可持续农产品供应链生产端的绿色转型与绿色认证;通过深入探究消费者选择农产品行为、挖掘农产品消费者评论等文本大数据,完善可持续农产品供应链销售端质量分级策略与相关推荐算法,使得绿色农产品能够通过更多样的渠道实现更高效、更精准的推广。在可持续农产品供应链管理研究中提出农产品供应链绿色生产与质量分级、绿色认证,不仅有效保障农产品质量安全,降低环境污染,满足不同层次消费群体的需求,同时按质定价调节市场供需能实现利润最大化,以及促进农产品市场规范化,最终推动构建绿色、安全的可持续农产品供应链。因此对可持续农产品供应链进行科学的管理,对促进我国农业向可持续发展方向转变以及农产品生产相关企业的长久稳定合作具有非常重要的意义。

1.2　可持续农业的概念及特征

农业是国民经济发展的基础,但各个国家在迅速提高农业产出的同时,也引致了诸如气候变化、耕地资源破坏、水资源短缺、农业污染、农村人口减少等严重的社会问题、生态问题和环境污染公害事件。因此,对农业活动的深刻反思所引发的新运动,开启了可持续农业发展的思潮。可持续农业旨在满足日益增长的人口对食品激增的需求,同时减少土壤破坏和化学产品的不利影响、解决环境问题、减少社会不公平、提高食品质量(Hansen,1996;Tilman et al.,2002)。此外,持续增长的大规模非农就业、持续下降的人口自然增长率以及持续转型的食物消费和农业结构导致了土地撂荒、农村空心化等问题,对可持续农业的内涵提出了新要求(公茂刚和张云,2023)。各个国家先后倡导并实践了有机农业、自然农业、生物农业、再生农业等新的农业发展模式,如美国发起的“可持续研究与教育”(sustainable agriculture research and education,SARE)、“高效率可持续农业”(highly functional sustainable agriculture，HFSA）、"低投入可持续农业"（low-input sustainable agriculture，LISA），日本的"自然农业"，法国的"环保农业"，德国、英国的"生物农业"，印度、墨西哥等倡导的"低成本高效农业"，韩国、泰国发起的"以科技创新为主的农业发展模式"（陈厚基，1994），以及约旦推出的"国家可持续农业计划 2022—2025"（管克江，2023）等都是对可持续农业发展的尝试。然而，目前关于可持续农业的定义仍然模糊不清，充满歧义，这使得可持续农业的实施更为困难和复杂（Hayati et al.，2010；Coteur et al.，2018；Laurett et al.，2021）。

1.2.1 可持续农业的概念

自 1987 年布伦特兰报告发表以来，可持续农业受到越来越多的重视。但是，就像可持续发展概念一样，可持续农业的概念在意义上也是模糊的，这一特点使得大量不同的观点、论述以及范式出现，导致讨论和实施这一理念变得极为困难。为了解决这个问题，已有大量组织和学者试图定义可持续农业，其中，最具代表性的有以下几种（Douglass，1984；符礼建和曹玉华，2002；Velten et al.，2015；Bilali and Allahyari，2018；赵坤，2019；刘晓琼等，2021）。

（1）国际农业研究磋商组织技术咨询委员会认为："可持续农业应涉及在保护或加强环境的质量和保持自然资源的同时，成功地管理资源，以满足不断增长的人类的需求。"

（2）世界资源研究所下属的发展中国家农业可持续发展委员会认为："可持续农业是在不破坏甚至提高农业所依赖的资源基础的同时，满足人类不断增长的需求的农业系统。"

（3）联合国粮食及农业组织（Food and Agriculture Organization of the United Nations，FAO）的政策性文件"可持续农业生产：对国际农业研究的需求"提出："可持续农业是指管理和保护自然资源基础，并调整技术和机构改革方向，以确保获得足够的农产品来持续满足当代及后代人对农产品的需求。这种可持久的发展（包括农业、林业和渔业）要维护土地、水、动植物基因资源，是一种环境不退化、技术应适当、经济上能生存下去以及社会能够接受的农业。"

（4）FAO 在荷兰召开的"农业与环境"国际会议上，通过的《可持续农业和农村发展的丹波宣言和行动纲领》认为："可持续农业和农村发展是指在合理利用和维护资源与环境的同时实行农村体制改革和技术革新，以生产足够的食物和纤维，来满足当代人类及后代对农产品的需求，促进农业与农村的全面发展。"

（5）我国在《中国 21 世纪议程——中国 21 世纪人口、环境与发展白皮书》中提出："可持续农业是在保证当前农业发展的同时，通过合理利用自然资源，减少破坏和损耗，为未来的发展得以持续留下足够的空间，以确保后人的发展机会。"

(6)农业学者认为："可持续农业是一种在经济上可行，能够满足社会对食物的安全和营养需求，同时又能为今后几代人增强自然资源和环境质量的体系。"

(7)环境学者认为："可持续农业是一种资源更有效利用的农业，在保障农业和环境的平衡发展的基础上，确保一定的生产率和收益，提供更加安全可靠的食物。"

综合以上观点发现，对于如何定义可持续农业目前尚无共识，但其发展要旨殊途同归：①农业活动应满足当代人及后代人的需求，以保证人类及其后代能在地球上永续生存与发展；②农业活动应寻求经济、社会和环境发展之间的平衡，以保障资源与环境的永续利用。对农业可持续性的科学理解，无疑有助于可持续农业的高效发展。

1.2.2　可持续农业的特征

可持续农业与传统农业及现代农业相比，具有人口可持续性、经济可持续性、社会可持续性以及生态可持续性四大特征。

(1)人口可持续性。在生产生活中，人类扮演着生产者和消费者双重角色，作为前者，人类是重要的经济资源，而作为后者则会引发一系列环境、资源等问题。因此，农业人口规模过大或者过小都是不可取的，规模太大，环境和资源要承载巨大压力；规模太小，农业生产将会发生停滞。在人口保持负增长的大背景下，农村转移人口成了乡村振兴和新型城镇化融合的联结点(方典昌，2023)。人口可持续性旨在不断提高人口素质，以适当的速度将农业劳动力从农业领域转移出去，从而实现经济发展和资源消耗的良性循环。

(2)经济可持续性。一方面，可持续农业能够保证产出率不高的土地能够持续增产，已经高产的土地继续保持，从而达到高产、稳产的目的，这对经济欠发达地区具有重要的意义；另一方面，可持续农业可以提高资金利润率，以保障农业经济系统自我维持及自我发展的能力。

(3)社会可持续性。社会可持续性是指维持农业生产、经济、生态可持续发展所需要的农村社会环境的良性发展，主要包括农民的增收增产以及生活品质的提升、城市与农村差距的缩小、农民组织化水平的提升、农村地区的医疗技术水平的改善以及农村社会财富的公平分配等。

(4)生态可持续性。它是可持续发展的物质根本，主要指农业所依赖的自然资源的可持续利用和受农业影响的生态环境的良性维持。在自然资源方面，可持续农业包含确保耕地总量维持动态平衡、土壤肥力稳定或提高、水资源及农业所需非再生资源可持续利用以及生物多样性不减等；在生态环境方面，可持续农业包含确保农田范围内的土壤、空气、各类水资源环境及农产品的安全，保证广大农民拥有一个健康、卫生的工作环境等。

1.3　可持续农业的发展模式及评价

农业可持续发展是可持续发展理念在农业实践中的应用，是在农业生产的过程中，不断优化农业发展模式以满足可持续发展理念的过程(牛胜强，2014；刘康和徐凤婕，2023)。可持续农业发展不能单纯地追求经济效益，还需考虑环境保护、农村发展、农民财富、社会公平等多方面问题。因此，在农业可持续发展过程中，政府、农业生产者、消费者、立法者都应该承担各自的责任(董跃民，2021)。可持续农业发展是一项系统工程，需要长期投入。基于此，全球各地区陆续启动了涵盖资源保护、可持续农业等多个领域的研究，以期加速对农业发展模式的探索。

1.3.1　可持续农业的发展模式

通过对农业发展进程的梳理可以发现，其由原始农业向传统农业，再由传统农业向现代农业转变的过程中，保留下来了一大批农业发展模式和关键技术，这些模式和技术均符合人与自然协调发展的需要，但其自身也存在一些不足，如经济产出能力较低，易造成资源枯竭、耕地退化、水资源危机、生态破坏等效益和生态问题，不能够保障人类的健康发展。可持续农业发展模式的出现并不是对传统农业的否认，恰恰相反，它汲取了传统农业的精华，通过融合现代科学技术，结合各种农业生产实践的成功经验，以可持续发展理论为指导，在保证粮食安全和农村经济发展的前提下，实现经济、环境、社会的多赢发展(赵梅，2016)。本书从三个角度对可持续农业发展模式进行分析、归纳，具体如下。

1. 按照可持续农业发展模式涉及的主体范围划分

可持续农业发展模式按照涉及的主体范围大小可以划分为生态式可持续农业发展模式和集约式可持续农业发展模式。生态式农业强调从生态系统的角度入手，充分挖掘其他农业生产对象潜在价值，并重构生态中各个要素之间的内在关联，形成一系列子生态和子循环，例如结合农牧渔业的综合生产模式和沼气池能源循环利用模式。

在生态式农业的研究领域，Li 等(2020)重点研究了长期生态农业工程在减缓养分流失和土壤质量改善两个方面的效益变化，并使用柑橘(脐橙)植物的田间试验探索了该类生态工程在减少土壤侵蚀方面的积极作用，为长期生态农业工程的大规模应用提供了有力证据。Chen 和 Hu(2021)将农业生态系统看作复杂系统的一种，尝试用大数据管理平台和数据挖掘技术对农业生态系统的构成要素进行重新组合与系统性评价。Sylvester 等(2020)从可持续农业生态系统的土壤流失及其恢复方法的角度，建立了可持续土地利用系统(sustainable land use systems, SLUS)。该方法可以快速识别和优先考虑退化的农业用地，以实现低成本的生态恢复，并通过时间证明了该种系统的可行性和有效性。Jiang 等(2021)重点从农业生态中水文、生态和农业三个维度入手，以黄土高原和中国湿润的喀斯特高原为对比实验，探究了生态恢复项目在水资源、林业环境恢复和农业食品安全等方面的积极作用。阴玥和徐衍(2022)则以黑龙江循环农业为研究对象，提出秸秆和禽畜综合利用模式，建立农业循环利用的可持续模式。

集约式农业发展模式则从农业上下游关联产业链的角度拓展农业生产的内容，以农业生产对象为主体，向上游探索农业工具(如农机设备等)和农业辅助材料(如生态化肥等)市场，向下游探索农业产物再加工市场，把各个阶段结合成统一的整体谋求发展，最终实现集约化一体化的发展模式。

在集约式农业的研究领域，Helliwell 等(2020)以一家来自英格兰的集约化奶牛场为研究对象，研究了抗生素管理及其对农业动物和人类的影响关系，以及集约化系统中异质化的个体变化带来的集约管理方式变化，为集约式农业的集约方式和管理手段提供了现实案例。Qi 等(2018)研究了如何找到以较低的环境成本确保粮食安全的集约化农业用地模式，通过对国内某一区域内集约化用地方式和投入、劳动生产率以及可持续性等关键指标的检测与对比，较好地实现了平衡农业粮食产量和保证地区生物多样性，为农业的可持续性增加了范本。Li 等(2017)则探究了集约式农业中农民行为和感知差异带来的集约式农业管理方面的变化。Gaffney 等(2019)针对基于科学技术的集约式农业，围绕可持续性、粮食安全与技术对集约系统的构成和后续管理进行了探究。Mkonda(2021)则研究了坦桑尼亚的集约化农业系统的产生过程和运营实施效果，并指出了该系统存在的问题以及未来的发展方向。

2. 按照可持续农业发展模式涉及的技术水平高低划分

可持续农业发展模式按照涉及的技术水平高低划分，可以分为高科技农业发展模式和高效能农业发展模式。高科技农业发展模式更加强调在物理(机械水平)、化学(肥料效能)和生物(基因技术)上对相关农业生产对象进行升级，是促进农业可持续化和绿色化的直接手段。

在高科技农业的研究领域，Huang 等(2021)从物理机械的角度，将智能机器人管理技术应用于农业生态系统，通过智能硬件模块可以实施动态管理农作物的生长环境，进而为提升农作物的产量打下技术基础。Abbas 等(2020)研究了农业中基于不同传感器的智能喷洒系统，该系统控制下的变速喷雾应用可以显著减少农药使用和脱靶环境污染，对减少环境污染和提高可持续农业绿色程度有重要意义。Grillo 等(2021)尝试探究了植物仿生学和纳米技术在提高作物产量并限制病原体、害虫及其他威胁的损失等方面的优势与应用方式。段彩泉等(2022)从秸秆回收还田的供应链网络结构出发，构建了农业合作社模型。

高效能可持续农业发展模式则强调针对农业生产对象的管理模式进行创新，该模式认为在现有的农业技术水平上重点优化农业对象管理方式是促进农业可持续化和绿色化的间接路径。

在高效能农业的研究领域，Chen 和 Hu(2021)将农业可持续生态系统看作复杂网络的一种，并尝试利用数据挖掘技术和大数据平台对其进行高效管理与客观评价，将大数据技术与可持续农业进行了充分的融合。Yu 等(2020)则探究了不同农业模式对农业的激励机制，以及该机制下技术信息管理系统的构建如何有效降低农业生产成本并提高农业生产管理效率。简单来说，通过采用单变量法研究信息系统应用现状，同时比较了不同地区、不同农业模式的农业信息技术应用差异，以及不同激励机制下的技术信息，最后比较了管理层面取得的成果差异。Zuo 等(2021)考虑了不确定性环境下的农业管理，并重点从水、能源和食物这个框架研究了不确定性如何影响农业管理的手段与成效，并指出利用战略技术框架实施过程(strategy and tactics framework implementation process，STFIP)方法来规划农业用水、能源和粮食(water，energy and food，WEF)以及作物面积管理的优势，并以中国河南省生产资源综合管理为实际案例验证了该种方法的有效性。Zhu 等(2021)提出了基于 5G[①]的物联网技术，其能够保证电子商务农产品质量与安全以及原产地生态环境的稳定性。赵博等(2023)研究了农业装备的信息化改革，提出了多机集群作业的方法以提升效率。通过构建基于 5G 互联网的农产品流通信息系统，能够实现动态定位、信息共享和安全等目标，为农业生产者、农产品销售者和普通消费者提供更高效、便捷、高品质的农产品，且在提高农产品流通效率，有效降低农产品流通成本方面有显著优势。

3. 按照经济及生态环境对可持续农业发展的重要程度划分

按照经济、生态环境对可持续农业发展的重要程度，可划分为经济效益主导的可持续农业发展模式，以及生态效益主导的可持续农业发展模式(胡钰和王莉，2020)。

经济效益是可持续农业发展的决定因素，具有市场竞争力是模式可持续运行的保障。在农业生产资源相对丰富、社会经济发达的地区，劳动力往往会集中到更具效益的工业生产领域，因此有必要发展以经济高效为导向的可持续农业模式，以吸引更多的人力参与农业生产，实现农业发展的目标，走"在发展中保护"的道路。例如，我国长江中下游区、华南区、西南区较成熟的可持续农业模式多以

---

① 5G：5th generation of mobile communications technology，第五代移动通信技术。

轮作套种、特色农产品复合经营为主，通过生态循环和资源化利用等可持续模式，达到减少投入、提高农产品品质、消除废弃物排放的目的，降低生产者需要内部化解决的外部环境成本，最终实现经济效益和生态效益双赢。

目前，有许多学者致力于可持续农业经济发展模式的研究，例如，陈柔等（2020）利用 Tapio 模型，通过测度 2006～2015 年我国各地区农业碳排、碳汇与经济增长间的"脱钩、耦合"关系，结合碳排经济效益和低碳发展潜力，对可持续农业经济发展模式进行了细致划分。胡欣（2020）借助大数据理念与相关的技术，打造了开放式、智能型、集约化的精准发展新业态，从而充分撬动区域农业经济自我造血，为创新发展注入内生动力。刘爽和刘畅（2024）提出农业减污降碳协同效应概念，基于 2007～2021 年中国 30 个省区市面板数据，利用双固定效应回归模型、调节效应模型对农业减污降碳协同效应及其影响机制进行实证分析，认为减污降碳可以协同促进经济效益的提升。

生态效益是可持续农业发展的基础。对于资源环境条件较差的地区，只有依靠以生态保护为导向的农业模式，以资源高效、循环利用为目标，才能实现农业资源的可持续，走上"在保护中发展"的道路。以我国西北、华北地区为例，这些地区农业资源相对匮乏，荒漠化、水资源短缺等情况严重，因此，生态保护、资源节约成为这些地区农业可持续发展的核心目标，主要发展节水型和防风固沙型的可持续农业模式；西南、西北等地的丘陵地区，不合理的农林牧业活动，如陡坡开垦、顺坡种植、砍伐林木、过度放牧等，导致严重的水土流失，这些地区发展可持续农业的模式以水土保持型为主；在环境保护任务不断强化的背景下，环境承载风险高的地区也必须选择以生态保护为目标的可持续发展模式，例如在畜牧业的调整政策下，北方地区畜牧业比重逐渐壮大，畜禽粪污染带来了严重的环境消纳风险，这些地区发展畜牧业主要采用以养分循环资源化利用为主的模式。

在生态效益驱动的可持续农业发展模式中，大量学者致力于生态观光旅游农业模式的研究。生态观光旅游农业，即休闲农业的发展，兴起于 20 世纪三四十年代的欧洲发达国家，是意大利、法国、德国、荷兰等国家针对当时各自国内环境所面临的"三农"问题所采取的解决办法与措施。此后，日本、美国以及国内一些地区如北京、深圳、上海、苏州、台湾等也逐步开启了休闲农业的发展模式。关于休闲农业在各个国家或地区的发展模式及发展现状，国内外学者进行了大量的研究（林海丽，2016；Yang and Tian，2019；Helgadóttir and Dashper，2021；张临涛，2020；贾新平等，2021；李莹莹等，2023）。例如，Potočnik-Slavič 和 Schmitz（2013）通过对英国、法国、德国、意大利、比利时、波兰、克罗地亚、斯洛文尼亚和爱尔兰等九个欧洲国家的农场旅游经营特点进行对比分析，总结归纳了欧洲休闲农业经营的一些异同点。徐璞等(2022)通过归纳上海市休闲农业的发展现状，为上海市休闲农业的高质量发展提供对策建议。马斌斌等(2020)以全国首批 320 个乡村旅游重点村为研究样本，对乡村旅游重点村目的地类型、旅游产品结构进行了梳理识别，并揭示了其空间分异规律与类型结构特征。方世敏和王海艳(2018)剖析了农业与旅游业融合系统内部要素的相互作用，并测度了长江经济带和黄河经济带融合系统的产业黏度，分析了两区域产业黏度时空演化规律和演化模式。类似地，程莉等(2021)以长江上游地区为例，研究了农业和典型服务业的融合发展模式，并运用耦合协调度模型测算了它们之间的融合发展水平。

1.3.2 可持续农业的发展评价

一种农业发展战略是不是可持续的以及如何评判，涉及对农业可持续发展模式的评价。我们说，"农业可持续发展"这一概念较为抽象，而"农业可持续发展评价"则将其具体化为各类有形数据，从而使得评估过程更具直观性和操作性。因此，受到很多国内外学者和组织的重视。

1. 国外可持续农业的发展评价研究

1985 年美国加利福尼亚州的一次会议首次提出了"持续农业"的概念，实现农业可持续发展已成为全世界农业发展的目标。Velten 等(2015)通过分析与可持续农业发展相关的思想，并检测这些思想应用的模式和差异，从社会科学的角度推进了对可持续农业发展的理解。

有关可持续农业发展关键评价因素的研究中，Napawan 和 Burke(2016)考察了影响城市农业可持续性的关键变量，并在此基础上评估了城市农业的生产潜力；Kassaye 等(2022)对埃塞俄比亚气候智能农业(climate-smart agriculture，CSA)实践进行地质控制论评化矩阵评价，确定了 CSA 的三个核心标准——生产力、弹性和缓解措施的性质与可持续水平，表明从地磁的角度看，可持续发展的本质仍然存在明显分歧；Laurett 等(2021)通过探索性因素分析，创新性确定了农业可持续发展的潜在因素、前因、阻碍和后果。

有关可持续发展评价对政策制定作用的研究中，Makate 等(2017)利用南非部分地区的数据，评估了农场采用可持续农业措施对玉米生产力、作物收入及粮食充足率等的影响，提出将可持续农业纳入南非农村发展政策框架的建议；Khwidzhili 和 Worth(2019)基于可持续农业的框架，评估了关于公共农业推广和咨询服务的现行国家政策与其他公共文件，为决策者在考虑可持续农业的情况下制定农业推广政策和方案提供指导；Michel-Villarreal 等(2019)以墨西哥为例，利用公共数据评估其经济弹性，使农业政策制定者能够更加了解农村企业的弹性，实现可持续农业发展。

2. 国内可持续农业的发展评价研究

20 世纪 90 年代，可持续农业的理论与实践在我国正式萌芽。在此背景下，学者通过采用综合影响评价法、生态足迹法、指标重要性法、层次分析法、DEA（data envelopment analysis，数据包络分析）法等，开展对国家及各地区可持续农业发展的评价研究（高鹏和刘燕妮，2011；袁久和祁春节，2013；江东芳，2018；周子英等，2019；曹院平，2020）。

有关各地区可持续农业发展评价的研究中，刘军和盛姣（2013）立足于湖南省农村经济发展和社会主义新农村建设的实际，根据湖南省创意休闲农业发展现状及趋势，拟定了评价指标，采用层次分析法对其可持续发展能力进行了评价排序；毛小报等（2019）以浙江省 25 个国家农业可持续发展试验示范县为考察对象，构建了农业可持续发展水平综合评价指标体系，采用变异系数方法从子系统得分和综合得分两个方面对其农业可持续发展水平进行评价，认为各地区农业可持续发展综合水平相对均衡；丁文广等（2019）建立甘肃省农业可持续发展评价指标体系，采用熵值法和耦合协调模型揭示了甘肃省 2005～2015 年的农业可持续发展水平及农业系统的耦合协调性，分析其总体耦合协调性仍欠佳，农业因素和环境困境已成为发展的瓶颈与制约因素；傅琳琳等（2020）基于高质量发展背景，围绕农业生产、经济发展、资源环境和社会人口四个维度构建农业可持续发展综合评价指标体系，评价了浙江省和省内不同地域的农业可持续发展水平，结果表明浙江省农业可持续发展水平随年限持续提高，但不同地形县域之间存在差异。

有关全国可持续农业发展评价的研究中，辛岭和胡志全（2015）选用多指标综合模型法对中国 1991～2013 年的农业可持续发展水平进行了评价与分析，发现全国平均水平及东部、中部、西部三大区域农业可持续发展水平均逐步上升；孙炜琳等（2017）通过分析国内外已有发展成果，对农业供给侧结构性改革下的我国农业可持续发展的内涵进行了讨论和界定，建立了一套适用于全国不同地区、具有可操作性的评价指标体系，以指导各地农业可持续发展；张利国等（2019）采用2004～2015 年我国农业生产面板数据，运用熵值法、探索性空间数据分析等方法分析了我国农业可持续发展情况，分析了农业可持续发展指数的水平及分布情况，并提出了针对性建议。

综上所述，可持续农业虽然是一种全新的发展理念，但早已成为国内外集中关注和研究的焦点问题。解决好"三农"问题一直是我党工作的重中之重，可持续农业作为可持续发展战略的关键一环，也是我国农业农村现代化建设的焦点。然而，当前农业发展面临的诸多挑战，生态环境、资源约束和人口压力等各类问题空前严峻，发展困境重重。这些因素对农业可持续发展构成严重威胁，同时制约了先进科技的研发与应用。因此，分析可持续农业内涵、研究农业未来发展模式，摒弃粗放式运营手段，减少资源浪费，走集约化发展道路，提升资源使用能效是亟待解决的重点问题。

1.4　农产品供应链管理相关研究

我国是世界上最大的农业国，也是人口大国，自给自足的小农经济历史久远。改革开放后，我国农村推行家庭联产承包责任制，小农户成为农业生产的基本组织，导致我国农产品供应链中存在"小农户与大市场"（"小生产与大流通"）的尖锐矛盾。此外，传统模式下农产品供应链中，农产品从产地到消费者手中一般要经过收购商、各级批发市场、零售终端(农贸市场或超市)等诸多环节，刨除成本、损耗及中间商的利润，往往引发"菜贱伤农""菜贵伤民""农产品滞销""丰产不丰收"等现象(付豪，2020)。农业作为国家的基础产业，一直备受学者关注，供应链管理理论在农产品生产与定价领域的研究和应用也逐渐丰富。近年来，人民物质生活水平逐渐提高，资源和环境问题日益严峻，食品安全问题频发，亟须推动生产者对传统农产品进行绿色转型。因此，针对农产品供应链的概念、农产品供应链的特征、农产品供应链管理策略研究，学者已经开展多个方面的研究。

1.4.1　农产品供应链的概念

根据《中华人民共和国农产品质量安全法》，农产品来源于农业的初级产品，即农业活动中获得的植物、动物、微生物及其产品。农产品有狭义和广义之分，狭义的农产品指初级农产品，广义的农产品不仅包括初级农产品，还包括以初级农产品为原料的加工产品。农产品种类繁多，包括各类粮食、水果、蔬菜、畜产品、水产品等。关于农产品供应链的定义，不少国内外文献从不同的角度进行解读。从组织的角度，农产品供应链是在农产品生产和流通过程中，将农产品和服务提供给最终用户的农户、协会、生产基地、合作社、企业等上下游主体实现协作的链型网络组织(牛若峰，2002)。从价值增值的角度，农产品供应链是农业生产资料供应、农产品种植、加工、营销以及生产服务等环节连接而成的有机整体，对劳动力、资本、信息等要素流动进行组织、协调与控制，以期获得农产品价值增值的活动过程(王凯等，2004)。从供应链的内涵出发，农产品供应链是从农业生产资料供应到农业生产过程，再到农产品销售物流直至到达消费者手中的过程(刘一健，2019)。

1.4.2　农产品供应链的特征

一般而言，农产品供应链主要由五个环节组成：生产资料的供应环节、生产环节、加工环节、配送环节和销售环节，每个环节又涉及各自的相关子环节和不同的组织载体。同时，相邻节点企业间表现出一种需求和供应的关系，并把所有相邻企业依次连接起来，由此形成了一个具有整体功能的网络。现有的农产品供应链的运作表明，在其构建的过程中，总有一个企业或一类企业(生产商、供应链商、销售商或中介组织)是供应链运行的主导力量，它们对供应链的各环节影响力最大。由于农产品本身往往具有鲜活性，其生产的区域性、季节性、分散性等特点也十分突出。同时作为人们的生活必需品，农产品消费弹性小，具有消费普遍性的特点。正是这些特性，导致了农产品供应链不同于其他行业供应链，具有参与者众多、节点间的衔接不畅、对物流要求较高等特点。具体的，农产品供应链的特征表现如下。

(1)不确定性对供应链的影响大，农产品供应链内外部环境复杂，受影响的不确定因素多，如需求不确定、供给不确定及环境的不确定等。农产品因其特性使市场需求不确定性大，市场信息分散，难以全面把握市场供求信息，农业生产的时效性强，限制了农产品在跨区域间和跨季节销售，难以匹配市场需求，容易导致当季农产品的供求失衡，给供应商、零售商等带来损失。

(2)农产品供应链连接的双方是众多农户与消费者，拥有大量的参与主体，同时又具有跨地域、多环节、流通数量大、品种多且差异性大等特征。

(3)农产品的储运条件要求较高，资产专用性较强。农产品分类、分级、加工、包装等过程都需要专用设备，决定了农产品供应链具有较强的资产专用性特征。生鲜农产品对仓储、物流的要求高，储运过程中需要考虑损耗问题，需要综合考虑生鲜农产品的新鲜度与物流成本，必要时候采用冷链运输。此外，生鲜农产品的新鲜度直接与其价格挂钩，营销过程中需要保鲜设施，宜较短时间售出，否则会有损新鲜度并影响收益。

针对可持续农产品供应链，农产品供应链的可持续成果是在经济增长、环境保护和社会发展之间实现平衡。可持续农业供应链是知识密集型的，基于供应链伙伴的信息、技能、技术和态度(Bilali and Allahyari，2018)。

1.4.3　农产品供应链管理策略研究

1. 农产品供应链的生产策略研究

针对农产品供应链的生产策略研究，余星等(2020)考虑政府提供农户生产成本补贴，构建了公司在不同产品质量浮动收购价格模式下，农户、公司和政府的三阶段 Stackelberg 博弈模型，发现最优生产规模、农户和公司的收益受政府补贴率、不同质量产品价格浮动幅度、自然条件风险的影响。彭红军和庞涛(2020)研究由农户、经销商和收购商构成的三级订单农业供应链，考虑农产品的产出随机性和资金约束，构建了农业补贴政策下的序贯博弈模型，研究订单农业供应链主体的决策和利润。Pince 等（2021）引入了一个在商业种子生产背景下的精确响应框架，利用动态的多次订购报童模型来确定生产的时间和数量。

基于农产品供应链上下游的合作生产问题，Miyata 等（2009）、Girma 和 Gardebroek（2015）、Maertens 和 Velde（2017）分析了承包制中企业的物质与技术支持的影响。Chen 等（2013）开发了一个模式，印度烟草公司可以为农户提供培训，以提高他们的生产力，并分析了农户的战略生产和交付决策。Niu 等（2016）研究了批发价格契约和成本分担契约下企业定价与农户努力投资决策，发现在成本分担模式下，企业获得了更高的利润。考虑多农户的数量竞争问题时，An 等（2015）考虑古诺竞争中一个农户选择形成一个集体与其他农户个体竞争的模式，发现只有当这个群体的规模低于某个阈值时，农户才会加入这个群体。Tang 等（2015）建立了一个数量竞争模型来研究农户是否应该利用免费信息来提高他们的生产力。Fu 等（2021）从合同农业农户和农业企业的角度考察了电力、供应链整合及农产品质量绩效之间的关系。利用中国 78 家农业企业和 321 户农户的调查数据，结果表明，不同类型的权力对契约农业的影响不同，发现非经济实力对供应链整合有显著的正向影响。

信息时代，还有部分学者考虑了信息对农业生产的影响。Mittal 等（2010）、Fafchamps 和 Minten（2012）、Parker 等（2016）通过实证和实验研究，分析了信息对发展中国家农户生产的影响。其他人则通过博弈论模型关注信息的价值。Chen 等（2013）调查了印度烟草公司 e-choupal 网络对农户生产和销售策略的影响。Chen 和 Tang（2015）假设农户有不精确的信号来估计实际市场价格，研究了信息对农户策略和预期利润的影响。Tang 等（2015）指出了在供需不确定的古诺竞争中，均衡策略下，农户都会利用市场信息来增加利润。Liao 等（2019）研究了信息提供政策对发展中国家农户福利的影响，在这些国家，农户不确定种植哪种作物，在哪个市场销售。一些研究者研究了如何有效地利用信息。Liao 和 Chen（2017）研究发现，向所有农户提供信息有助于政府实现社会福利最大化，而只向一个农户提供信息有助于政府提高农户的总利润。He 等（2018）研究了市场信息不对称条件下的古诺竞争模型，研究了供应商信息联盟的形成。

2. 农产品供应链的定价与协调策略研究

关于非易腐农产品供应链的定价决策，Assefa 等（2014）建立了一个经典的寡头垄断模型来评估两阶段农户-零售商供应链中的价格传递程度。Nie 和 Chen（2014）研究了竞争对考虑食品质量的企业定价策略的影响，发现竞争会降低食品质量。Ozinci 等（2017）考虑到提供有机食品和传统食品的农产品零售商的定价决策，这两种产品版本在货架寿命和顾客效用方面是不同的。Perlman 等（2022）在有机和传统供应商同时将产品直接分销给客户与通过单一零售商销售两种产品版本的双渠道供应链中，研究定价决策。

关于供应链中生鲜农产品的定价研究，Blackburn 和 Scudder（2009）以甜瓜和甜玉米为例，研究了一种特定类型的易腐产品的供应链设计策略。瓜类和其他种类的农产品在收获时达到峰值；产品价值在收获后呈指数级下降，直到产品冷却以抑制其恶化。不少学者同时结合保鲜努力或者冷链服务，研究生鲜农产品的定价策略。余云龙和冯颖（2021）基于单物流服务商、单供应商和单零售商构成的生鲜农产品供应链，探讨了不同冷链服务模式对定价与冷链服务水平、企业绩效的影响。陈军等（2022）研究了代销商投入保鲜努力时的农产品委托代销策略，发现服务佣金和协议价是影响农产品委托代销策略的关键因素。叶俊等（2023）在考虑冷链物流服务的基础上，研究了生鲜农产品跨境贸易模式选择以及保鲜问题。Zhao 和 Zheng（2000）基于既定库存的假设构建了生鲜农产品动态定价模型，分析表明生鲜农产品的最优定价随着给定库存的减少而降低，但是采用该动态最优定价策略能够实现 2.4%～7.3%的收益增长。Zhao 和 Tang（2007）通过构建多周期需求驱动的动态定价模型，研究了超市多个销售阶段的定价策略。Wang 和 Li（2012）提出了一个动态定价模型用来评估生鲜农产品的质量。Sainathan（2013）考虑消费者效用受新鲜度影响，研究了生鲜农产品两阶段动态定价和最优补货策略。李琳和范体军（2015）基于射频识别技术构建了单周期生鲜农产品零售商动态定价决策模型，并指出该种动态定价策略有助于生鲜零售商扩大市场份额和提高收益。Adenso-Díaz 等（2017）通过研究证明了动态定价可以明显降低生鲜农产品变质引起的资源浪费。白世贞和贾雪莲（2022）探究了资金约束型供应链双渠道的改革，研究结果表明，内部融资模式可以实现供应商和零售商双赢且生鲜农产品的运输时间对定价决策和融资策略不会产生影响。

关于生鲜农产品供应链的协调策略研究，Cai 等（2010）考虑在运输过程中，分销商必须做出适当的努力来保持产品的新鲜度，确定订单数量、新鲜度保持努力水平和销售价格，供应商必须根据批发价对分销商订购数量的影响来确定批发价，并研究了供应链协调策略。Cai 等（2013）考虑一个由供应商、第三方物流（the third party logistics，3PL）供应商、经销商组成的供应链，确定第三方物流供应商的运输费用、供应商的运输数量和批发价格、分销商的采购数量和零售价格。通过供应商和分销商之间的批发市场清仓（wholesale market chearance，WMC）合同，以及供应商和第三方物流供应商之间的批发价格折扣共享（wholesale-price discount sharing，WDS）合同对供应链进行协调。Wang 和 Chen（2017）研究了一个由供应商与零售商组成的生鲜产品供应链。供应商是 Stackelberg 博弈的领导者，零售商是追随者，零售商通过批发价格和看涨期权组合合同从供应商处获得产品，确定零售商的最优订货策略和供应商的最优定价策略。马雪丽等（2018）以供应具有季节性的农产品为研究对象,研究了由农户-第三方物流供应商(third-party logistics provider,TPLP)-零售商组成的三级供应链协调问题。将农产品的数量和质量损耗均视为 TPLP 保鲜努力的内生变量,构建了动态博弈模型。Ma 等(2019)研究了由一个供应商、第三方物流服务商(third-party logistics service provider,TPLSP)和一个零售商组成的向顾客提供时令生鲜农产品的三级供应链系统的协调问题。熊峰等(2019)建立了"合作社+核心企业"模式下两阶段折扣定价的二级生鲜农产品供应链,发现消费者生鲜偏好的提高能够促进收益共享契约的激励效果,并且提高合作社公平效用。史保阳和史保莉(2019)引入新鲜度函数和数量完好率,构建了受价格、新鲜度、农户的生产努力水平影响的消费者效用函数,并使用收益共享契约对此供应链进行协调。

3. 可持续农产品供应链管理研究

Kamble 等(2020)回顾了从 2000 年到 2017 年数据驱动在可持续农业供应链上的应用,分析了可持续农业供应链在社会、环境和经济方面所达到的目标。物联网等技术支持实时信息的收集和共享,有助于缩小供需缺口,解决食品质量和安全问题(Wang and Yue,2017;Zhong et al.,2017)。区块链技术也有望成为可持续农业供应链的重要推动力(Sharma et al.,2018)。近年来,破坏性事件频发,Balezentis 等(2023)提出了一个新的框架,用于评估在各种破坏性外部效应期间农产品供应链的生存能力,推动了可持续农产品供应链在破坏性事件下的研究。

作为可持续农产品供应链的一种外在表现,绿色农产品供应链逐渐走入学者的视线。刘伟华等(2009)研究了订单农业下的绿色农产品供应链成本控制方法。孙梅等(2020)提出了"农户+餐饮企业"的新模式,并与农户直销模式及农超合作的模式进行比较,发现这种新模式能够使得农户和餐饮企业共同受益。绿色农产品供应链协调问题也被广为关注。Cao 等(2020)考虑了由合作社、企业和对环境敏感的消费者组成的农业食品供应链;消费者对绿色农产品的需求取决于产品的销售价格和绿色程度。设计了成本分担合同和回购合同来协调绿色努力决策,并进一步研究了绿色标准在供应链不同阶段的影响。研究结果表明,提高绿色标准会刺激供应链提高绿色努力和销售价格,从而增加成本,减少产品数量,降低供应链利润。Liu 等(2020a)选择了一个供应商和一个零售商的绿色农产品供应链作为研究对象,考虑到农产品新鲜度和绿色度的变化,利用大数据和区块链建立并分析了供应商与零售商的收益模型,并在此基础上提出了成本分担和收益分担契约来协调供应链。杜建国等(2021)分析了当供需不确定时,依据消费者对绿色农产品的需求偏好,构建了由供应商和销售商组成的 Stackelberg 博弈模型,利用收益共享契约协调农产品供应链。徐畅等(2022)研究了检查制度下的可追溯食品供应链中供应链安全努力水平决策问题。

综上所述，可持续农业逐渐兴起，但是缺乏从运营管理角度对可持续农产品供应链进行的研究。可持续农产品供应链定义广泛，目前的研究侧重于污染控制，忽略了农产品质量安全。随着大数据和信息技术的发展，不少学者已经考虑到信息在农产品供应链中的应用，但是忽略了可持续农业中的信息不对称问题，如质量信息不对称、需求信息不对称，缺乏从可持续供应链角度研究农产品需求或质量信息披露问题。

1.5　本 章 小 结

综合分析国内外研究现状与发展趋势，在可持续发展的背景下，从农产品供应链的消费者偏好挖掘、绿色生产、质量分级以及绿色认证方面，可发现有如下待进一步研究的问题。

1.5.1　消费者针对农产品的偏好特征研究

本书考虑将个体选择行为理论与自然语言处理技术有机结合，将评论的社会影响效用纳入到离散选择模型中，从定量角度探寻评论中的隐反馈信息对用户选择行为产生的影响。并考虑农产品的线上交易特征，在评论对用户影响效果的基础上结合用户评论挖掘和评分修正，对农产品展开个性化推荐研究。

1.5.2　考虑供应链多主体成本共担的传统生产者的绿色转型和政府补贴策略

传统农产品生产者进行绿色转型需要经历一个长期的过程，消费者的需求信息在这一转化过程中起着重要的作用。然而，基于农产品供应链研究绿色转型与需求信息共享之间的长期互动关系的研究却很少。因此，本书首先基于贝叶斯信息更新理论，研究了供应链分散情形下的纵向信息共享和预测成本共担策略，利用演化博弈理论研究了零售商的需求信息共享与传统农产品生产者绿色转型在较长一段时间内的演化路径。其次，将供应链绿色运营中的协同生产问题与缓解农业污染的政府补贴政策相结合，旨在发现补贴对绿色生产、供应链成员利润和环境的影响，并为政府提供关于补贴具体形式的建议。

1.5.3　考虑消费者偏好的农产品定价订货与质量分级

农产品定价和订货一直以来都是学术界研究的热点问题。但是很少有学者将农产品定价订货与质量分级联系到一起，也很少结合农产品本身的质量分布特征和消费者行为偏好研究农产品的质量分级问题。因此，本书在考虑消费者行为偏好的基础上，结合农产品的质量水平分布特征，研究了零售商如何确立最优的质量分级标准以合理分配不同质量等级产品的市场供应量以及如何按质定价调节市场供需实现其利润的最大化，为零售商进行农产品质量分级和定价订货决策提供参考依据。

1.5.4　考虑消费者偏好和生产者竞争的绿色认证决策

目前，考虑农产品绿色认证策略的研究大多基于实证研究的角度，很少有考虑农产品不同品牌生产者竞争情况下的绿色认证问题，同时很少有文章考虑绿色标签带来的不同的顾客安全感知以及农产品供应链中的需求信息不对称问题。因此，本书从认证成本和认证门槛的角度出发，将生产者选择问题与质量信息披露问题相结合，解决竞争环境下的认证策略问题。并进一步考虑小规模生产者的认证门槛问题，内生地考虑了顾客安全感知不确定时的小规模生产者与合作社针对绿色认证竞争或合作的决策。

第 2 章　基于顾客评分修正和 Item-CF 的 农产品推荐算法研究

2.1　概　　述

随着"互联网+"现代农业的推进和信息技术的升级，农产品电子商务迅速发展，农产品的网络营销为农产品的交易拓展了更大的空间。农产品与其他线上交易产品相比，种类较少、产品更新较慢，且具有生产季节性和周期性、产品易腐性和鲜活性、消费品质性和时效性、质量安全性和脆弱性等特征。作为农产品供应链的终端消费场景之一，农产品的精准推荐逐渐成为农产品电子商务平台的服务重点，其对于提升农产品的营销效率效果、推进农产品供应链的可持续发展具有重要作用。目前，协同过滤推荐技术凭借便捷性、准确性在电商的个性化产品推荐领域得到了广泛的应用，其主要依据顾客评分数据展开推荐。然而，观察农产品电子商务平台的顾客评分可以发现其存在评分数据过于集中、区分度不高等问题，导致单纯依赖顾客打分进行推荐的效果可信度不强，无法有效区分不同顾客的产品特征偏好。因此，建立适用于农产品电子商务平台顾客的推荐方案，一方面需要考虑农产品有别于其他线上交易商品的特征，建立适用于农产品的推荐模型和算法；另一方面需要解决顾客评分数据过于集中、区分度不够明显，以及传统协同过滤推荐中数据稀疏度高、可扩展性差等一系列影响推荐效果的问题。目前，高效利用顾客在线生成信息，通过顾客评论挖掘发现其中潜在的顾客需求和偏好等高价值信息，与推荐算法有效结合，进而提升推荐效果、实现精准预测和营销，已经成为推荐领域加强推荐模型效果的研究热点。

在此背景下，本章根据农产品的特征和线上交易特点，研究基于顾客评分修正和 Item-CF 的农产品推荐算法。面对农产品有别于其他线上交易商品的特征，以及协同过滤推荐中顾客评分数据过于集中、区分度不够明显等影响推荐效果的问题，首先结合基于改进词性路径模板提取算法的产品特征抽取方法和基于情感词典的特征维度情感分析方法，计算评论情感倾向，对初始顾客评分进行细粒度区分；其次利用流行度时间衰减因子和季节敏感因子改进评分预测函数，构建了融合顾客评分修正和 Item-CF 的农产品推荐算法；最后，基于京东农产品电子商务平台数据集，划分训练集和测试集展开离线实验。在推荐效果的评估上，选取MAE（mean absolute error，平均绝对误差）、覆盖率和召回率作为评测指标，以分别评估算法的准确率、多样性和分类能力。通过实验确定最优的最近邻个数和权重因子，通过算法对比实验，验证本章提出的算法的适用性和评分修正算法、流行度时间衰减因子和农产品季节敏感因子的有效性。研究扩充了农产品的现有推荐技术和方法，对于农产品电子商务平台满足顾客的个性化需求，提升农产品的网络营销效果，具有极大的现实意义。

2.2　基于评论挖掘的评分修正

顾客在农产品电子商务平台关于农产品的评分，是顾客对该农产品购买体验的综合整体评价。协同过滤算法依据评分构建顾客-项目评分矩阵，并进行最近邻搜索和推荐预测。然而，受评分规则限制，许多电商平台的评分数据仅包括 1 至 5 之间的整数分值。观察京东农产品电子商务平台的部分评分数据发现，顾客的评分非常集中，5 分的情况占大多数，好评率最高可达 98.6%。从顾客角度出发，在产品无缺陷、顾客较为满意的情况下，一般都会选择 5 分作为评分结果。电商平台的这种整数制评分获得的评分结果，对顾客需求和偏好的区分性较差，尤其在普遍 5 分的情况下，无法区分顾客对不同产品属性的细粒度偏好，以及体现顾客的全部真实意愿，影响了推荐的效果。

为了对顾客的初始评分进行有效区分，提升推荐效果，考虑通过评论文本挖掘方法对初始顾客评分进行细粒度的修正，根据评分修正计算评分相似度，实现更加精准的相似度区分和推荐评分。

具体的修正思路为：首先，对于每条评论 t_i ，经过文本预处理后，提取评论中的产品特征词和情感词。通过词性路径模板提取算法，提取出评论中包含的产品特征词和情感词集合 $t_i = \{(w_{i1}, s_{i1}), (w_{i2}, s_{i2}), \cdots, (w_{im}, s_{im})\}$ ，并建立针对每一条评论的农产品特征-偏好向量。其次，结合农产品特征-偏好向量和情感词量化，计算出评论的情感值并修正初始评分。最后，根据评分修正值计算评分相似度并进行评分预测和推荐。该算法的整体框架如图 2.1 所示。

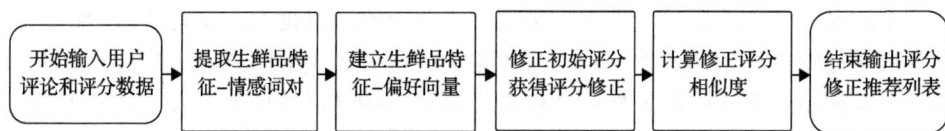

```
开始输入用户      提取生鲜品特      建立生鲜品特      修正初始评分      计算修正评分      结束输出评分
评论和评分数据 →  征-情感词对   →  征-偏好向量   →  获得评分修正  →  相似度       →  修正推荐列表
```

图 2.1　基于评论挖掘修正顾客评分的推荐算法框架

2.2.1　产品特征抽取与量化

要从评论文本中提取出农产品的关键特征，首先要找出顾客关于产品特征的观点的关键评价语句。农产品评论中的产品特征词一般为动词、名词以及名词短语，情感词一般为形容词、副词、动词和名词，例如常见的"名词+形容词"搭配："口感好""物流快""包装完整"等。词性路径模板算法可将文本粒度泛化到词性(part of speech，POS)维度，并根据统计的方法发现其中的联系，进而提升特征词和观点词抽取的查全率。

基于"软匹配"思想进行词性路径模板和评论文本的匹配，即不要求评论语句与模板完全匹配，而是依据词性路径模板对评论进行"模糊匹配"，具体的词性路径模板提取算法步骤如下。

(1)评论文本分词和词性标注。对评论文本进行分词和标注后，剔除词语并只保留词性，形成词性路径，如"/v/d/a"。

(2)噪声过滤。上一步骤通过泛化路径获得词性路径模板，但并不是所有的模板都具有可用性，一些过长的模板和偶尔出现的模板会给系统带来较多噪声，降低系统性能。因此为了提高可用性和匹配效率，依据下列两种过滤策略进行噪声过滤。

根据模板长度过滤。很多较长的候选词性模板，如长陈述句，不具备很强的提取实用性，会影响系统的运行效率，所以在词性路径提取算法中通过设定长度阈值上限 β，将较长的候选词性模板过滤。

根据出现频率过滤。对于一些出现频率较低的候选模板，其通用性差，过多地保留同样会影响系统整体性能，因此在词性路径提取算法中通过设定频率下限 γ，过滤掉频率较低的候选词性模板。

(3)词性路径匹配。根据生成的词性路径模板，将评论中标注的词性路径与之相匹配，找出所有匹配模板的句子。匹配遵循的规则为：①不要求评论标注词性路径与词性路径模板完全匹配；②匹配允许出现间隔。例如，对于标注的评论词性句"v/a1/u/a2"，通过上述规则可提取出的特征-情感词对有"v/a1"和"v/a2"两种。

获得词性路径模板集合后，再将评论中的词性路径与之相匹配，提取相应的农产品特征词和情感词，基于词性路径模板的特征词和情感词提取算法的伪代码如算法 2.1 所示。

算法 2.1　基于改进词性路径模板的特征-情感词对提取算法

输入：经过文本预处理的训练语料集 $D_{fs} = \{t_1, t_2, \cdots, t_n\}$，$t_i$ 表示其中的一条顾客评论，为特征词和情感词对的集合，$t_i = \{(w_{i1}, s_{i1}), (w_{i2}, s_{i2}), \cdots, (w_{im}, s_{im})\}$，$w_{ik}, s_{ik}$ 为一组特征-情感词对，由 t_i 中第 k 个特征词 w_{ik} 和 t_i 中第 k 个情感词 s_{ik} 构成

输出：农产品特征词和情感词词性模板集合 N，以及提取出来的特征-情感词对的集合 Wordpair

步骤

步骤 1：$FS_{ik} = \text{wordpath}(t_i)$ //提取评论 t_i 中的词和词性作为词性路径 FS_{ik}，如"配送/v 很/d 快/a"

步骤 2：$FS_{ik-d} = \text{deleteword}(FS_{ik})$ //删除 FS_{ik} 中的所有词，保留其词性标注，如"/v/d/a"

步骤 3：$\text{if}\left(\text{length}(FS_{ik-d}) < \alpha \text{ and } FS_{ik-d} = N_x\right) \text{then } f_{nx} + 1$

$\text{elseif}\left(\text{length}(FS_{ik-d}) < \alpha \text{ and } FS_{ik-d} \notin N_x\right) \text{then } N \leftarrow (FS_{ik-d}, 1)$

//长度过滤，即候选模板 FS_{ik-d} 的长度小于长度阈值 β 且与模板库的候选模板 N_x 相同，则将候选模板的频数+1；当候选模板 FS_{ik-d} 的长度小于长度阈值 β 且与模板库的候选模板不同时，则将其频数置为 1 加入到模板库中

步骤 4：$\text{for}\left(\text{every } f_{nx}\right) p_{nx} = \dfrac{f_{nx}}{\text{total}(T)}$ //计算每个词性模板的频率

步骤 5：$\text{if}\left(p_{nx} < \beta\right) \text{then delete } p_{nx} \text{ from } N$ //频率过滤，即针对模板库中的所有候选模板，如果其频率 p_{nx} 小于频率阈值 γ，则将该词性模板从词性模板库中删除

步骤 6：$\text{Wordpair} = \text{Matchwordpath}(t_i, N)$ //将每条评论中词性模板与模板集合匹配，提取相应的特征-情感词对

步骤 7：$\text{return } N, \text{Wordpair}$ //输出词性路径模板集合 N，以及提取出来的特征-情感词对集合 Wordpair

---

特征词具有强烈的领域相关性。在进行特征词抽取后，需要进行特征词筛选，保留关键产品特征属性。常见的特征词过滤方法有基于词频的过滤方法以及基于点互信息(pointwise mutual information，PMI)的过滤方法。

1. 词频过滤

词频过滤指过滤掉词频较低的特征词，基于以下两点考虑：①被评论的产品特征更倾向于在评论中多次出现；②依据词频过滤掉的个别产品特征词出现次数较少，不是顾客特别关注的产品属性，不属于关键特征，因此参考价值较弱。

2. PMI 过滤

PMI 可以用于衡量两个事物之间的相关性，在评论文本中，可以量化词语之间的关系。依据词频过滤的方法无法判断特征词与产品之间的关联度，因此可以通过 PMI 计算产品特征词与该产品的相关性，剔除掉与产品特征关联度较低的特征词，进而提高结果的准确度。进行 PMI 计算前首先要确定农产品的领域特征词作为主题 seeds，其次计算每个候选特征词与农产品领域词的 PMI 值，再次根据

给定阈值，将结果大于阈值的特征词保留，如式 (2.1) 所示：

$$\text{PMI}(w_i, \text{seeds}) = \sum_{w_a \in \text{seeds}} \ln \frac{\text{hits}(w_i \,\&\, w_a)}{\text{hits}(w_i)\text{hits}(w_a)} \tag{2.1}$$

其中，w_i 为候选特征词；w_a 为领域特征词；$\text{hits}(w_i)$ 和 $\text{hits}(w_a)$ 分别为候选特征词与领域特征词在搜索引擎返回的结果页面数；$\text{hits}(w_i \,\&\, w_a)$ 为 w_i 和 w_a 通过搜索引擎共同匹配的结果页面数，PMI 值越大代表相关程度越高。最后对每个候选特征词与 seeds 词库的匹配值加权，得到每个候选特征词的 PMI 值。接着通过阈值判别式 (2.2) 筛选出大于设定阈值的特征词，作为农产品关键特征指标。阈值 ε 的设定可以通过实验确定最优取值。

$$is_{\text{key}_{\text{attr}}}(w_i) = \begin{cases} 1, & \text{PMI}(w_i, \text{seeds}) \geqslant \varepsilon \\ 0, & \text{PMI}(w_i, \text{seeds}) < \varepsilon \end{cases} \tag{2.2}$$

根据特征关键词词频和近义词聚类，确定领域种子特征词为 seeds ={新鲜，口感，服务，物流，性价比，包装}。在实验中，通过评估准确率和召回率，确定最优长度阈值 β 为 5，频率阈值 γ 为 5，PMI 阈值 ε 为 –150。词性路径提取算法训练结果和特征-情感词提取效果如表 2.1 所示。可以看出，相比于精确匹配，模糊匹配提取的效果更准确，能提取出更全面的特征-观点对。

表 2.1　不同匹配模式下词性路径提取算法结果对比

顾客评论	词性标注	词性路径	精确匹配结果	模糊匹配结果
火龙果又大又好吃	火龙果/n 又/d 大/a 又/d 好吃/a	/n/d/a/d/a	(火龙果, 大)	{(火龙果, 大),(火龙果, 好吃)}
发货速度很快	发货/v 速度/n 很/d 快/a	/v /n /d/a	—	(发货, 快)
个头大	个头/n 大/a	/n/a	(个头, 大)	(个头, 大)
大小正好	大小/n 正好/d	/n/d	—	—
水果很新鲜	水果/n 很/d 新鲜/a	/n/d/a	(水果, 新鲜)	(水果, 新鲜)
包装也很好	包装/n 也/d 很/d 好/a	/n/d/d/a	—	(包装, 好)
配送到家很方便	配送/v 到/p 家/n 很/d 方便/a	/v/p/n/d/a	—	(配送, 方便)

为了便于理解本章所提算法，在构建顾客评分修正算法之前，首先对下列参数进行解释说明。

(1) 浮动因子 δ 表示评分修正的幅度大小，r 是原评分，则修正后的评分范围

为 $[r-\delta, r+\delta]$。考虑到顾客给出的整数评分都会尽可能体现自身的真实意愿，数值上，理解为真实意愿四舍五入后的整数值。因此，假设顾客的真实评分在整数评分上下浮动 0.5 分的区间内，即真实评分范围为 $[r-0.5, r+0.5]$，如图 2.2 所示。

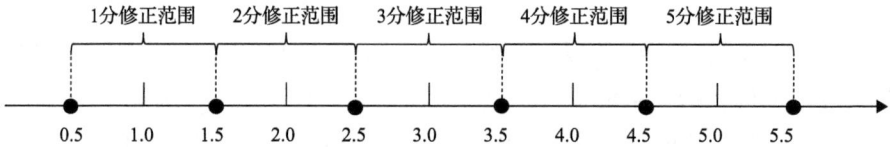

图 2.2　整数(5 分制)评分修正后范围

(2) 农产品特征-偏好向量 P_t。根据量化每条评论 t 中提取的农产品特征词，获得农产品特征-偏好向量，如顾客评论 t 的农产品特征偏好向量为 P_t。

(3) 评论情感倾向值 E_t 是指该条顾客评论表现的顾客整体情感倾向。对评论提取出的农产品特征偏好向量 P_t 进行量化后，再通过评论情感值计算，获得评论 t 的评论情感倾向值 E_t。

Item-CF 推荐算法针对不同产品计算相似度，因此针对产品建立农产品特征偏好。假设一个农产品的所有评论文本组成一个文档 N，如商品 j 的评论文档为 N_j。一般来说，一条评论中某个词语出现得越多，而在其他文本中出现得越少，那么该词对此条评论的重要性则越强，体现了顾客对其的注重程度越强。词频-逆文档频率(term frequency-inverse document frequency，TF-IDF)算法综合考虑了词语在文本中的词频(term frequency，TF)和普遍重要性(inverse document frequency，IDF，逆向文档频率)，其兼顾了局部与整体，比仅考虑词频的算法更加合理。在一个文档集合中，不同农产品特征词的词频往往可以表明顾客对其的关注程度，关注程度越高，则在农产品特征偏好向量中的权重越大。本章将采用 TF-IDF 算法进行顾客对各项农产品特征偏好的度量(向量化表示)，步骤如下。

(1) 设定文档集合。将一个农产品的所有评论文本组成一个文档 N，如商品 j 的评论文档为 N_j。

(2) 计算文档中所有特征词的 TF-IDF 值。对于特征词 w_i，词频公式表达为

$$f_{i,j} = \frac{n_{i,N_j}}{\sum_k n_{k,N_j}} \tag{2.3}$$

其中，n_{i,N_j} 为特征词 w_i 在文档 N_j 中出现的次数；$\sum_k n_{k,N_j}$ 为文档 N_j 中出现所有特征词的总和；k 为文档 N_j 中的词汇总量。

对 $f_{i,j}$ 进行归一化处理，得到 $\text{TF}_{i,j}$ 计算公式：

$$\mathrm{TF}_{i,j} = \theta + \frac{(1-\theta)f_{i,j}}{\max\left(f_{i,j}\right)} \tag{2.4}$$

其中，一般情况下，θ 默认为 0.5。

接着计算逆向文档频率，其公式表达为

$$\mathrm{IDF}_{i,j} = \log\frac{|N|}{1+|N_i|} \tag{2.5}$$

其中，$|N|$ 为数据集中的评论文本集合总数，即农产品数量；$|N_i|$ 为包含特征词 w_i 的文本数量，为了防止该特征词在文本集合中不存在的情形，取 $1+|N_i|$ 作为分母。

接下来计算文档 N_j 中农产品特征词 w_i 的 TF-IDF 值，其计算公式为

$$\mathrm{TI}_{i,j} = \mathrm{TF}_{i,j} \times \mathrm{IDF}_{i,j} \tag{2.6}$$

将 N_j 评论文档集合中所有农产品特征词的 TF-IDF 值组成该农产品的特征–偏好向量，为 $W_j = \left\{\mathrm{TI}_{w_1,j}, \mathrm{TI}_{w_2,j}, \cdots, \mathrm{TI}_{w_i,j}\right\}$。

基于上述 TF-IDF 算法获取的农产品特征偏好向量，为进行更细粒度的修正，获得单条评论下顾客 n 对应特征 w_i 的偏好值，从而得到每条评论下的农产品特征偏好：

$$q\left(w_i\right) = \frac{W_{u,j,w_i}}{\sum\limits_{i=1}^{k} W_{u,j,w_i}} \tag{2.7}$$

其中，W_{u,j,w_i} 为农产品评论文档 N_j 中任意评论 t 下，顾客 u 关于农产品 j 的特征词 w_i 的 TF-IDF 值，$W_{u,j,w_i} \in W_j$；$\sum\limits_{i=1}^{k} W_{u,j,w_i}$ 为产品评论 t 中所有特征词 $\{w_1, w_2, \cdots, w_k\}$ 的 TF-IDF 值加权之和。最后获得每一条评论 t 中，针对不同特征词 $\{w_1, w_2, \cdots, w_k\}$ 的特征–偏好向量 $P_t = \{q(w_1), q(w_2), \cdots, q(w_k)\}$。综上所述，设计农产品特征偏好向量算法如算法 2.2 所示。

算法 2.2　建立基于评论文本的农产品特征偏好向量算法

输入：经过词性路径算法提取的农产品 j 的评论文档为 N_j

输出：评论特征偏好向量 P_t 和农产品 j 的评论特征偏好向量集合 P_N

步骤

步骤 1： Segmentation$\left(N_j\right)$ //对 N_j 进行分词

步骤 2： $C_j \leftarrow$ Fetch$\left(N_j\right)$ //提取特征词和情感词，组成特征情感词对集合 C_j

步骤 3： For $w \in C_j$， Tfidf$(w) \leftarrow$ Tfidfmodel$\left(C_j\right)$， $W_j \leftarrow$ Tfidf(w) //建立农产品特征偏好向量 W_j

步骤 4： $N \leftarrow$ addall$\left(W_j\right)$， For $w_i \in t$， $q(w_i) \leftarrow$ Tfidf$(w_i)/N$， $P_t \leftarrow q(w_i)$ //建立评论特征偏好向量 P_t

步骤 5： $P_N \leftarrow P_t$， return P_t， P_N //输出评论特征偏好向量和评论特征偏好向量集合

2.2.2 产品特征偏好情感分析

选择基于情感词典的方法进行农产品特征维度的情感分析。对于一条评论语句 t，令 degree(s_i) 代表情感词 s_i 的情感程度，其取值范围为 $[-5,5]$，如果 s_i 在情感词典中不存在，则取值为 0。情感程度值为正表示褒义，情感程度值为负表示贬义。令 level(s_i) 表示修饰情感词 s_i 的程度副词的权重，其区间为 $(0,2)$。大于 1 表示情感加强，小于 1 表示情感削弱，如果不存在相应的程度副词则取值为 1。令 negative(s_i) 表示修饰情感词 s_i 的否定副词反转系数，当存在奇数个否定词取值为 -1，表示情感倾向的反转，当存在零或偶数个否定词则取数为 1。针对每个特征词计算相应情感词的情感强度，emotion(s_i) 如式 (2.8) 所示：

$$\text{emotion}(s_i) = \text{negative}(s_i) \times \text{level}(s_i) \times \text{degree}(s_i) \tag{2.8}$$

考虑到在评论语句中，许多情感程度低的情感词会对系统造成较大的干扰，因此也可以对单个情感词设定一个判别阈值 ϵ，如 0.2，只保留主要的情感词，如式 (2.9) 所示：

$$\text{vdeg}(s_i) = \begin{cases} 0, & w_i \notin \text{dictionary} \\ 0, & |\text{degree}(s_i)| \leqslant \epsilon \\ \text{degree}(s_i), & |\text{degree}(s_i)| > \epsilon \end{cases} \tag{2.9}$$

此时评论文本情感值计算式 (2.8) 变为

$$\text{emotion}(s_i) = \text{negative}(s_i) \times \text{level}(s_i) \times \text{vdeg}(s_i) \tag{2.10}$$

对于评论文档集 N_j 中的任意一条评论 t，提取的关键词 $\{w_1, w_2, \cdots, w_k\}$，其对

应的情感词为 $\{s_1, s_2, \cdots, s_k\}$。根据 Boson 社交媒体文本情感词库 (https://languagere-sources.github.io/2018/05/01/%E6%9D%8E%E5%8D%8E%E5%8B%87_BosonNLP/) 判断情感词的情感强度，又构建了相应的程度副词词典和否定词词典对评论中的程度副词与否定词进行权重计算。根据上文介绍的情感词的量化方法，根据特征词 w_i 对应的情感强度 $\text{vdeg}(s_i)$、程度副词权重 $\text{level}(s_i)$、否定词的反转系数 $\text{negative}(s_i)$ 集合计算特征 w_i 对应的情感值 $r(s_i)$，构成向量 S_t，记为 $S_t = \{r(s_1), r(s_2), \cdots, r(s_k)\}$。

2.2.3　顾客评分修正

根据评论特征偏好向量 P_t 和情感值向量 S_t 得到农产品特征–偏好向量的量化情感值，如式 (2.11) 所示：

$$E_t = P_t \cdot S_t \tag{2.11}$$

为了将修正值限定在修正区间 $[-\delta, +\delta]$ 内，采取下列方式对修正情感值 E_t 进行修正。修正幅度区间为 $[-\delta, +\delta] = [M_{\min}, M_{\max}] = [-0.5, +0.5]$，通过改进 min-max 标准化公式来完成映射，可实现将原区间 $[O_{\min}, O_{\max}]$ 上任意数值 E_t 映射到目标区间 $[M_{\min}, M_{\max}]$ 上，公式如下：

$$M = \frac{M_{\max} - M_{\min}}{O_{\max} - O_{\min}} \times (E_t - O_{\min}) + M_{\min} \tag{2.12}$$

根据式 (2.13) 获得的修正值 M，最终获得评分修正 r'：

$$r' = r + M \tag{2.13}$$

基于上述问题描述与方法，根据评论特征偏好向量评分修正的算法步骤如下。

算法 2.3　利用评论特征偏好向量评分修正算法

输入：经过词性路径算法提取的农产品 j 的评论文档 N_j、评论偏好向量集合 P_t、原评分 r

输出：评分修正 r'

步骤

步骤 1：for $t \in N_j$，r，$s_i \in t$，$r(s_i) \leftarrow \text{sentiment}_s \text{core}(s_i, s_{\text{degree}}, s_{\text{not}})$ //计算情感强度

步骤 2：$S_t \leftarrow r(s_i)$ //量化情感词，获得评论情感值向量 S_t

步骤 3：$E_t = P_t \cdot S_t$ //计算评论情感态度 E_t

步骤4：$M \leftarrow (M_{\max} - M_{\min})/(O_{\max} - O_{\min}) \times (E_t - O_{\min}) + M_{\min}$

$r' = r + M$ //计算修正值，得到评分修正 r'

步骤5：return r' //输出评分修正

2.3 结合评分修正和 Item-CF 的农产品推荐算法

协同过滤推荐依据用户历史评分数据展开推荐，凭借其便捷性、准确性在电商的个性化产品推荐领域得到了广泛的应用。其分为基于用户(user-based)的协同过滤算法和基于项目/商品(item-based)的协同过滤算法，二者的主要区别在于度量相似度的对象不同。本节将针对农产品的在线交易场景，选择更适用于农产品的协同过滤推荐算法。

2.3.1 农产品线上交易特征

首先，针对农产品电子商务平台农产品推荐研究过程中的考虑因素展开具体分析，综合考虑农产品有别于其他电商产品的特征属性，初步选取更符合农产品的推荐方法。考虑因素如下所述。

(1)农产品种类较其他商品相对较少，但其用户群的数量级相比其他商品却是相当的，这意味着产品间的相似度矩阵维度可能远小于用户间的相似度矩阵维度。因此，Item-CF 算法既可以提高推荐算法的效率和实时性，又可以节省许多数据存储和运算存储空间。

(2)农产品更新程度低、迭代慢，农产品的种类和数量相对稳定，而随着农产品电子商务平台的用户覆盖和市场规模的持续扩张，用户数量的增长速度远高于农产品数量的增长速度，这就意味着在推荐中，用户相似度矩阵的更新频率会远高于农产品相似度矩阵的更新频率。因此，将应用 Item-CF 算法在农产品的推荐中，在一定程度上可减少相似度矩阵的更新频率，这对推荐算法的效率具有一定的提升作用。

(3)Item-CF 算法基于项目计算相似度，它可以考虑到农产品间的内在联系和互补特征，这符合用户在购买农产品时往往会考虑"食材搭配""营养搭配"的观念，例如，不同蔬菜的食材搭配组合等。这样不仅能够促进用户和推荐系统的交互，还可以提高农产品推荐结果的可读性。

(4)在电商网站中，总是催生出热门商品和"爆品"，持续拉开热门商品和非热门商品的差距，衍生出流行学中的长尾分布。存在热门商品推荐效应的推荐系统称为存在马太效应。实践证明，基于用户的推荐方法更擅长于热门推荐，而基于项目的推荐方法更擅长于长尾推荐，在一定程度上弱化了热门商品推荐的马太效应，从而更真实地反映用户对产品的偏好。因此，选取 Item-CF 算法可以在推荐中提升对产品的覆盖面，使得推荐结果更加反映用户真实偏好。

基于上述讨论，Item-CF 推荐算法在农产品的推荐场景中更具应用价值，因此本章选择 Item-CF 算法，进一步结合评论文本情感分析解决协同过滤评分数据集中的问题，实现农产品的个性化推荐。

2.3.2　流行度时间衰减因子和季节敏感因子加权函数

在推荐系统中，为了解决初期的冷启动问题，向新顾客推荐热门商品是较为常见的做法，它是通过归纳群体兴趣来代表个体兴趣进行推荐的一种方式，可以缓解新顾客的在线交互数据缺失导致的冷启动问题。根据长尾理论，主流产品的销售量大不等同于对它的需求也大，随着商品的无限细分，顾客的兴趣和偏好越来越具备一些个性化的兴趣与偏好，衍生出更具个性化的需求，因此各类商品均存在被需要的可能性，电商平台的发展为这类"尾部商品"的交易提供了更平等的交易空间和更便宜的交易成本，为这类商品的供需匹配带来可能性。面对协同过滤推荐算法普遍存在的流行度失衡问题，在推荐商品时，采取措施弱化推荐系统中的马太效应，缓解流行度失衡，对热门商品进行适当惩罚，或对长尾商品提高推荐频率，都可以在一定程度上发掘电商平台的"产品长尾"，提高推荐算法的覆盖率。

根据以上思想，假设顾客对农产品的关注度随时间变化。随着时间的推移，顾客对该商品的关注程度也会逐渐减弱。首先引入热门商品时间衰减因子，见式 (2.14)，减弱流行商品推荐失衡的问题。其作用体现在不同时间段，农产品的热门程度对推荐结果的影响。

$$P(i,t) = \mathrm{e}^{-\Delta t} \tag{2.14}$$

其中，$P(i,t)$ 为关于时间 t 的非线性递减函数；$\Delta t = \left| t_{\mathrm{now}} - t_{\mathrm{hot}} \right|$；$t_{\mathrm{hot}}$ 为农产品 i 在一个阶段热度最高的时间；t_{now} 为农产品 i 此刻的时间；Δt 则反映距离热度最高的时间差。根据假设，距离热度最高的时间点越久，Δt 越大，则 $P(i,t)$ 越小，进而在一定程度上削弱了农产品推荐热度的影响。其中，热度最高时间点可通过百度搜索指数 (http://index.baidu.com/v2/index.html#/) 统计农产品搜索趋势，获取近一年的热度最高的时间点。

此外，绝大部分农产品也具有鲜明的季节性特征，非当季的农产品种植、生产数量会远小于当季农产品数量，甚至在非当季就下架。此外，顾客也倾向于购买当季农产品，季节性会影响顾客的需求。因此，引入农产品的季节敏感因子 $S(i,s)$，根据农产品的生产季节设置权重，来调节评分预测函数。

$$S(i,s) = \frac{\sum\limits_{s=1}^{4} k_{is}}{4} \tag{2.15}$$

其中，$k_{is}=1$ 表示农产品 i 对季节 s 敏感，$k_{is}=0$ 表示鲜农产品 i 对季节 s 不敏感，$s=\{1,2,3,4\}$，分别表示春（$s=1$）、夏（$s=2$）、秋（$s=3$）、冬（$s=4$）四个季节。该季节敏感函数可以捕捉到农产品的季节性特征对于顾客偏好的影响。

由于不同顾客的需求随商品流行度和季节性的敏感性不同，使用参数 α 调节农产品流行度衰减函数和季节敏感函数的影响，$\alpha \in [0,1]$，获得农产品 i 的流行度时间衰减性和季节敏感性加权函数如式 (2.16) 所示：

$$f(i) = \alpha \times P(i,t) + (1-\alpha) \times S(i,s) \tag{2.16}$$

2.3.3 农产品评分相似度计算

基于修正后的顾客评分，建立农产品评分相似度度量函数，求出与目标产品 i 最邻近的邻近商品集合。采用修正余弦相似度来定义农产品间的偏好相似度：

$$\text{sim}(i,j) = \frac{\sum\limits_{u \in U_{ij}} \left(R'_{ui} - \overline{R'_i}\right)\left(R'_{uj} - \overline{R'_j}\right)}{\sqrt{\sum\limits_{u \in U_{ij}} \left|R'_{ui} - \overline{R'_i}\right| \cdot \left|R'_{uj} - \overline{R'_j}\right|}} \tag{2.17}$$

其中，R'_{ui} 和 R'_{uj} 为农产品 i 与 j 基于评论文本挖掘修正后的顾客评分；$\overline{R'_i}$ 和 $\overline{R'_j}$ 为农产品 i 与 j 的修正顾客评分均值。根据改进后的相似度计算公式，求出与目标产品 i 最邻近的邻近农产品集合 I_{nei}。

2.3.4 顾客评分预测和推荐生成

接下来，在评分预测函数中，结合流行度时间衰减性和季节敏感性加权函数，以及基于评分修正的改进余弦相似度函数，根据顾客对近邻商品 j 的评分，预测顾客对目标商品 i 的评分。修正的预测评分函数如下：

$$p_{ui} = \frac{\sum\limits_{i \in I_{\text{nei}}} \text{sim}_I(i,j) \times f(i) \times \left(R'_{uj} - \overline{R'_j}\right)}{\sum\limits_{i \in I_{\text{nei}}} |\text{sim}(i,j)|} \tag{2.18}$$

其中，$\overline{R'_j}$ 为顾客对农产品 j 的评分修正均值；I_{nei} 为最近邻居集合；$\text{sim}_I(i,j)$ 为农产品 i 和 j 之间的相似度；$f(i)$ 为流行度时间衰减性和季节敏感性加权函数。

另外，参数 X 表示最近邻农产品集合 I_{nei} 的个数（count of nearest neighbor，CNN），表示为顾客 n 找到与农产品 i 最相似的 X 个农产品，并在这 X 个相似农产品中计算顾客的预测评分并产生推荐。X 值并非越大越好，X 值过大有可能出现过拟合的情况，在具体的离线实验中，应先在训练集中训练 X，获得顾客关于农产品的评分预测函数后，在测试集中计算推荐度并输出农产品推荐列表。

基于上述问题描述与方法，设计基于顾客评分修正和 Item-CF 的农产品推荐算法流程如下。

算法 2.4　基于顾客评分修正和 Item-CF 的农产品推荐算法

输入： 修正后的顾客-农产品评分矩阵 R_{ui}，目标顾客 u，推荐商品数量 N

输出： 推荐给目标顾客 u 的农产品集合 Top-N 和评估结果

步骤

步骤 1：//根据顾客-商品评分矩阵 R_{ui}，利用相似度计算函数，更新农产品相似性矩阵 R'_{ui}

for products, ratings in　R_{ui}

　　if $m1$ in ratings and $m2$ in ratings:

　　　　avg = average[products]

　　　　num += （ratings[$m1$] – avg）* （ratings[$m2$] – avg）

　　　　dem1 += （ratings[$m1$] – avg）** 2

　　　　dem2 += （ratings[$m2$] – avg）** 2

　　$\text{sim}(i, j)$ = num / （sqrt（dem1）* sqrt（dem2）） //计算农产品相似度

　return　$\text{sim}(i, j)$

步骤 2：Rank　$\text{sim}(i, j)$　and get　I_{nei}　//根据商品相似性矩阵 R'_{ui}，计算商品 i 的最近邻居集 I_{nei}

步骤 3：for each product in　I_{nei}

Calculated predicted rating　p_{ui}　//计算目标顾客 u 对 I_{nei} 中商品 i 的预测评分 p_{ui}

步骤 4：def recommend（self, user）：

N = self.n_rec_product //推荐数

　　　　for product, rating in watched_products.items（）: //遍历顾客买过的农产品及评分

　　　　　　for related_product, w in sorted（$\text{sim}(i, j)$，key=itemgetter（1），

reverse=True）[:K]:

　　　　　　　　if related_product in watched_products: //剔除顾客购买过的农产品

　　　　　　　　　　continue

　rank　p_{ui}

Return sorted(rank.items(), key=itemgetter(1), reverse=True)[:*N*]//对目标顾客 u 的预测评分 p_{ui} 进行从大到小排序，取 Top-N 农产品生成推荐

　　步骤 5：通过准确率、召回率和覆盖率进行评估

for i, user in enumerate(self.trainSet):

test_ products = self.testSet.get(user, {}) //测试集中顾客喜欢的农产品

　　rec_products = self.recommend(user)

　　　　for product, w in rec_products: //遍历给顾客推荐的农产品

　　　　　　if product in test_ products and product.rating>3: //测试集中有该农产品且评分高于 3 分

　　　　　　　　hit += 1 //推荐命中+1

　　　　　　test _ count += len(test_products)

recall = (hit/user _ prefer _ count)/user _ count

coverage = len(all_rec_products) / (1.0*self.prod_count)

for i in test_products:

　delta+= abs($rating_{ui}$ – $rating'_{ui}$)

precison= delta/test_count

　　　return (precision, recall, coverage)

　　步骤 6：输出推荐给目标顾客 u 的农产品集合 Top-N，以及评测结果

2.4　实验分析与结果

2.4.1　实验数据

　　实验基于京东生鲜电商平台网站(https://fresh.jd.com/)，编写爬虫程序抓取农产品及其评论数据。实验基于 Windows 10 操作系统的 PC(personal commputer，个人电脑)平台，采用四核处理器 Inter(R) Core(TM) i7-8550U CPU @1.80GHz，内存为 8GB，软件运行支撑环境为 PyCharm 2018 版本。爬虫程序基于 Selenium 框架，可针对不同品类的农产品展开采集，并对评论部分的数据进行抓取、翻页、循环至结束，获取的数据集结构如表 2.2 所示。

表 2.2　爬虫获取的评论数据集结构

字段	示例
商品类别	苹果
商品名称	农夫山泉 17.5°苹果 阿克苏苹果 15 个装 单果径 80～84 毫米新鲜水果礼盒

续表

字段	示例
顾客 ID	jd_151852tjj
url	https://item.jd.com/100001366076.html
评论星级	5
评论长度	67
评论文本内容	第 1 次买农夫山泉的苹果，苹果非常好。活动优惠下来购买还是很划算的，而且果实都很饱满，没有坏果，物流配送速度也很快，吃完还会再来回购的
评论者等级	None

采用真实数据离线评价的方法，其涉及数据集的划分和评价指标的选取，采用交叉验证的思想，首先将数据集随机分成 K 等份（取 $K = 5$），将其中 $K-1$ 份作为训练集，余下的一份作为测试集，在训练集上建立顾客关于农产品的评分预测函数，在测试上进行评分预测。经过 K 次实验后，将 K 次实验得到的指标评估平均值作为最终的评估结果。交叉实验可轮流将每一份数据集作为测试集并展开实验，相比于单一实验，可以避免偶然性的结果，保证评测结果的稳定性和合理性。

具体的实验流程如图 2.3 所示。

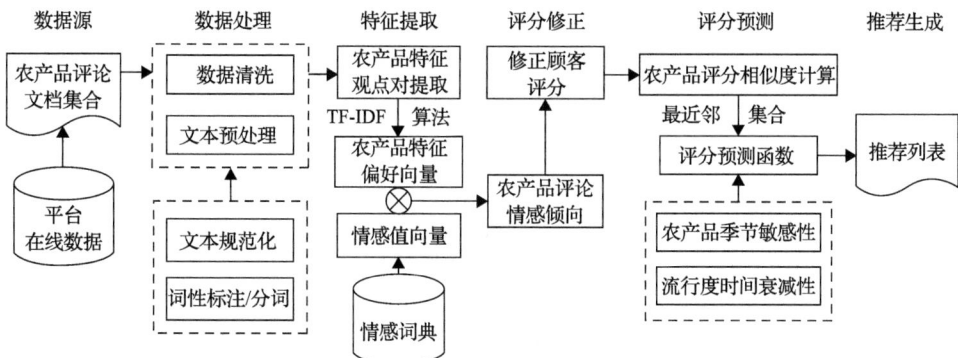

图 2.3　实验流程图

2.4.2　评测标准

本章选取 MAE 评估算法的准确率，选取覆盖率评估算法的多样性，选取召回率评估算法的分类能力。

（1）准确率。使用 MAE 来衡量推荐预测评分的准确度，是衡量推荐策略性能的最常见指标之一。MAE 计算某项农产品的推荐预测评分值和顾客的实际评分值之间的平均绝对误差，其计算公式如式(2.19)所示。

$$\text{MAE} = \frac{\sum\limits_{(u,i)\in T} \left| r_{ui} - r'_{ui} \right|}{N_T} \tag{2.19}$$

其中，r_{ui} 为顾客 u 对产品 i 的真实评分；r'_{ui} 为顾客 u 对产品 i 的推荐预测评分；T 为测试集；N_T 为测试集的预测项目个数。MAE 越小表明预测的误差越小，则推荐的准确率越高。

（2）覆盖率。推荐覆盖率也是一项评价推荐质量的较常用指标，它可以评价推荐算法在推荐长尾商品的能力。覆盖率表示评估推荐的产品数占总产品数的百分比，覆盖率越高，则表明系统能推荐到的产品覆盖面越广，多样性越好，其计算公式如式(2.20)所示。

$$\text{Coverage} = \frac{I_{\text{rec}}}{I_{\text{all}}} \tag{2.20}$$

其中，I_{rec} 为系统能推荐的不重复的产品数量，与推荐列表的长度 N 直接相关；I_{all} 为系统中所有农产品数目。

（3）召回率。召回率代表一个顾客喜欢的产品被推荐的概率，定义为推荐列表中顾客喜欢的产品与系统中顾客喜欢的所有商品的比率，它衡量了推荐系统正确分类的能力。其计算公式如式(2.21)和式(2.22)所示。

$$\text{Recall}_u = \frac{\sum\limits_{n\in U} \left| I(u) \bigcap L(u) \right|}{\left| L(u) \right|} \tag{2.21}$$

$$\text{Recall}_U = \frac{1}{|U|} \sum_{u\in U} \text{Recall}_n \tag{2.22}$$

其中，$I(u)$ 为顾客 u 的农产品推荐列表；$L(u)$ 为测试集中顾客 u 评分在 3 分以上的农产品列表。根据式(2.21)获得每一个顾客的召回率后，再通过式(2.22)计算整体的平均召回率。

2.4.3　实验结果

1. 评论挖掘评分修正结果

根据本章提出的情感倾向分析算法，获得农产品特征偏好情感倾向值 E_t，其分布如图 2.4 所示，评论情感倾向 E_t 在[−10,40]范围内，负向评价的情感倾向集中

在 [0,10] 区间，而正向评价会出现少数高于 10 的极端值的情况，对 [−10,10] 区间的分布进行放大，如图 2.4(b) 所示，呈现较为离散的态势。

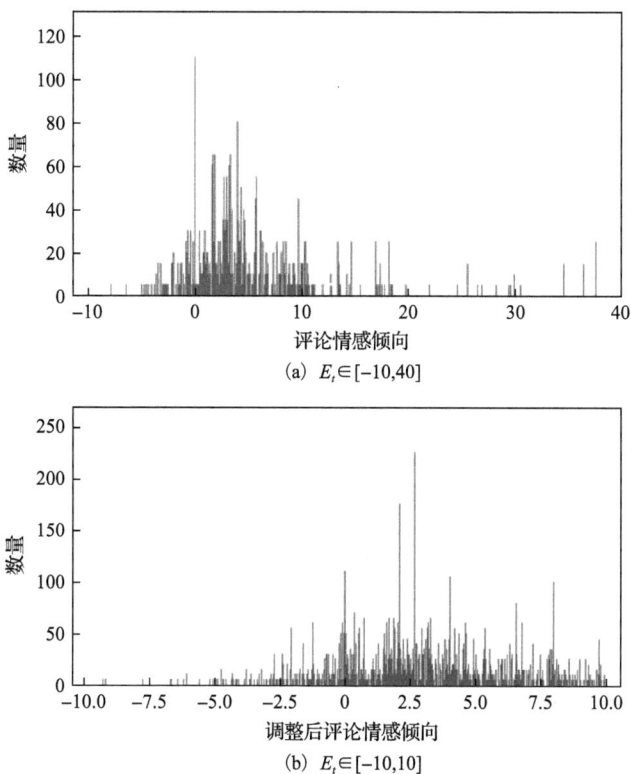

(a)　$E_t \in [-10,40]$

(b)　$E_t \in [-10,10]$

图 2.4　评论情感倾向分布

根据式 (2.12) 和式 (2.13)，通过 min-max 标准化公式对 E_t 进行修正，将其限定在 $[-\delta, +\delta]$ 区间内，再对顾客原始评分 r 进行修正，令 $\delta = 0.5$，评论特征偏好情感值 M 分布如图 2.5 所示。

表 2.3 随机列取了几条顾客评论的原始评论与评分以及对应的评分修正结果，相比于顾客原始评分 r，通过挖掘评论中顾客对农产品不同特征维度的偏好，可以更加真实地区分相同打分顾客对该产品的真实评分意愿，从修正结果来看，提高了顾客评分的可信度和区分能力。

由于数据量较大，根据基于评论情感分析的顾客评分修正算法，对部分顾客评分修正结果进行描述性统计，原始评分分布与基于所提出算法进行修正后的评分分布如图 2.6 所示。农产品电子商务平台的原始顾客评分分布呈现出评分集中在 5 分和 1 分两个极端的情况，相较于其他在线交易商品，出现了较多的极端低分值。这符合农产品由于易腐性、运输困难等特点在线上交易时较容易出现重大

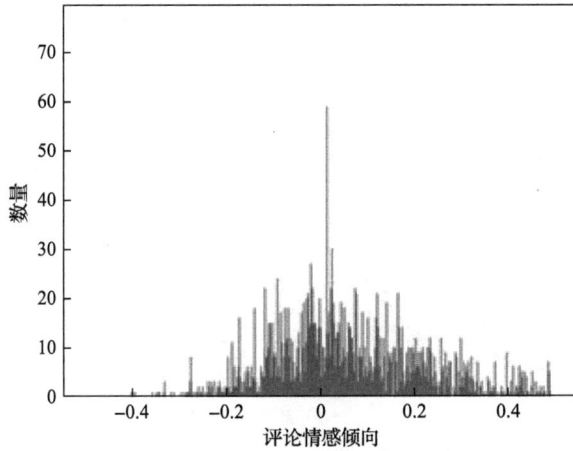

图 2.5　评论特征倾向情感值在[−0.5,0.5]区间内的分布

表 2.3　原始评分与评分修正部分结果

顾客评论	r	提取的特征情感词对	E_t	M	r'
苹果不错，甜度适宜，水分充足，喜欢这个品牌，爱了爱了	5	{(苹果，不错)，(甜度，适宜)，(水分，充足)，(品牌，喜欢)}	13.4990	0.4413	5.4413
稍微有点酸口，挺脆的，个头还可以的，吃着不算特甜	5	{(个头，还可以)，(吃，不算/特/甜)}	−3.6201	−0.2287	4.7713
味道一般，性价比不高	3	{(味道，一般)，(性价比，不/高)}	−1.3771	−0.1407	2.8593

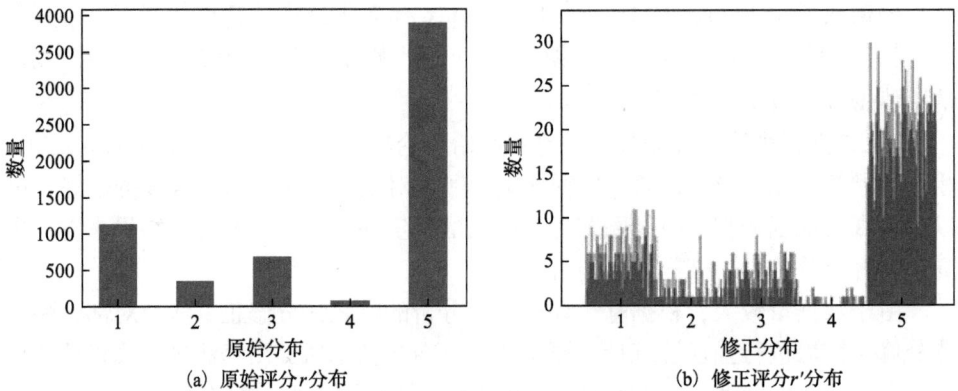

(a) 原始评分 r 分布　　　　　　　　(b) 修正评分 r' 分布

图 2.6　原始评分 r 分布与修正后评分 r' 分布对比

缺陷，导致顾客可能会由于产品损坏、口味不符、退货或换货困难等给出 1 分评论表示强烈不满。此外，可以看出，修正后的顾客评分更加离散化，区分程度明显提高，相比于初始评分分布，其更加能体现顾客的真实观点和区分顾客的真实偏好。

2. 推荐结果与对比分析

基于选取的评测指标，本章将所提出算法与 User-CF 算法、不评分修正的 Item-CF 算法、不考虑加权函数的推荐算法进行对比，验证算法的有效性，并确定最优的最近邻个数 X 和最优的权重因子 α。为了便于说明，将本章提出的基于顾客评分修正和 Item-CF 的农产品推荐算法记为 RFICF，将未修正顾客评分的农产品 Item-CF 推荐算法记为 FICF，基于 User-CF 的农产品推荐算法记为 RFUCF，不考虑流行度时间衰减性和季节敏感性的算法记为 RICF。

1）确定权重因子 α 的最优值

首先确定最优权重因子 α。在式(2.16)中，不同的 α 值代表了流行度和农产品季节性对推荐评分预测准确率的影响是有区别的。在不同最近邻集合 $X=\{10,20,30,40,50\}$ 下，讨论权重因子 α 对召回率、MAE 以及覆盖率的影响，结果如图 2.7 所示。结果显示，召回率受 α 影响的变动情况较小，同样是在 $\alpha=0.5$ 时召回率最大，且最近邻个数 X 在 30、40、50 时的召回率指标差距不大，平均召回率分别为 0.468、0.466、0.459，$X=30$ 时最大，此时召回率最高。随着权重因子 α 的增大，MAE 先减后增，在 $\alpha=0.5$ 时得到最小值，此时准确率最高，也就是说，当流行度和季节性对评分预测的影响各占 50%时，此时预测的准确性最好。覆盖率随着 α 的增大逐步增加，并且在 α 大于 0.6 时趋于稳定，这表明流行度的弱化效应对覆盖率的影响较大，随着流行度的弱化，推荐的覆盖面越来越广，则更多的冷门产品或长尾产品能够被推荐到。由于在 $\alpha=0.5$ 时，MAE 和召回率分别达到最优，$\alpha\in[0.5,0.9]$ 时覆盖率的变动较小(低于 0.01)，因此，为了获得更好的实验结果，在接下来的算法对比实验中，将 α 取值为 0.5。

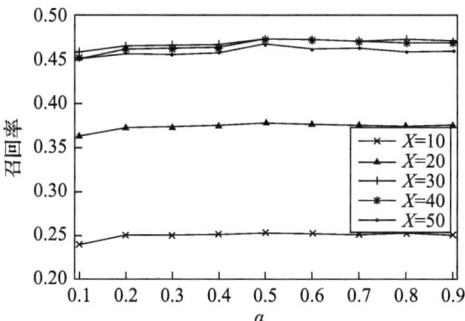

(a) 召回率随 α 变化　　　　(b) MAE 随 α 变化

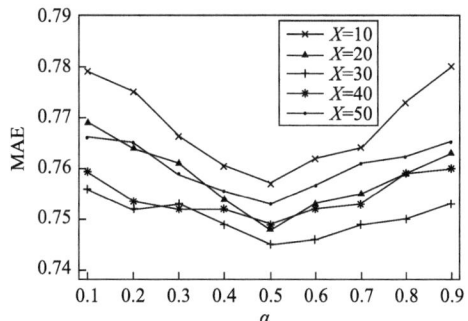

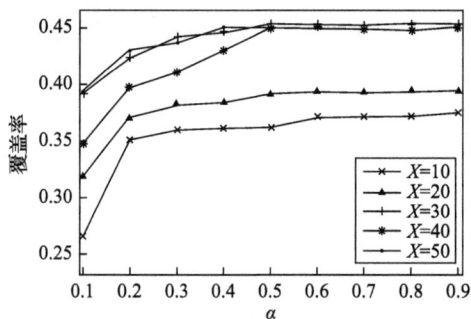

(c) 覆盖率随α变化

图 2.7　不同 X 值下权重因子 α 对各项指标的影响

2) 算法有效性分析

将本章提出的 RFICF 算法分别与基于 User-CF 的 RFUCF 算法、不评分修正的 FICF 算法展开对比，以讨论评分修正的有效性以及 Item-CF 算法的适用性，随着最近邻个数 X 的变化，召回率、MAE 值、覆盖率的结果如图 2.8 所示。

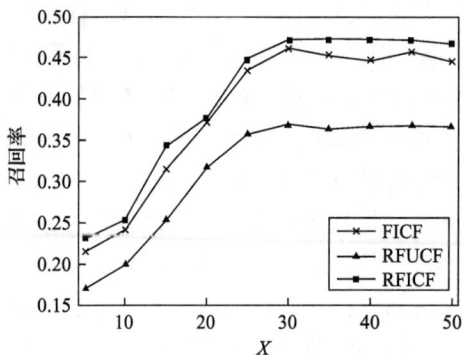

(a) 召回率对比

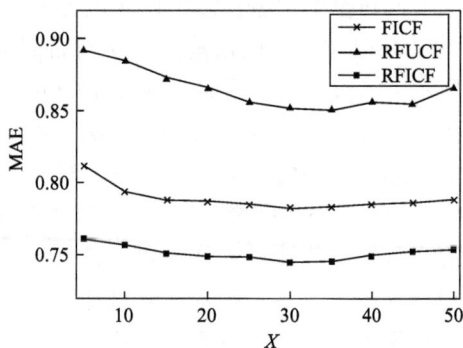

(b) MAE对比

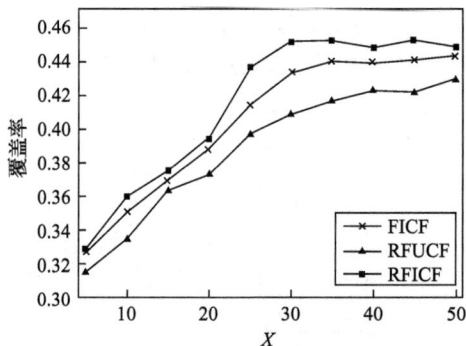

(c) 覆盖率对比

图 2.8　不同算法推荐性能对比

将本章 RFICF 算法与基于 User-CF 的 RFUCF 算法进行对比，图 2.8 结果表明，RFICF 算法在 MAE、召回率和覆盖率的表现都优于 RFUCF 算法，这说明在其他控制变量相同时，Item-CF 算法比 User-CF 算法更适用于农产品的推荐。农产品电子商务平台由于其农产品迭代更新速度远小于其顾客规模扩张速度，农产品间相似度矩阵远小于顾客间相似度矩阵等原因，基于 Item-CF 的改进协同过滤推荐算法在农产品电子商务平台推荐领域具有更好的表现。

仅考虑是否进行顾客评分修正的情况下，将本章 RFICF 算法与不进行评分修正的 FICF 算法进行对比。图 2.8(b) 结果表明，RFICF 算法的 MAE 曲线始终处于 FICF 算法下方，RFICF 算法的 MAE 均值为 0.751，FICF 算法的均值为 0.789，这表明 RFICF 算法的准确率要优于 FICF 算法，证明了通过评论挖掘和评分修正细粒度区分顾客在推荐算法中的偏好，对提升推荐结果准确性具有很好的效果。从图 2.8(a) 和图 2.8(c) 可以看出，RFICF 算法和 FICF 算法的召回率和覆盖率都随着最近邻个数 X 的增加而增加，在最近邻个数达到 30 时趋于稳定，且 RFICF 算法的召回率和覆盖率结果稍优于 FICF 算法，证明了 RFICF 算法提升推荐多样性和稳定性的能力。

3) 加权函数 $f(i)$ 有效性分析

仅考虑是否包含流行度时间衰减因子和季节敏感因子加权函数 $f(i)$ 的区别，将本章 RFICF 算法与不考虑 $f(i)$ 的 RICF 算法进行对比，随着最近邻个数 X 的变化，MAE 值、召回率、覆盖率的变动结果如图 2.9 所示。结果表明，考虑流行度时间衰减因子和农产品季节敏感性因子的 RFICF 算法的 MAE 表现稍优于不考虑它们的 RICF 算法，覆盖率要明显优于 RICF 算法，而召回率差距不大。这可能是由于通过流行度时间衰减函数，降低了热门商品的预测评分而提高了长尾产品被推荐的概率，进而提升了推荐的多样性。这证明了本章所提出的流行度时间衰减因子和农产品季节敏感因子加权函数对提升推荐系统准确性和多样性的效果。

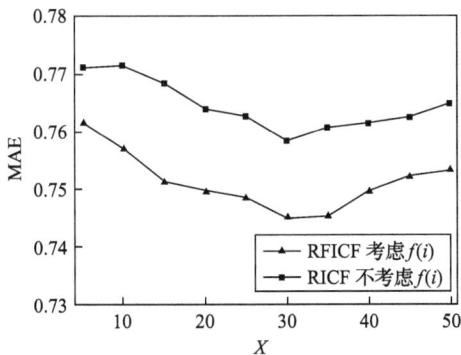

(a) MAE对比

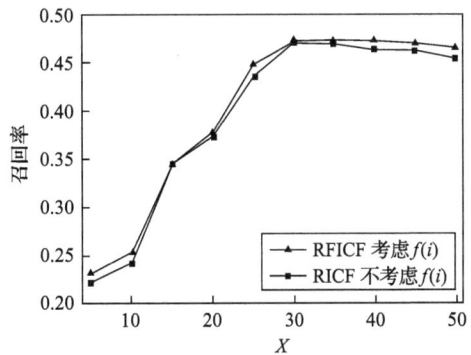

(b) 召回率对比

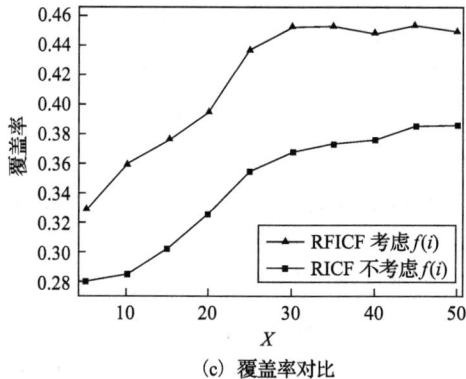

(c) 覆盖率对比

图 2.9　不考虑 $f(i)$ 时算法推荐性能对比

　　此外，通过本节实验发现，MAE 在最近邻个数 $X=30$ 时达到最低，召回率和覆盖率随着 X 的增加而增加并在 $X \in [30,50]$ 时趋于稳定。因此，可以确定最优的最近邻个数为 30，此时推荐算法在整体性能上的表现上达到最优。

2.5　本 章 小 结

　　本章面向农产品的终端消费场景，设计了基于顾客评分修正和 Item-CF 的农产品推荐算法。首先剖析了农产品的特征和线上交易特点。其次，结合顾客评论挖掘技术，对现有的顾客评分进行扩展和修正，并依据修正后的评分进行相似度计算。再次，考虑农产品电子商务平台流行度时间衰减因子和农产品季节敏感因子，进行推荐评分预测，最终获得预测评分和推荐排序。在推荐效果的评估上，选取 MAE、覆盖率和召回率作为评测指标，以分别评估算法的准确率、多样性和分类能力。最后基于农产品电子商务平台数据集，展开离线实验分析，确定最优的权重因子 α 和最近邻个数 X，并将本章所提出的算法分别与 User-CF 算法 RFUCF、不评分修正的推荐算法 FICF、不考虑流行度时间衰减因子和季节敏感因子加权函数的算法 RICF 进行对比，验证算法的有效性。

　　本章有下列主要发现。第一，最优的最近邻个数为 30，此时推荐算法在整体性能上的表现上达到最优。第二，当流行度和季节性对评分预测的影响各占 50% 时，此时预测的准确性最好；召回率受权重因子 α 影响的变动情况较小，而流行度的弱化效应对覆盖率的影响较大，随着流行度的弱化，推荐的覆盖面越来越广，则更多的冷门产品或长尾产品能够被推荐到。第三，与其他协同过滤基础算法对比结果表明，Item-CF 算法比 User-CF 算法更适用于农产品的推荐。第四，与不评分修正的 FICF 算法对比结果表明，通过评论挖掘和评分修正细粒度区分顾客在推荐算法中的偏好，对提升推荐结果准确性具有很好的效果；RFICF 算法的召回率和覆盖率结果稍优于 FICF 算法，证明了 RFICF 算法提升推荐多样性和稳定性的能力。第五，考虑流行度时间衰减因子和农产品季节敏感因子的 RFICF 算法的 MAE 表现稍优于不考虑它们的 RICF 算法，覆盖率要明显优于 RICF 算法，而召回率差距不大。

　　本章研究扩充了农产品的现有推荐技术和方法，对于农产品电子商务平台满足顾客的个性化需求，提升农产品的网络营销效果，具有极高的现实意义。研究具有下列不足。第一，本章在特征词抽取工作中，虽然考虑了特征词的领域性，但在社交网络中，非规范词(表述简单、网络词汇、表述错误等)现象的存在影响了文本特征和观点词抽取的准确性，未来可考虑结合新词发现、深度学习等方法解决未登录词、特征稀疏等问题。第二，本章虽然对无效评论进行了过滤，但未对评论中的虚假评论(如刷单行为和同行恶意攻击性评论)进行识别和过滤，可能会使最后的结果出现一定偏差，未来可考虑结合评论和评论者的行为特征、基于图结构的方法或表示学习的方法进行虚假评论的检测和过滤。第三，协同过滤推荐算法具有新顾客冷启动的问题，本章由于研究深度有限尚未解决。在未来具体的应用实践中，可结合信任关系建模、热门产品推荐、顾客站外行为数据对新顾客进行推荐。

第3章　考虑评论影响效用的农产品
顾客选择行为分析

3.1　概　　述

第2章介绍了农产品供应链终端的在线营销推荐问题,本章从顾客角度出发,通过构建顾客在线选择行为模型,对顾客对农产品的隐性需求及异质性偏好进行挖掘研究。互联网环境下,社交网络和移动终端技术允许顾客在购买产品后发布有关产品信息(价格、品质、品牌、包装等)或服务信息(物流、售后、服务等)的评论。随后,此类评论逐渐演变成顾客生成内容的一种重要形式。一方面,顾客评论是对企业在线口碑和服务产品信息的重要信息披露,对产品的销量具有重要影响作用。另一方面,评论中隐含着顾客对评价对象的隐反馈信息,往往体现了顾客的隐形需求。具体而言,评论中不仅包含了顾客关于产品和服务的实际反馈,也隐含着顾客的购买体验和品牌认知,成为顾客一种有效的购前信息获取渠道,辅助他们进行品质判断进而影响购买决策。但农产品易损耗、易变质等特征,食品安全问题以及农产品运输困难导致的退换货问题等原因,农产品电子商务平台的顾客相对更加注重农产品售前信息的可查询性。从农产品电子商务平台运营商的角度看,它们经过多年的运营积累了广泛的顾客群体,拥有大量的顾客行为数据,但这些数据的价值尚未得到充分利用。

顾客的选择通常是离散的。现有文献通常基于离散选择模型来模拟顾客购买决策,以研究顾客在不同的产品/服务属性水平和价格条件下如何做出选择,从而预测其购买行为(曾宪宇等,2016;Cirillo et al.,2018)。多项逻辑(multinomial logit,MNL)回归模型是应用最广泛的离散选择模型之一(Habib,2023;Wang et al.,2023;刘旭旺等,2024)。在应用时,选择项必须符合独立不相关(independence of irrelevant alternatives,IIA)假设。然而,在线购物环境下,顾客偏好的异质性不容忽视,产品效用往往难以满足 IIA 假设。混合逻辑(mixed logit,MXL)回归模型消除了 IIA 假设和固定偏好特征,具有更广泛的应用场景(唐立等,2018;Lai et al.,2019a;Lyu,2021)。因此,本章选择 MXL 模型来模拟顾客在线消费场景。

综上考虑,本章在新零售和互联网背景下,考虑评论中的隐反馈信息对顾客购买决策的影响,引入评论影响效用。评论的影响被称为社会影响。假设评论会对在线顾客的购买决定产生社会影响,即顾客在 $t-1$ 时刻的评论和打分会影响其

他顾客在 t 时刻的购买决策，如果顾客选择购买，同样会进行评论和打分，从而影响其他顾客在 $t+1$ 时刻的决策。这种在线评论的社会影响效用被引入 MXL 模型中。

本章的主要贡献是从定量的角度探讨在线评论对顾客选择行为的影响。将个体选择行为理论与自然语言过程技术有机地结合起来，通过从评论中挖掘顾客的隐反馈需求信息，研究顾客对不同农产品属性和隐反馈需求特征的异质性偏好，丰富了传统离散选择模型的应用领域。所提出的方法和实证分析对农产品电子商务平台实现精准营销、个性化产品推荐、数据驱动运营具有一定的指导意义。具体研究问题及其应用场景如图 3.1 所示。

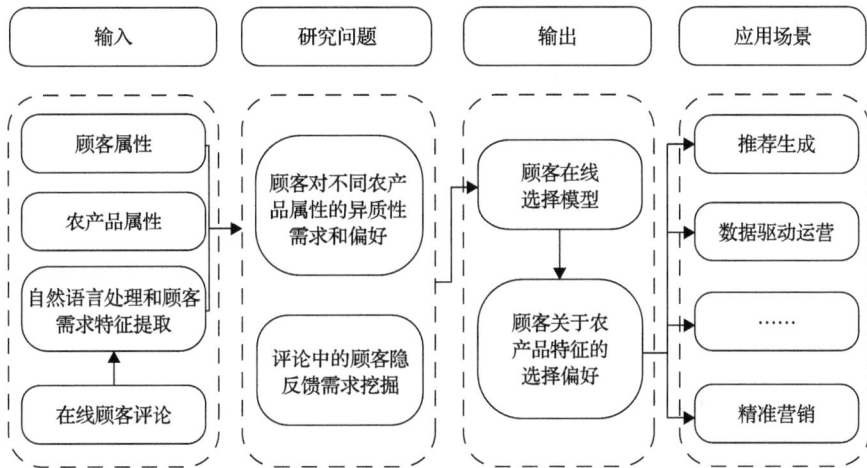

图 3.1　研究问题及其应用场景

3.2　顾客在线选择行为建模

为了深入剖析评论中隐含的顾客需求以及引起的社会影响效用，本节将通过具体的建模来分析顾客的在线选择行为。

3.2.1　随机效用理论

效用理论是决策者选择行为的基础，同时也是需求理论的基础。随机效用理论最早由 McFadden（麦克法登）建立，顾客 n 可以在选择集 C 中选择 $i(i \in C)$，并获得效用 U_{ni}。效用 U_{ni} 包含两部分：可观测效用 V_{ni} 和随机效用 ε_{ni}，V_{ni} 为效用的可观测部分，通常包含顾客特质和产品属性，ε_{ni} 为不可观测效用，包含难以观测到的效用和观测误差带来的影响。

$$U_{ni} = V_{ni} + \varepsilon_{ni}, \quad i \in C \tag{3.1}$$

决策者选择行为最基本的假设就是决策者追求效用的最大化。根据效用最大化理论，理性的顾客会选择使效用最大的选项，顾客 n 选择选项 i 的概率为

$$
\begin{aligned}
P_{ni} &= \mathrm{Prob}\left(U_{ni} > U_{nj}, \ \forall i \neq j\right) \\
&= \mathrm{Prob}\left(V_{ni} + \varepsilon_{ni} > V_{nj} + \varepsilon_{nj}, \ \forall i \neq j\right) \\
&= \mathrm{Prob}\left(V_{ni} - V_{nj} > \varepsilon_{nj} - \varepsilon_{ni}, \ \forall i \neq j\right)
\end{aligned} \tag{3.2}
$$

概率 P_{ni} 服从累积分布：

$$P_{ni} = \int_{\varepsilon} I\left(\varepsilon_{nj} - \varepsilon_{ni} < V_{ni} - V_{nj}, \ \forall j \neq i\right) f(\varepsilon_n) \mathrm{d}\varepsilon_n \tag{3.3}$$

其中，$I(\cdot)$ 为指示性函数，当括号内的内容为真时为 1，否则为 0，如式 (3.4) 所示。

$$
I = \begin{cases}
1, & \varepsilon_{nj} - \varepsilon_{ni} < V_{ni} - V_{nj}, \ \forall j \neq i \\
0, & \varepsilon_{nj} - \varepsilon_{ni} \geqslant V_{ni} - V_{nj}, \ \forall j \neq i
\end{cases} \tag{3.4}
$$

3.2.2 离散选择模型

顾客的选择行为一般是离散的，无法运用因变量是连续取值的计量模型。离散选择模型作为一种用以描述决策者在备选项有限的情形下的选择决策问题，被广泛地运用于交通方式选择、经济布局、顾客购买决策、职业选择等经济决策领域的研究中。在顾客购买决策中，它可用于获知顾客在不同产品特征属性水平和价格条件下如何进行选择，从而来预测其购买行为。其中，MXL 模型由于其摆脱了 IIA 假设和偏好固定的特性，具有更广泛的应用场景。在 MXL 模型中，个体选择备选项所获得的效用能够被分解成可观测效用、随机效用及误差部分，可以表示为

$$U_{ni} = V_{ni} + \varepsilon_{ni} + \epsilon_{ni} \tag{3.5}$$

与 MNL 模型及嵌套评定模型 (nested logit model) 相比，MXL 模型的效用函数增加了误差部分，误差项 ϵ_{ni} 允许选择项之间存在相关性 (解决了 IIA 问题)。MXL 模型概率函数为 MNL 模型在其密度函数 $f\left(\dfrac{\beta}{\theta}\right)$ 上的积分形式，θ 为分布特征参数 (均值和方差)。概率函数具体可以表示为

$$P_{ni} = \int L_{ni}(\beta) f\left(\frac{\beta}{\theta}\right) \mathrm{d}\beta \tag{3.6}$$

其中：

$$L_{ni}(\beta) = \frac{\mathrm{e}^{V_{ni}}}{\sum_{j \in C} \mathrm{e}^{V_{nj}}} \tag{3.7}$$

其中，$f\left(\dfrac{\beta}{\theta}\right)$ 为参数 β 所服从分布的概率密度。

将式 (3.7) 代入式 (3.6)，得到 MXL 的概率为

$$P_{ni} = \int \frac{\mathrm{e}^{V_{ni}}}{\sum_{j \in C} \mathrm{e}^{V_{nj}}} f\left(\frac{\beta}{\theta}\right) \mathrm{d}\beta \tag{3.8}$$

顾客的选择偏好反映了在一定支付能力下，顾客在选择过程中表现出来的偏好。选择偏好具有同质性和异质性之分。同质性偏好，是指不同顾客对于同一属性的偏好具有明显的相似性，进而可以使用统一的偏好来表示该类顾客群体的偏好。异质性偏好，是指不同顾客对于同一属性的选择偏好具有明显的差异性。为了便于研究，许多研究假设不同顾客的偏好是固定的，即将调查群体进行分类，再针对不同的群体进行针对性研究。然而，互联网线上购物环境的顾客数量十分庞大，顾客群体的偏好无法再使用固定的偏好去表示，顾客的偏好异质性不可忽视。因此，偏好 β 不再假定为常数，而作为随机变量以刻画个体的异质性偏好。同时，网络平台的顾客生成内容，如评论信息，作为一种有效的信息获取渠道，辅助顾客进行产品品质判断进而影响购买决策，因此，选择项之间具有很强的相关性，很难符合 IIA 假定。因此，本章选择 MXL 模型以解决 IIA 和顾客偏好异质性的问题。

效用最大化过程可用于模拟在线顾客选择购买哪种农产品的决策过程。在线顾客在选择购买哪种农产品时，一般根据受其个人的社会属性和经济属性、产品的特征属性以及其他不可观测的特征影响，从备选产品中，选择一个自感效用最大的产品。

3.2.3　考虑评论影响效用的在线选择行为建模

假设顾客在购买时遵循效用最大化的原则，在 N 个备选的农产品中选择自感效用最大的产品。在互联网环境中，顾客不再固定为某一特定群体，具有异质性

偏好，因此参数作为随机变量以反映顾客的偏好异质性。由于购物时对线上农产品的访问受限，顾客无法实地进行挑选和采购，因此在线上购买农产品的顾客依赖评论来获取更多有关产品的信息，假设评论信息会对在线顾客的购买决策产生社会影响效用。具体来说，已购买顾客在时间 $t-1$ 发表的评论和打分将会在 t 时刻影响其他顾客的购买决策，顾客如果选择消费也有可能发表评论及进行评分，继而在 $t+1$ 时刻影响其他顾客的购买决策，具体过程如图 3.2 所示。

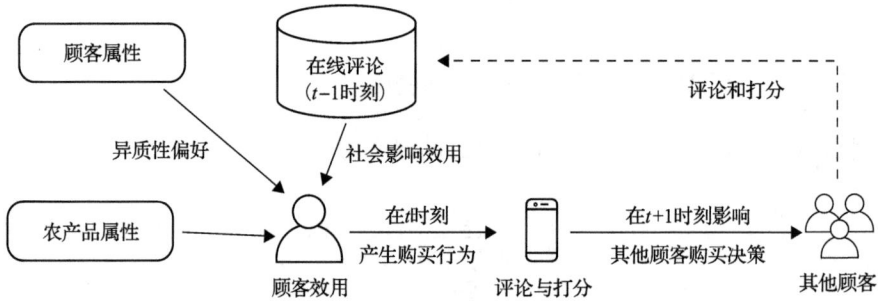

图 3.2　考虑评论的在线选择行为示意图

　　因此，在构建的农产品电子商务平台顾客在线选择行为模型中，纳入评论影响效用，构成了可观测效用函数的一部分，如式 (3.9) 所示：

$$V_{nit} = \sum_{0<k<t} \lambda_{t-k} \sum_{n' \in N^{t-k}} \frac{1}{\eta} R_{t-k}^{in'} + \beta_n X_n + \beta_i X_i \tag{3.9}$$

其中，式 (3.9) 的第一部分为评论信息引起的社会影响效用，源于顾客浏览商品评论时基于评论中包含的产品和服务信息产生的判断；X_n 为顾客的特征变量；X_i 为产品的特征变量；β_n 和 β_i 为待估参数。然而，涉及顾客隐私问题，许多顾客特征无法从电商平台中获取并用于商业用途，因此从互联网平台中获取的可观测顾客特征变量无法进行使用，即可观测的变量是有限的，因此，将 β_n 和 β_i 假设为服从正态分布的随机变量，以刻画个体的异质性偏好。$\beta \sim N\left(\mu_\beta, \sigma_\beta\right)$，$\mu_\beta$ 表示顾客偏好的期望（反映平均偏好），σ_β 表示顾客偏好的标准差（反映偏好异质性）。

　　此外，$R_{t-k}^{in'}$ 代表示评论的社会影响效用，表示 $t-k$ 时刻顾客 n' 的评论对于待购买顾客 n 的影响。λ_{t-k} 代表 $t-k$ 时刻的评论的时效性，越接近当前时刻的评论 λ 值越大，$\lambda_{t-k} \in [0,1]$。η 为该商品的评论数。顾客评论是一种非结构化数据，一般通过自然语言处理技术进行量化，转变为结构化的表示。因此，变量 $R_{t-k}^{in'}$ 可以通过评论文本挖掘得出的产品关键特征的情感强度进行刻画。$R_{t-k}^{in'}$ 可表示为

$$R_{t-k}^{in'} = \gamma_w s_{t-k,w}^{n'i} \tag{3.10}$$

其中，$s_w^{n'i}$ 为顾客 n' 关于商品 i 评论中所提取的关键词 w 的情感；$w \in S_i$；S_i 为所提取的与购买 i 产品体验服务相关的关键词集合，关键词及其情感值将通过自然语言处理技术获得。为了使模型更合理，考虑了 $R_{t-k}^{in'}$ 的误差项，这是 $R_{t-k}^{in'}$ 的不可观测变量造成的。这些不可观测误差的来源如下。

(1)评论对顾客的影响不仅来源于文本，也来源于顾客上传的图片和视频，顾客会根据评论中的实际图片判断描述是否与实物相符。

(2)本章中假设社会影响来源于线上评论，但社会影响也很可能来源于线下的实际生活中，如朋友或家人的口头评价。

(3)此外，自然语言处理技术具有一定局限性，它无法识别评论文本中的一些特殊语气，如反讽。

(4)顾客 n' 的偏好异质性也会影响其所发布评论的内容，称为社会影响异质性。

基于以上分析，考虑到这些不可观测的误差，为了使研究更具实际意义，在 $R_{t-k}^{in'}$ 中引入 $\gamma_w \sim N\left(\mu_{\gamma_w}, \sigma_{\gamma_w}\right)$，其中 μ_{γ_w} 代表评论社会影响的期望，σ_{γ_w} 反映评论社会影响在其均值周围的偏差程度，也就是社会影响的不可观测部分。

将式(3.9)代入总效用函数式(3.5)获得顾客的总效用函数，如式(3.11)所示：

$$U_{ni} = V_{ni} + \varepsilon_{ni} + \epsilon_{ni}$$

$$= \sum_{w \in S_i} \gamma_w \sum_{\substack{0 < k < t \\ n' \in N^{t-k}}} \lambda_{t-k} \frac{1}{\eta} s_{t-k,w}^{n'i} + \beta_i X_i + \beta_n X_n + \varepsilon_{ni} + \epsilon_{ni} \qquad (3.11)$$

最后，基于 MXL 模型的农产品选择概率函数如式(3.12)及式(3.13)所示，可看作 MNL 概率函数在参数的概率密度函数上的积分。

$$P_{nit} = \iint \frac{\mathrm{e}^{V_{nit}}}{\sum_{j \in C} \mathrm{e}^{V_{njt}}} f\left(\frac{\beta}{\theta}\right) f\left(\frac{\gamma}{\theta}\right) \mathrm{d}\beta \mathrm{d}\gamma, \quad \beta \sim N\left(\theta_\beta\right), \quad \gamma_w \sim N\left(\theta_{\gamma_w}\right) \qquad (3.12)$$

$$V_{nit} = \sum_{w \in S_i} \gamma_w \sum_{\substack{0 < k < t \\ n' \in N^{t-k}}} \lambda_{t-k} \frac{1}{\eta} s_{t-k,w}^{n'i} + \beta_i X_i + \beta_n X_n \qquad (3.13)$$

由于 MXL 模型的封闭解不存在，须通过计算机模拟实验过程来实现，需要采用蒙特卡罗(Monte Carlo)模拟方法进行求解，即根据选择概率模型和参数服从的分布进行抽样生成随机数，获得 P_{nit} 的统计估计值，最后求解系数 β 和 γ_w 的分布参数 μ 与 σ。

3.3　数值仿真分析

本节通过基于京东生鲜电商平台的顾客在线评论和农产品数据，建立并分析农产品与顾客购买决策间的因果关系，探究各类特征属性对顾客在线选择行为的影响，并对不考虑评论社会影响和考虑评论社会影响的模型进行对比分析，探寻顾客评论对发掘顾客潜在需求的作用。

3.3.1　数据收集及变量选择

以京东生鲜电商平台中的水果(苹果)为研究案例，收集了京东农产品电子商务平台 2019 年第四季度的顾客、农产品及其评论数据共 104 857 条，共涵盖了 17 件产品，应用于构建的顾客在线选择行为模型中。考虑不同的顾客属性、农产品属性及评论中挖掘的隐反馈需求属性对顾客选购农产品决策的影响。

具体的变量属性介绍如表 3.1 所示。因变量为备选的农产品。根据实际案例获取到的数据，将自变量分为三类：①顾客属性，包括顾客唯一标识、会员等级、性别、年龄、城市等级；②农产品属性，包括品牌名称、价格、上市时间、产地、果径等；③评论顾客需求属性，即从评论文本内容提取出的关键特征属性，其数值表示是通过量化观点词的情感强度获得，具体方法介绍如 3.3.2 节所示。

表 3.1　变量属性介绍

属性及类别		解释
顾客属性	User ID	顾客唯一标识
	User level	会员等级
	Gender (dummy)	性别：1—男；–1—女
	Age (dummy)	年龄
	City (dummy)	城市等级
农产品属性	Brand (dummy)	品牌名称
	Price (continuous)	价格
	Rating (continuous)	好评率
	Origin (dummy)	产地
	Fruit Trail (dummy)	果径
	Weight (continuous)	重量
	Marketing time	上市时间
	Others	……
评论顾客需求属性	Key Attributes (continuous)	评论关键词，通过情感强度量化，区间[–1,1]

表 3.2 为所收集数据中顾客的人口统计学信息。样本剔除了年龄大于 50 岁的数据，其中男性占的比重较大，为 55.81%。会员等级和城市等级由于信息保密平台仅以等级形式表示，数字越大表示级别越高，在所收集到的信息中，大部分顾客为非会员（级别 1），占 30.19%。且一线城市的数据并不多，仅占 0.35%。以苹果为实际研究案例，选取苹果品类中综合排名前 17 的农产品作为备选项，研究顾客对这些农产品的选择行为。

表 3.2　顾客人口统计变量分布

变量	选项	百分比
年龄	<20 岁	7.47%
	20～29 岁	27.34%
	30～39 岁	44.86%
	40～50 岁	12.98%
性别	男	55.81%
	女	44.19%
会员等级 （数字越大级别越高）	1	30.19%
	2	0.59%
	3	0.40%
	4	21.79%
	5	27.42%
	6	19.61%
城市等级 （数字越大级别越高）	1	20.99%
	2	1.52%
	3	24.28%
	4	29.64%
	5	23.22%
	6	0.35%

表 3.3 列举了数据集中可获得和量化的农产品的代表特征属性，包括品牌、产地、重量、果径、价格、评论数量和好评。其中"农夫山泉"和"京觅"两个品牌针对苹果的果径大小，对产品进行了细分。此外，这两个品牌的评论数较多，侧面反映其销量也较高。由于农产品涵盖水果、蔬菜、肉类、海鲜水产品、冷冻食品多种品类，它们既具有通用属性，如"品牌""产地""重量"，又具有品类独有属性，如"果径"，主要面向水果这一农产品类。在实际应用中，可根据具体的品类补充一些品类特殊属性进行分析。

表 3.3　生鲜品（苹果）及其特征属性

编号	品牌	产地	重量/千克	果径/毫米	价格/元	评论数量	好评率
1	农夫山泉#80	新疆	4.00	80～84	79.9	53.0 万+	98%
2	农夫山泉#85	新疆	4.50	85～89	85.9	53.0 万+	98%
3	农夫山泉#90	新疆	4.30	90～94	89.9	53.0 万+	98%
4	农夫山泉#95	新疆	4.20	95～99	89.9	53.0 万+	98%
5	农夫山泉#100	新疆	4.10	100	109.9	53.0 万+	98%
6	佳多果	新疆	4.76	80～85	79.9	57.0 万+	98%
7	塞外红	新疆	5.00	80～85	87.9	42.0 万+	98%
8	京觅#70	山东	1.55	70～75	29.9	220.0 万+	98%
9	京觅#75	山东	2.60	75～80	39.9	220.0 万+	98%
10	京觅#80	山东	5.32	80～85	74.9	222.0 万+	98%
11	京觅#85	山东	5.19	85～90	79.9	222.0 万+	98%
12	京觅#95	山东	5.68	90～95	79.9	220.0 万+	98%
13	绿尔	陕西	2.50	70～79	18.8	10.0 万+	89%
14	洛川苹果	陕西	4.25	75	88.0	1.1 万+	98%
15	甜可果园	山西	1.00	70～80	35.0	9.4 万+	94%
16	聚牛果园#70	山东	3.00	70～75	23.8	17.0 万+	98%
17	聚牛果园#75	山东	1.00	75～80	35.0	4.7 万+	95%

3.3.2　评论关键需求属性提取

采用自然语言处理技术对评论文本进行处理，以获取各种农产品评论中的关键特征及其情感值。在关键字识别的方法中，TF-IDF 算法更适合处理评论类的短文本。本章采用 TF-IDF 算法进行关键特征词识别，基于情感词典进行情感值计算。评论文本处理的具体步骤如下。

（1）首先，基于 Python 使用 jieba 分词，对非结构化文本进行预处理，包括分词与去除停用词，处理逻辑如图 3.3 所示。

（2）其次，基于 TF-IDF 算法的关键词抽取及词频统计，再使用卡方统计的方法，选择排名前 1000 的双词，TF-IDF 公式为

$$\text{TF}_i = N\left(t_i, d\right) \tag{3.14}$$

$$\text{IDF}_i = \log \frac{N}{\text{df}_i} \tag{3.15}$$

其中，N 为语料库中的文档总数；df_i 为特征项 t_i 的文件频率（document frequency，DF）。

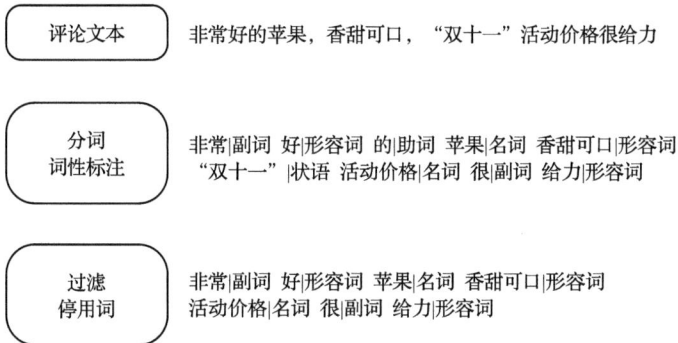

| 评论文本 | 非常好的苹果，香甜可口，"双十一"活动价格很给力 |

| 分词
词性标注 | 非常\|副词　好\|形容词　的\|助词　苹果\|名词　香甜可口\|形容词
"双十一"\|状语　活动价格\|名词　很\|副词　给力\|形容词 |

| 过滤
停用词 | 非常\|副词　好\|形容词　苹果\|名词　香甜可口\|形容词
活动价格\|名词　很\|副词　给力\|形容词 |

图 3.3　评论文本分词与词性标注示意图

（3）利用 Google word2vec 工具对关键词进行同义词聚类。

（4）在提取的关键词中量化观点的强度，基于情感词典进行情感值计算。

根据上述方法，基于 Python3.7 编写程序和调用工具获取评论文本的关键词提取与聚类结果。表 3.4 显示了其中一种水果的评论文本分析结果，按照词频大小降序排列，共统计为 14 种关键词结果。其中，第四列为根据同义词聚类生成的同义词/近义词。结果显示，该农产品的关键词属性情感值都大于 0（取值范围 $[-1,1]$），即评价都是正面的。其中"质量"及其近义词的词频最高，在评论中被提及的次数最多，其次是"物流""速度"。"价格"及其近义词属性的词频相对较低，但具有最高的情感强度，说明顾客对该产品的价格评价较为正面，情感强度较高的关键词其次为"口感""质量"等。

表 3.4　评论关键词词频统计及其情感强度

关键词	词频	情感强度	同义词/近义词
质量	146 263	0.637 4	新鲜，坏果，优质，品质，结实，假货，品相，饱满，外观
物流	115 186	0.534 3	快递，配送，送货，到货，送来，收货
速度	100 926	0.689 6	立马，时间
包装	88 063	0.397 9	纸箱，破损，包装袋，礼盒，损坏，包裹
尺寸	87 843	0.543 3	大果，中果，超大
价格	87 843	0.837 2	划算，实惠，半价，价钱，性价比，价位，促销，优惠券，便宜
功能	79 345	0.452 7	功效，营养，榨汁，榨汁机
品种	62 648	0.668 5	颜色，红肉，白色，红色
服务	62 809	0.274 5	服务态度，客服，体验
口感	57 245	0.706 2	多汁，好吃，味道，水分，甜度，脆

续表

关键词	词频	情感强度	同义词/近义词
产地	51 892	0.284 3	越南，北京，新疆，陕西，烟台，甘肃
售后	40 289	0.377 6	保障，保质期，保存，保鲜期，保证
品牌	27 395	0.314 4	信赖，自营，京东，平台，正品
质量	7 894	0.236 4	分量，秤量

3.3.3 参数估计

本节根据所建立的考虑评论影响效用的 MXL 选择模型和算例中的变量，对模型进行参数估计与统计量检验。

针对本节算例的具体场景，效用函数[见式(3.13)]可具体展开为

$$V_{int} = \left[\sum_{w \in S_i} \gamma_w \sum_{0 < k < t} \lambda_{t-k} \sum_{n' \in N^{t-k}} \frac{1}{\eta} s_{t-k,w}^{n'i} \right] + \beta_{i,\text{gender}} I_{n,\text{male}} + \beta_{\text{age}} X_{n,\text{age}} \tag{3.16}$$
$$+ \beta_{\text{city}} X_{n,\text{city}} + \beta_{\text{u\_level}} X_{n,\text{u\_level}} + \text{ASC}_i + \beta_i X_i$$

其中，在顾客属性中，性别 $I_{n,\text{male}}$ 为二分类变量，使用指数函数进行表示，
$I_{n,\text{male}} = \begin{cases} 1, & n = \text{male} \\ 0, & n = \text{female} \end{cases}$；年龄 $X_{n,\text{age}}$、城市 $X_{n,\text{city}}$、会员等级 $X_{n,\text{u\_level}}$ 等变量也是离散的；ASC_i 为选择项特定常数(alternative specific constants)，反映了各个产品的固有效用；X_i 为产品的各项特征。假设 $\eta = 50$，即顾客在购买农产品时仅浏览前 50 条商品评论，来自前 50 条评论的关键词的时效程度取值为 1，其他的评论时效度取值为 0，那么 $\gamma_w \sum_{\substack{0 < k < t \\ n' \in N^{t-k}}} \lambda_{t-k} \frac{1}{\eta} s_{t-k,w}^{n'i}$ 即可看作基于前 50 条评论的关键词 w 的平均情感值乘以一定的权重 γ_w，式(3.16)第一项即为该商品的评论社会影响效用。

针对展开模型，调用 Stata 软件的 Asmilogit 模块来构建 MXL 模型并进行参数估计，根据表 3.1 所列举的变量，模型的参数估计结果如表 3.5 所示。参数均值的大小和正负可以判别变量影响选择项选择概率的大小及方向，参数系数的标准差可以判断该参数系数在总体中是否存在变异，也就是说，个体对该参数的偏好是否存在较大的感知差异，即是否存在偏好异质性。p 值用于检验变量的影响是否显著，当 $p < 0.05$ 时对效用具有统计学意义上的影响。使用 McFadden 似然率指标检验模型的效果，McFadden 似然率指标介于 0 到 1 之间，值越大说明模型的解释力越强。

表 3.5　顾客在线生鲜品选择参数估计结果

类别	变量名	符号	含义	随机参数值	标准差	t 检验	p 值
顾客属性	城市等级	$\beta_{i,\mathrm{city}}$	京觅#75×level 4	2.390	0.492	4.85	0
			京觅#75×level 1	2.170	0.257	1.59	0.02
			农夫山泉#100×level 3	1.190	0.312	7.04	0
			农夫山泉#95×level 4	0.860	0.567	4.32	0.03
			农夫山泉#95×level 3	0.890	0.282	3.15	0
	会员等级	$\beta_{i,\mathrm{u\_level}}$	京觅#75×level 1	0.810	0.379	2.13	0.03
			聚牛果园#75×level 1	0.770	0.269	2.85	0
农产品属性	选择项特定常数	β_{ASC}	京觅#80	9.540	1.740	5.48	0
			京觅#75	3.510	0.705	4.98	0
			农夫山泉#85	−1.810	0.503	−3.60	0
			佳多果	−2.190	0.528	−4.14	0
			塞外红	−2.250	0.436	−5.16	0
			聚牛果园#70	−3.560	0.455	−7.84	0
			绿尔	−3.990	1.080	−3.68	0
	农产品特征	$\beta_{\mathrm{price}}\times age$	价格×age < 20	−0.320	1.540	2.54	0.01
			20 ⩽ 价格×age < 30	−0.180	0.080	2.71	0
			30 ⩽ 价格×age < 40	−0.810	0.110	3.89	0
			40 ⩽ 价格×age < 50	−0.910	0.250	2.73	0
		β_i	果径	0.240	0.070	−3.47	0
			重量	2.580	1.030	−5.42	0.03
生鲜品属性	产地	$\beta_i(\mu)$	山东	6.890	0.630	5.76	0
			新疆	2.650	0.530	3.97	0
		$\beta_i(\sigma)$	新疆	2.010	0.970	−2.91	0
评论关键词	评论情感值	$\gamma_w(\mu)$	口感	26.100	2.400	7.00	0.02
			品质	15.900	4.350	2.12	0.03
			速度	8.320	1.190	5.49	0
			价格	9.350	3.650	0.93	0.35
			服务	2.180	1.550	1.41	0
			包装	1.660	0.660	1.21	0.16
			好评率	0.355	0.156	2.27	0.02
		$\gamma_w(\sigma)$	价格	9.670	3.630	2.46	0.01
拟合优度指标	McFadden 似然率 R_M^2			0.297			

$$R_M^2 = 1 - \frac{\mathrm{LL}(\theta)}{\mathrm{LL}(0)} \tag{3.17}$$

根据表 3.5，参数标定结果和具体分析如下。

(1)顾客属性。有关顾客个人属性的统计中，在所有显著项里可以看到一些有趣的现象。首先，在线上农产品购买渠道中，性别和年龄的区别对农产品的选择未发现显著影响。可以发现，在显著项中，多为果径较大(95 毫米和 100 毫米)与城市级别为 3 和 4 的交叉项，这可表明城市等级居中(level 3 及 level 4)的顾客偏向于购买果径较大的水果(农夫山泉#95、#100)，从该产品的商品描述中可以发现其特别体现了"包装精美"的特征，这可能是因为三四线城市的居民具有相对较高送礼的需求。而普通顾客(会员等级为 level 1)更倾向于购买性价比较高，综合评价较好，且果径大小居中(75 毫米)的产品。

(2)农产品属性。表 3.5 的第二类别揭示了农产品属性随机参数的标定结果，过滤了结果不显著的估计项。①ASC 反映了各个产品的固有效用，ASC 值估计值最大的是京觅#80，其次是京觅#75，最低的是绿尔(−3.990)。②农产品的特征属性中，在众多指标中，仅有价格、果径和重量三个指标显著，其中系数为正的是果径和重量，说明果径和苹果重量对总效用具有正向的影响。在顾客属性估计中，判断了顾客属性与产品总体的感知偏好，进一步地，为了考虑产品具体特征在不同顾客属性下是否有较大的差异，特别考虑了价格和顾客年龄段的交叉效应，价格的参数系数值为负的，且随着年龄增加，其绝对值越大，说明年龄越大的顾客越在意产品的价格。其他商家或产品特征如上市时间，对顾客的在线购买没有影响，分析原因发现该类信息的披露位置在网页或移动端页面中不明显，而顾客对于农产品这类信息的关注度也相对较低。③产地。由于选择项中水果的产地来源较为集中，结果中仅有山东和新疆两个产地的水果显著，且新疆的标准差显著且参数值较大(0.970)，表明新疆生产的苹果的偏好需求分布较为分散。

(3)评论关键词。表 3.5 的第三部分为评论文本中挖掘的特征情感值的估计情况。可以看出，尽管某些顾客需求特征，如"速度""服务"等，无法通过农产品属性参数 β 进行估计，但通过评论关键词情感强度进行农产品效用的估计结果是显著的，说明从评论中挖掘顾客隐含的需求具有可行性。随机参数估计的最大值是"口感"，它与水果的甜度、新鲜度、水分等性质相关。其次是"品质"，反映了农产品本身的质量、品质及配送到顾客手中的完好程度。"速度""包装""服务"这些属性与平台的服务质量相关，反映了物流配送、售后等服务属性在农产品网购渠道中的关注度。"好评率"的影响显著且系数为正，说明线上渠道的购买决策会受到其他顾客好评率的正面影响。此外，尽管评论中关于"价格"这一属性的 p 值很大(无显著社会影响)，但标准差显著，反映了社会影响异质性，以及存在社会影响的不可观测部分，其可能来源于线下，或者是自然语言处理无法捕捉到的反讽语气等。以上关键词情感强度的显著性估计结果，反映了顾客的需求不能完全被农产品属性变量(显性需求，直接影响顾客行为)捕获，更多隐性需求隐含在其他顾客的评论中，这些评论可能影响顾客对产品的选择行为。

(4)拟合优度指标。模型的拟合优度指标 R_M^2 为 0.297，说明该模型具有较强的拟合优度和解释力。

3.4 模 型 对 比

为了证明评论发掘顾客的潜在需求的作用，本节将考虑评论影响效用和不考虑评论影响效用的模型进行对比。

对比模型为不考虑评论影响效用的可观测效用函数，如式(3.18)所示：

$$V_{int} = \beta_{i,\text{gender}}I_{n,\text{male}} + \beta_{\text{age}}X_{n,\text{age}} + \beta_{\text{city}}X_{n,\text{city}} + \beta_{\text{u\_level}}X_{n,\text{u\_level}} + \text{ASC}_i + \beta_i X_i \quad (3.18)$$

利用式(3.19)中的公式计算 ρ^{-2} 值，作为模型性能的评估指标。其中，$\text{LL}(\theta)$ 为包含所有变量的对数似然率，$\text{LL}(0)$ 为参数值都为 0 时的对数似然率，N 表示估计的参数个数。

$$\rho^{-2} = 1 - \frac{\text{LL}(\theta) - N}{\text{LL}(0)} \quad (3.19)$$

相比于 McFadden 似然率指标[见式(3.17)]，该项指标考虑到模型的参数个数，可排除参数个数对于模型拟合效果的影响，可用于对比不同参数个数的模型效果。一般情况下，ρ^{-2} 越大则模型的解释性越强，能更好地解释顾客关于产品的行为和偏好，结果如表 3.6 所示。

表 3.6 模型对比结果

模型编号	LL(0) 空对数似然比	LL(θ) 对数似然比	N 参数个数	ρ^{-2}
模型 1	−4125.3	−3768.5	21	0.0814
模型 2	−4125.3	−2899.9	29	0.2900

注：模型 1 为不考虑评论影响效用的在线选择模型；模型 2 为考虑评论影响效用的在线选择模型

根据模型比对结果，模型 2 所提出的考虑评论影响效用的在线选择模型具有更高的 ρ^{-2} 值，说明其具有更好的拟合效果，证明纳入在线评论中的隐反馈信息对于研究在线顾客的选择行为具有实际价值。

3.5 本 章 小 结

本章面向农产品的线上消费场景，对在线顾客的购买决策行为进行了研究。首先，基于互联网大数据，利用自然语言处理，挖掘顾客评论中隐含的顾客需求及农产品特征属性，并量化顾客对产品特征属性的情感强度。其次，构建融合评论隐式反馈信息的 MXL 选择模型，深入挖掘线上大规模顾客的异质性偏好，分析顾客评论信息的社会影响效用和潜在顾客需求。研究丰富了个体选择理论和离散选择模型的应用领域，对实现农产品电子商务平台数据驱动下的精准营销具有重要意义。

本章有下列主要发现。第一，顾客的在线选择行为除了顾客个体属性和产品属性外，也会受其他顾客评论的影响。农产品属性变量（显性需求）不能充分捕捉顾客需求，更多隐性需求隐含在其他顾客的评论中。第二，评论文本中的某些特征指标的标准差显著，反映该参数在均值周围的异质性，进一步证实了社会影响无法全部通过在线评论数据进行捕捉，存在社会影响的不可观测部分，其可能来源于线下，或者是自然语言处理无法捕捉到的反讽语气等。第三，在模型的效果上，通过纳入在线评论中的隐反馈信息，所建立的考虑评论影响效用的农产品顾客在线选择模型，具有较好的解释性，适用于农产品电子商务平台的线上消费场景，与不考虑评论影响效用的模型进行对比，具有更高的拟合优度，证明纳入在线评论中的隐反馈信息对于研究在线顾客的选择行为具有实际价值。

通过对顾客异质性偏好分析和顾客隐性需求的挖掘，以及基于在线大数据的农产品在线顾客行为研究，本章具有以下管理启示。第一，农产品电子商务平台可以利用该方法分析在线顾客偏好，掌握顾客需求。第二，研究发现不同农产品本身的固有效用不同，平台可通过这一结论更加系统地评价不同农产品对顾客的效用，进而在实际运营时及时更新产品广告投放和推广策略。第三，平台可以针对不同消费属性的人群推荐不同的农产品，例如，在实证研究中，发现不同城市对"果径"和"包装"有不同的偏好，因此可以根据不同城市等级和会员等级的顾客对"品牌""果径""包装"的偏好，划分顾客群，实现更精准的个性化推荐。

第4章 考虑预测成本共担的农产品供应链绿色生产策略

随着消费者对农产品质量安全和环境的关注，越来越多的传统农产品生产者进行绿色转型，其中消费者需求信息对绿色转型起到重要作用。本章研究由零售商群体和生产者群体组成的农产品供应链，针对生产者不同转型策略和零售商不同需求信息共享策略，构建 Stackelberg 博弈模型，得出不同策略的最优解，形成利润矩阵。然后，基于利润矩阵，利用演化博弈的方法分析了零售商需求信息共享与生产者绿色转型之间的演化稳定策略。

4.1 概　　述

近年来，发展中国家的绿色农业生产出现了显著增长。这种增长鼓励农户采用可持续生产方法来满足消费者的需求，从而带来了环境、经济和健康效益(Haggar et al.，2017；Bello and Abdulai，2018)。Sun 和 Chen(2023)探讨了影响中国农业绿色转型的制度因素，证明了绿色农业示范区(green agriculture demonstration zone，GADZ)政策在加速中国农业绿色转型方面的有效性。Lin 和 Li(2023)研究了数字农业对绿色农业增长的积极影响。非经济因素，如社会(Mzoughi，2011)、健康或环境原因(Cranfield et al.，2010；Läpple，2010)也发挥了重要作用。Vasile 等(2015)认为绿色农业未来的成功首先取决于消费者的需求。Bravo-Monroy 等(2016)指出，经济驱动因素，如作物的盈利能力，决定了农户如何在广泛的区域、国家和国际空间尺度上参与贸易与市场网络。

在农业信息分享的影响和价值方面，张兴旺等(2019)认为信息分享一方面能够促进农业产业链再造，另一方面还能够促进农业生产线上线下融合。王聪等(2020)研究了具有信息优势的企业与农户分享信息对农业生产和企业利润的影响，发现公司共享市场预测信息虽然不会使农户提高种植量，但可以提高农户和自身利润。Zhu 等(2021)创新性地提出了充分利用区块链技术，实现农业信息共享和绿色农业的可持续发展。Cranfield 等(2010)强调，在成为绿色认证的生产者之前，农户必须经历至少三年的转换或过渡期，将农场从传统的生产系统转变为绿色系统。过渡期的长度，加上其他未知的管理和生产因素，如顾客需求信息不对称，给生产者带来了压力，一些生产者可能会完全放弃转型计划。然而，很少有学者考虑零售商需求信息共享与传统生产者绿色转型之间的长期作用关系。

　　演化博弈(evolutionary game，EG)是管理组织间关系的有效方法，尤其是在时间压力和信息不对称的背景下(Li et al.，2019)。博弈论最初是在经济学领域发展起来研究社会互动的。经典博弈论要求参与者是完全理性的，演化博弈强调了复制因子动力学的重要性，即有限理性的参与者会根据之前的行为调整策略，尤其是成功的策略(Chen et al.，2018)。近年来，演化博弈在可持续发展领域得到了广泛的应用。

　　通过以上分析可以发现需求信息在绿色转型中具有重要的意义，同时绿色转型需要经历较长的过渡期，但是鲜有文献从长期角度分析需求信息共享对绿色转型的作用，本章将需求信息不对称问题引入农产品生产者绿色转型决策中，考察零售商的信息分享决策和价值，生产者的绿色生产决策对社会因素的影响，并从长期角度研究了零售商的信息共享决策和生产者的绿色转型决策，分析了动态系统的演化稳定策略及相应条件，并进一步分析了消费者的绿色敏感系数、绿色生产努力成本系数、预测信息的噪声、认证成本、预测成本等因素如何影响各利益相关者的决策。

4.2　问题描述

　　考虑由零售商和生产者组成的两级供应链(supply chain，SC)，其中，指标函数 ζ 描述绿色生产的决策，即

$$\zeta = \begin{cases} 1, & \text{绿色生产} \\ 0, & \text{传统生产} \end{cases}$$

其中，$\zeta = 0$ 为生产者不采用绿色生产；$\zeta = 1$ 为生产者采用绿色生产。根据 Chen 等(2019b)的研究，假设顾客需求可以表示为 $D = a - p + \zeta \beta e + \varepsilon_1$，$a$ 是市场规模，$\beta(\beta > 0)$ 是顾客对产品绿色等级的敏感程度，e 是产品的绿色水平。如果传统的生产者想要从传统生产转换成绿色生产，它需要投入额外的成本包括生产成本，如使用绿色肥料、绿色农药(Sekhon，2014)和绿色精益方法(Barth and Melin，2018)、额外的成本(F)包括绿色认证费用和检查费用(Cranfield et al.，2010)。绿色生产的技术投入成本是 $\frac{\lambda}{2}e^2$，λ 是努力成本系数，$\lambda > 0$ 且 λ 越大效率越低。

ε_1 是潜在市场需求的不确定性因素，假设 ε_1 服从均值为 0，方差为 σ_1^2 的正态分布，ε_1 的分布形式是生产者和零售商的共同信息。当零售商投资新技术(如大数据技术)来预测市场(Lai et al.，2019b)，可获得对潜在市场需求的预测值为：$\Gamma_{p1} = \varepsilon_1 + \epsilon_1$，$\epsilon_1$ 满足均值为 0，方差为 σ_{p1}^2 的正态分布，根据 Mishra 等(2009)和

Lai 等（2019a）的研究，可知 $H_1 = E(\varepsilon_1 \mid \Gamma_{p1}) = \dfrac{\sigma_1^2 \Gamma_{p1}}{\sigma_1^2 + \sigma_{p1}^2}$ 和 $V_1(\varepsilon_1 \mid \Gamma_{p1}) = \dfrac{\sigma_{p1}^2 \sigma_1^2}{\sigma_{p1}^2 + \sigma_1^2}$。

T 是预测成本，如果生产者承担一部分零售商的预测成本，比例为 ρ，则零售商将与生产者共享需求信息。具体的博弈顺序如下。①生产者和零售商分别选择绿色转型策略和需求信息共享策略。选择结果随时间和群体期望利润的变化而变化。②在确定特定的长期的策略组合之后，生产者与零售商之间进行 Stackelberg 博弈。生产者决定批发价格和绿色努力投入，零售商决定销售价格。上述博弈模型可以通过逆向推导法求解，即零售商先确定最优的销售价格，生产者再确定最优的批发价格和绿色努力投入，最后，确定零售商和生产者的长期的演化博弈均衡。符号 c 和 r 分别表示生产者与零售商，符号 y 和 n 分别表示信息共享与无信息共享的情况。表 4.1 列出了主要的符号及其定义。

表 4.1　符号和定义

符号	定义
ζ	关于绿色生产策略选择的指标函数
β	顾客对产品绿色等级的敏感程度
a	基本市场规模
c	单位生产成本
λ	绿色生产努力成本系数
e	绿色努力投入
p	产品销售价格
w	产品批发价格
m	产品边际利润
ε_1	顾客需求的不确定性，服从均值为 0，方差为 σ_1^2 的正态分布
Γ_{p1}	安全感知水平的预测信息 $\Gamma_{p1} = \varepsilon_1 + \epsilon_1$，$\epsilon_1$ 是独立的随机因素，服从均值为 0，方差为 σ_1^2 的正态分布
ρ	预测成本分担比例
T	预测成本
F	固定的认证成本
D	需求函数
$E(\pi)$	期望利润
EI	绿色生产对环境的改善
CS	消费者剩余
SW	社会福利

4.3　短期最优决策

4.3.1　无信息共享时的最优决策

在无信息共享的情况下，零售商根据市场需求信息以及预测信息进行决策，而生产者只根据市场信息进行决策。在 Stackelberg 博弈中，生产者是领导者，零售商是追随者，采用逆向推导法时，分析过程将从零售商开始。零售商的期望利润可以表示为

$$E(\pi_{\mathrm{m}}) = E\big((a - p_{\mathrm{n}} + \zeta\beta e_{\mathrm{n}} + \varepsilon_1)(p_{\mathrm{n}} - w_{\mathrm{n}}) \,|\, \Gamma_{p1}\big) - T \tag{4.1}$$

根据利润最大化的一阶条件可以解得销售价格为

$$p_{\mathrm{n}} = \frac{a + H_1 + \beta\zeta e_{\mathrm{n}} + w_{\mathrm{n}}}{2} \tag{4.2}$$

生产者的期望利润可以表示为

$$E(\pi_{\mathrm{cn}}) = E\left((w_{\mathrm{n}} - c)(a - p_{\mathrm{n}} + \zeta\beta e_{\mathrm{n}} + \varepsilon_1) - \frac{\zeta\lambda}{2}e_{\mathrm{n}}^2 - \zeta F\right) \tag{4.3}$$

把式 (4.2) 代入式 (4.3)，当 $\beta^2\zeta < 4\lambda$ 时，$E(\pi_{\mathrm{cn}})$ 为关于 w_{n} 和 e_{n} 的联合凹函数，记 $r_1 = \sigma^2$，$r_2 = \sigma_1^2$，$g(r_1, r_2) = \dfrac{r_1 + r_2}{r_1^2}$，$r_1$ 越大，表示潜在市场需求的不确定性越强，r_2 越大，表示预测信息越不准确。可以求得无信息共享情况下，生产者的批发价格、绿色努力投入水平以及供应链的期望利润，见表 4.2。

表 4.2　不同信息共享策略的均衡结果

均衡变量	无信息共享（$i = \mathrm{n}$）	信息共享（$i = \mathrm{y}$）
e_i	$\dfrac{(-a+c)\beta}{\beta^2\zeta - 4\lambda}$	$\dfrac{\beta(-a+c-H_1)}{\beta^2\zeta - 4\lambda}$
w_i	$\dfrac{c\beta^2\zeta - 2(a+c)\lambda}{\beta^2\zeta - 4\lambda}$	$\dfrac{c\beta^2\zeta - 2(a+c+H_1)\lambda}{\beta^2\zeta - 4\lambda}$
p_i	$\dfrac{2c\beta^2\zeta - 2(3a+c)\lambda}{2\beta^2\zeta - 8\lambda} + \dfrac{H_1}{2}$	$\dfrac{2c\beta^2\zeta - 2(3a+c+3H_1)\lambda}{2\beta^2\zeta - 8\lambda}$
π_{ci}	$\dfrac{(a-c)^2\lambda}{8\lambda - 2\beta^2\zeta} - \zeta F$	$\dfrac{\left((a-c)^2 + \dfrac{1}{g(r_1, r_2)}\right)\lambda}{8\lambda - 2\beta^2\zeta} - \zeta F - \rho T$

均衡变量	无信息共享（$i=n$）	信息共享（$i=y$）
π_{ri}	$\dfrac{(a-c)^2 \lambda^2}{(\beta^2\zeta-4\lambda)^2} + \dfrac{1}{4g(r_1,r_2)} - T$	$\dfrac{\lambda^2(a-c)^2 + \dfrac{\lambda^2}{g(r_1,r_2)}}{(\beta^2\zeta-4\lambda)^2} - (1-\rho)T$
π_{sci}	$-\dfrac{(a-c)^2(\beta^2\zeta-6\lambda)\lambda}{2(\beta^2\zeta-4\lambda)^2} + \dfrac{1}{4g(r_1,r_2)} - T - \zeta F$	$-\dfrac{(\beta^2\zeta-6\lambda)\lambda}{2(\beta^2\zeta-4\lambda)^2}\left((a-c)^2 + \dfrac{1}{g(r_1,r_2)}\right) - T - \zeta F$

4.3.2　信息共享时的最优决策

当生产者承担部分比例（ρ）零售商的预测成本时，零售商将与生产者共享它的预测信息。生产者和零售商将依据市场信息以及共享的预测信息进行决策。零售商的期望利润可以表示为

$$E\left(\pi_{ry}\right) = E\left(\left(a - p_y + \zeta\beta e_y + \varepsilon_1\right)\left(p_y - w_y\right) | \Gamma_{p1}\right) - (1-\rho)T \tag{4.4}$$

根据利润最大化的一阶条件可以解得销售价格为

$$p_y = \frac{1}{2}\left(a + w_y + \zeta\beta e_y + H_1\right) \tag{4.5}$$

此时生产者可以根据市场信息以及零售商共享的预测信息进行决策。生产者的期望利润可以表示为

$$E\left(\pi_{cy}\right) = E\left(\left(w_y - c\right)\left(a - p_y + \zeta\beta e_y + \varepsilon_1\right) - \zeta\frac{\lambda e_y^2}{2} - \zeta F - \rho T \,|\, \Gamma_{p1}\right) \tag{4.6}$$

同样，可以求得信息共享情况下供应链的最优决策和均衡利润，结果见表4.2。

4.3.3　分析与讨论

在确定生产者和零售商在不同信息共享情况下的最优决策后，进一步分析信息共享的价值，并研究绿色努力投入和信息共享对消费者剩余、环境改善和社会福利的影响。

命题 4.1　给定生产者的生产策略，如果 $\rho = 0$，则有以下结论。

（1）当 $\dfrac{\beta^2\zeta}{4} \leqslant \lambda \leqslant \dfrac{\beta^2\zeta}{2}$ 时，信息共享会提高零售商的期望利润；当 $\lambda > \dfrac{\beta^2\zeta}{2}$ 时，信息共享会降低零售商的期望利润。

（2）信息共享会提高生产者的期望利润，当预测信息越准确时，生产者的期望利润越大。

(3) 当 $\dfrac{\beta^2\zeta}{4} \leqslant \lambda \leqslant \dfrac{1}{4}\left(3+\sqrt{5}\right)\beta^2\zeta$ 时，信息共享会提高供应链的期望利润；当

$\lambda > \dfrac{1}{4}\left(3+\sqrt{5}\right)\beta^2\zeta$ 时，信息共享会降低供应链的期望利润。

命题 4.1 表明，如果零售商免费共享预测信息，生产者可以从更准确的预测信息中获益。但是，对于零售商来说，信息共享并不总是有益的，顾客需求和边际利润(产品的单位利润)都随着顾客的绿色敏感系数增加而增加，随着绿色生产努力成本系数的增加而降低($D = m = \dfrac{-2(a-c)\lambda}{2\beta^2\zeta - 8\lambda}$，$\dfrac{\partial D}{\partial \beta} = \dfrac{\partial m}{\partial \beta} = \dfrac{2(a-c)\beta\zeta\lambda}{\left(\beta^2\zeta - 4\lambda\right)^2} > 0$，

$\dfrac{\partial D}{\partial \lambda} = \dfrac{\partial m}{\partial \lambda} = \dfrac{(-a+c)\beta^2\zeta}{\left(\beta^2\zeta - 4\lambda\right)^2} < 0$)。因此，当顾客的绿色敏感系数较高并且绿色生产努力成本系数较低时，零售商可通过信息共享获得更多的利润。命题 4.1 还表明，信息共享并不总是有利于供应链。

命题 4.2　如果零售商共享预测信息，当预测信息更加准确，消费者绿色敏感度更高，绿色生产努力成本系数更低时，传统生产者越有可能进行绿色转型。

产品的批发价格和需求都随着顾客的绿色敏感系数增大而增大，随着绿色生产努力成本系数的增大而减小。在命题 4.1(2)中，已证实如果零售商共享预测信息，当预测信息的噪声较低时，生产者可以获得更多的利润。因此，更准确的预测信息、更高的消费者绿色敏感系数、更低的绿色生产努力成本系数会推动生产者进行绿色转型。

命题 4.3　当 $\max\left\{0, \dfrac{\left(\beta^2\zeta - 6\lambda\right)\left(\beta^2\zeta - 2\lambda\right)}{4T\left(\beta^2\zeta - 4\lambda\right)^2 g(r_1, r_2)}\right\} < t < \min\left\{\dfrac{\lambda}{2T\left(4\lambda - \beta^2\zeta\right)g(r_1, r_2)}, 1\right\}$，

同时 $\lambda \leqslant \dfrac{1}{4}\left(3+\sqrt{5}\right)\beta^2\zeta$ 时，通过信息共享可实现帕累托改进。

生产者可以通过分担一部分预测成本激励零售商共享预测信息，从而实现供应链的帕累托改进。约束条件($\lambda \leqslant \dfrac{1}{4}\left(3+\sqrt{5}\right)\beta^2\zeta$)确保供应链可以通过信息共享获得更多的期望利润，约束条件($\max\left\{0, \dfrac{\left(\beta^2\zeta - 6\lambda\right)\left(\beta^2\zeta - 2\lambda\right)}{4T\left(\beta^2\zeta - 4\lambda\right)^2 g(r_1, r_2)}\right\} < \rho <$

$\min\left\{\dfrac{\lambda}{2T\left(4\lambda - \beta^2\zeta\right)g(r_1, r_2)}, 1\right\}$)确保生产者和零售商可通过信息共享获得更多的

期望利润。当 $\beta > \max\left\{\sqrt{2\lambda}, \sqrt{4\lambda - \dfrac{\lambda}{2Tg(r_1, r_2)}}\right\}$ 时，零售商和生产者总是受益于信息共享，而与预测成本的分担比例无关，由于此时 ρ 总是满足 $\rho \in (0,1)$。这也验证了命题 4.1 和命题 4.2，即更高的顾客绿色敏感系数可以激励零售商共享信息，从而进一步激励传统生产者采取绿色生产。

除了对供应链成员的经济分析外，本章进一步从社会的角度对问题进行分析。社会福利包括三个部分：供应链总利润、消费者剩余和绿色生产对环境的积极影响。根据（Krass et al.，2013；Sinayi and Rasti-Barzoki，2018）的研究，可得期望的消费者剩余为

$$E(\mathrm{CS}) = E\left(\int_{p_{\mathrm{market}}}^{p_{\max}} d(p, e)\mathrm{d}p\right) = E\left(\left.\frac{(a - p + \zeta\beta e + \varepsilon_1)^2}{2}\right| \Gamma_{p1}\right) \tag{4.7}$$

依据 Hong 和 Guo（2019）的研究，可得绿色生产对环境的改善为：$\mathrm{EI} = ed$，则社会福利函数可以表示为：$\mathrm{SW} = E(\pi_{\mathrm{sc}}) + \mathrm{CS} + \mathrm{EI}$，分别求得无信息共享和信息共享的情况下，消费者剩余、绿色生产对环境的改善以及社会福利，见表 4.3。

表 4.3　不同信息共享策略的社会影响

社会影响指标	无信息共享（$i = n$）	信息共享（$i = y$）
CS_i	$\dfrac{\dfrac{(\beta^2\zeta - 4\lambda)^2}{g(r_1, r_2)} + 4\lambda^2(a-c)^2}{2(2\beta^2\zeta - 8\lambda)^2}$	$\dfrac{2\lambda^2(a-c)^2 + \dfrac{2\lambda^2}{g(r_1, r_2)}}{(2\beta^2\zeta - 8\lambda)^2}$
EI_i	$\dfrac{(a-c)^2\lambda\beta}{(\beta^2 - 4\lambda)^2}$	$\dfrac{\beta\lambda(a-c)^2 + \dfrac{\beta\lambda}{g(r_1, r_2)}}{(\beta^2 - 4\lambda)^2}$
SW_i	$\dfrac{(a-c)^2\lambda(7\lambda - \beta^2\zeta + 2\beta\zeta)}{2(\beta^2 - 4\lambda)^2} - T - \zeta F + \dfrac{3}{8g(r_1, r_2)}$	$\dfrac{\lambda((2-\beta)\beta\zeta + 7\lambda)\left((a-c)^2 + \dfrac{1}{g(r_1, r_2)}\right)}{2(\beta^2 - 4\lambda)^2} - T - \zeta F$

命题 4.4　令 $\mathrm{CS}_{\Delta y} = \mathrm{CS}_y(\zeta = 1) - \mathrm{CS}_y(\zeta = 0)$，$\mathrm{CS}_{\Delta n} = \mathrm{CS}_n(\zeta = 1) - \mathrm{CS}_n(\zeta = 0)$，类似可得到 $\mathrm{SW}_{\Delta y}$ 和 $\mathrm{SW}_{\Delta n}$，则可以得出以下结论。

（1）EI_y 和 EI_n 随着 β 的增大而增大，但随着 λ 的增大而减小。

（2）$\mathrm{CS}_{\Delta y} > 0$，$\mathrm{CS}_{\Delta n} > 0$，$\mathrm{CS}_{\Delta y}$ 和 $\mathrm{CS}_{\Delta n}$ 随着 β 的增大而增大，但随着 λ 的增大而减小。

(3) 当 $F < \dfrac{\beta\left(8(4+5\beta)\lambda - 7\beta^3\right)\left((a-c)^2 + \dfrac{1}{g(r_1, r_2)}\right)}{32\left(\beta^2 - 4\lambda\right)^2}$ 时，$SW_{\Delta y} > 0$ ，当 $F <$

$\dfrac{(a-c)^2 \beta\left(8(4+5\beta)\lambda - 7\beta^3\right)}{32\left(\beta^2 - 4\lambda\right)^2}$ 时，$SW_{\Delta n} > 0$ ，$SW_{\Delta y}$ 和 $SW_{\Delta n}$ 随着 β 的增大而增大，

但随着 λ 的增大而减小。

命题 4.4 表明，当消费者的绿色敏感系数越大，绿色生产努力成本系数越低时，绿色转型越容易提高社会福利。绿色生产可以帮助改善环境和提高消费者剩余，但是并不一定提高社会福利，因为会产生额外的成本，如认证成本和检查成本。这些额外的成本对于小规模农户来说可能是昂贵的（Clark and Martínez，2016），甚至可能阻止从事绿色生产的农户获得认证（Veldstra et al.，2014）。

4.4　长期演化博弈分析

4.4.1　演化博弈模型的求解与分析

生产者的绿色转型决策受到零售商信息共享决策的影响，反过来，零售商的信息共享决策也会受到生产者的绿色转型决策的影响。由于绿色转型和信息共享是一个长期的决策，因此通过进化稳定策略（evolutionarily stable strategy，ESS）方法研究供应链中两个成员之间的动态决策调整。设 x 为一般生产者采取绿色生产的可能性，因此，$1-x$ 表示采用不转型策略的可能性。同样，零售商采用信息共享策略和不共享策略的可能性分别为 y 与 $1-y$ 。假设零售商和生产者追求期望利润最大化，根据以上表述，构建如表 4.4 所示的利润矩阵。

表 4.4　各主体利润矩阵

策略/成员	信息策略	生产者	
转型策略		转型 (x)	不转型 $(1-x)$
零售商	共享 (y)	$E[\pi_{ry}](\delta=1)$ $E[\pi_{fy}](\delta=1)$	$E[\pi_{ry}](\delta=0)$ $E[\pi_{fy}](\delta=0)$
	不共享 $(1-y)$	$E[\pi_{rn}](\delta=1)$ $E[\pi_{fn}](\delta=1)$	$E[\pi_{rn}](\delta=0)$ $E[\pi_{fn}](\delta=0)$

由表 4.4 可知，共享需求信息时，零售商的期望利润为

$$E_0^1 = xE[\pi_{ry}](\delta = 1) + (1-x)E[\pi_{ry}] \quad (\delta = 0) \tag{4.8}$$

不共享需求信息时，零售商的期望利润为

$$E_0^2 = xE[\pi_{rm}](\delta = 1) + (1-x)E[\pi_{rm}] \quad (\delta = 0) \tag{4.9}$$

零售商的平均期望利润为

$$\bar{E}_0 = yE_0^1 + (1-y)E_0^2 \tag{4.10}$$

根据演化博弈的复制动态方程，得到以下的二维动力系统：

$$\frac{dy}{dt} = y\left(E_0^1 - \bar{E}_0\right) = y(1-y)\left(-\frac{\left((3+x)\beta^4 - 8(3+x)\beta^2\lambda + 48\lambda^2\right)}{16\left(\beta^2 - 4\lambda\right)^2 g(r_1, r_2)} + \rho T\right) \tag{4.11}$$

$$\frac{dx}{dt} = x\left(E_1^1 - \bar{E}_1\right) = x(1-x)\left(\frac{\beta^2\left(-(a-c)^2 - \dfrac{y}{g(r_1, r_2)}\right)}{8\left(\beta^2 - 4\lambda\right)} - F\right) \tag{4.12}$$

令 $\dfrac{dx}{dt} = \dfrac{dy}{dt} = 0$，得到五个平衡点，即 $(0,0)$、$(1,0)$、$(0,1)$、$(1,1)$ 和 $\left(x^*, y^*\right)$，其中，

$$x^* = \frac{\left(\beta^2 - 4\lambda\right)^2\left(-3 + 16\rho T g(r_1, r_2)\right)}{\beta^2\left(\beta^2 - 8\lambda\right)} \tag{4.13}$$

$$y^* = -\frac{\left((a-c)^2\beta^2 + 8\left(\beta^2 - 4\lambda\right)F\right)g(r_1, r_2)}{\beta^2} \tag{4.14}$$

依据 Friedman（1991）和 Li 等（2019）的研究，系统的雅可比矩阵为

$$J = \begin{bmatrix} a_{11} & a_{12} \\ a_{21} & a_{22} \end{bmatrix} \tag{4.15}$$

其中，

$$a_{11} = (1-2x)\left(-\frac{\beta^2\left((a-c)^2 + \dfrac{y}{g(r_1,r_2)}\right)}{8(\beta^2 - 4\lambda)} - F\right) \tag{4.16}$$

$$a_{12} = -\frac{\beta^2}{8(\beta^2 - 4\lambda)g(r_1,r_2)} \tag{4.17}$$

$$a_{21} = -\frac{\beta^2(\beta^2 - 8\lambda)}{16(\beta^2 - 4\lambda)^2 g(r_1,r_2)} \tag{4.18}$$

$$a_{22} = (1-2y)\left(\rho T - \frac{\left((3+x)\beta^4 - 8(3+x)\beta^2\lambda + 48\lambda^2\right)}{16(\beta^2 - 4\lambda)^2 g(r_1,r_2)}\right) \tag{4.19}$$

雅可比矩阵的行列式和迹分别由 $\det J$ 与 $\mathrm{tr}J$ 表示，其中 $\det J = a_{11}a_{22} - a_{12}a_{21}$；$\mathrm{tr}J = a_{11} + a_{22}$，不同均衡点的 $\det J$ 和 $\mathrm{tr}J$ 可见表 4.5。令 $\det J > 0$，$\mathrm{tr}J < 0$，得到如表 4.6 所示的决定平衡点状态的条件，进一步得到演化稳定策略，如命题 4.5 所示。

表 4.5　局部均衡点处 $\det J$ 和 $\mathrm{tr}J$ 的取值

均衡点	$\det J$	$\mathrm{tr}J$
$(0,0)$	$(B_3 - B_4)(A_2 - A_4)$	$B_3 - B_4 + A_2 - A_4$
$(1,0)$	$(B_4 - B_3)(A_1 - A_3)$	$B_4 - B_3 + A_1 - A_3$
$(0,1)$	$(B_1 - B_2)(A_4 - A_2)$	$B_1 - B_2 + A_4 - A_2$
$(1,1)$	$(B_2 - B_1)(A_3 - A_1)$	$B_2 - B_1 + A_3 - A_1$
(x^*, y^*)	$-\dfrac{(A_1 - A_3)(A_2 - A_4)(B_1 - B_2)(B_3 - B_4)}{(A_1 - A_2 - A_3 + A_4)(B_1 - B_2 - B_3 + B_4)}$	0

注：$A_1 = E[\pi_{\mathrm{ry}}](\delta = 1)$，$B_1 = E[\pi_{\mathrm{cy}}](\delta = 1)$，$A_2 = E[\pi_{\mathrm{ry}}](\delta = 0)$，$B_2 = E[\pi_{\mathrm{cy}}](\delta = 0)$，$A_3 = E[\pi_{\mathrm{rn}}](\delta = 1)$，$B_3 = E[\pi_{\mathrm{cn}}](\delta = 1)$，$A_4 = E[\pi_{\mathrm{rn}}](\delta = 0)$，$B_4 = E[\pi_{\mathrm{cn}}](\delta = 0)$

表 4.6　各均衡点的稳定性分析

均衡点	$\det J$	$\mathrm{tr}J$	稳定性	条件
$(0,0)$	$+$	$-$	ESS	$B_3 < B_4 \cap A_2 < A_4$
$(1,0)$	$+$	$-$	ESS	$B_3 > B_4 \cap A_1 < A_3$

均衡点	det$J$	tr$J$	稳定性	条件
$(0,1)$	+	−	ESS	$B_1 < B_2 \bigcap A_2 > A_4$
$(1,1)$	+	−	ESS	$B_1 > B_2 \bigcap A_1 > A_3$
(x^*, y^*)	不确定		鞍点	任何条件

命题 4.5

(1) 当 $T < F_{11} \bigcap F > F_{21}$ 或 $F_{11} < T < F_{12} \bigcap F > F_{22}$ 时，$(0,0)$ 是演化稳定策略。

(2) 当 $T < F_{11} \bigcap F < F_{21}$ 时，$(1,0)$ 是演化稳定策略。

(3) 当 $T > F_{12} \bigcap F > F_{22}$ 时，$(0,1)$ 是演化稳定策略。

(4) 当 $T > F_{12} \bigcap F < F_{22}$ 或 $F_{11} < T < F_{12} \bigcap F < F_{21}$ 时，$(1,1)$ 是演化稳定策略。

(5) 当 $F_{11} < T < F_{12} \bigcap F_{21} < F < F_{22}$ 时，$(1,1)$ 或 $(0,0)$ 是演化稳定策略；其中

$$F_{11} = \frac{\left(\beta^2 - 6\lambda\right)\left(\beta^2 - 2\lambda\right)}{4\rho\left(\beta^2 - 4\lambda\right)^2 g(r_1, r_2)} \quad , \quad F_{12} = \frac{3}{16\rho g(r_1, r_2)} \quad , \quad F_{21} = \frac{(a-c)^2 \beta^2}{8\left(4\lambda - \beta^2\right)} \quad , \quad F_{22} =$$

$$\frac{\beta^2\left((a-c)^2 + \dfrac{1}{g(r_1, r_2)}\right)}{8\left(4\lambda - \beta^2\right)}。$$

从命题 4.5(1) 和命题 4.5(2) 的对比中可以看出，如果绿色认证成本较低，传统生产者更倾向于从事绿色生产。更高的顾客绿色敏感系数和更低的绿色生产努力成本系数也有助于绿色转型（$\frac{\partial F_{21}}{\partial \beta} > 0$，$\frac{\partial F_{21}}{\partial \lambda} < 0$）。命题 4.5(3) 和命题 4.5(4) 对比表明更准确的预测信息也会促使生产者进行绿色转型（$\frac{\partial F_{22}}{\partial r_2} < 0$）。命题 4.5(1) 和命题 4.5(3) 对比发现，如果潜在市场需求信息更确定，且预测信息的噪声更大，零售商更倾向于共享预测信息（$\frac{\partial F_{12}}{\partial r_1} > 0$，$\frac{\partial F_{12}}{\partial r_2} < 0$）。命题 4.5(2) 和命题 4.5(3)，进一步表明当顾客绿色敏感系数较高和绿色生产努力成本系数较低时，零售商更倾向共享预测信息（$\frac{\partial F_{11}}{\partial \beta} < 0$，$\frac{\partial F_{11}}{\partial \lambda} > 0$）。当 $F_{11} < T < F_{12} \bigcap F_{21} < F < F_{22}$ 时，图 4.1 显示，两个均衡点 $(1,1)$ 和 $(0,0)$ 将存在于动态系统中，最终的稳定决策取决于节点 $D\left(x^*, y^*\right)$ 的位置，即四边形 ABCD 和 OABD 的面积。如果 $S_{\mathrm{ABCD}} > S_{\mathrm{OABD}}$，$(1,1)$

是演化稳定策略；否则，(0,0)是演化稳定策略。

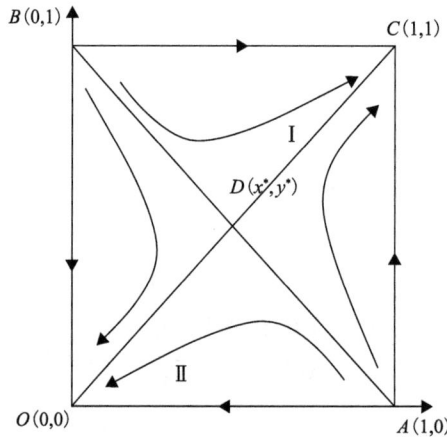

图 4.1　当 $F_{11} < T < F_{12} \bigcap F_{21} < F < F_{22}$ 时的演化稳定策略

命题 4.6　S_{ABCD} 随着 β、ρ 和 T 的增大而增大，但随着 λ 和 F 的增大而减小。

这里仅考虑 S_{ABCD} [演化稳定策略为 (1,1) 的可能性]，不同参数对演化稳定策略为 (0,0) 可能性的影响将是相反的。命题 4.6 表明，越高的顾客绿色敏感系数和越低的绿色生产努力成本系数将分别促进零售商共享预测信息与传统生产者进行绿色转型。

4.4.2　数值仿真分析

为进一步验证模型，本节运用 Matlab 演化仿真不同的参数变化下，供应链主体的稳定决策。为了清楚地显示预测信息噪声对决策的影响，在图 4.2、图 4.5、图 4.8、图 4.11 中设置参数 t 在区间 [0,10] 变化，其他情形下参数 t 在区间 [0,1] 变化。两个成员的初始状态为 0.5，零售商和生产者采取相应策略的可能性从 0 到 1 变化。假设 $c = 0.5$，$a = 10$，$F = 2$，$T = 5$。

图 4.2～图 4.4 绘制了场景 4.1 中系统、生产者和零售商的演化图，其中 $\beta = 0.7$，$\lambda = 1$，$\rho = 0$。

图 4.5～图 4.7 绘制了场景 4.2 中系统、生产者和零售商的演化图，其中 $\beta = 1$，$\lambda = 1$，$\rho = 0$。

图 4.8～图 4.10 绘制了场景 4.3 中系统、生产者和零售商的演化图，其中 $\beta = 0.7$，$g = 0.1$，$\rho = 0.5$。

图 4.11～图 4.13 绘制了场景 4.4 中系统、生产者和零售商的演化图，其中 $\beta = 1$，$\rho = 0.5$，$\lambda = 1$。

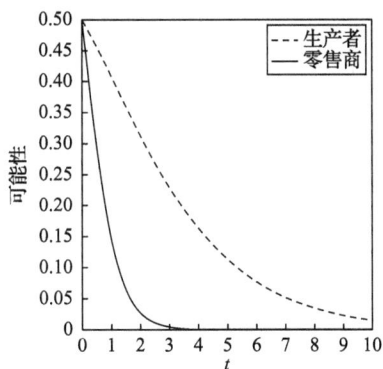

图 4.2　场景 4.1：系统演化图
（ $g_l = 0.1$ ）

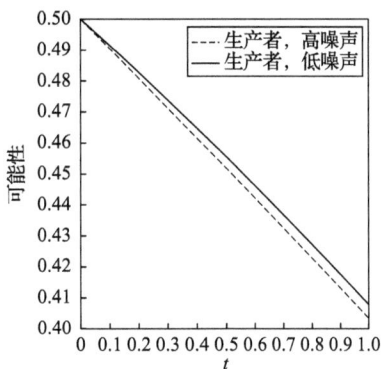

图 4.3　场景 4.1：生产者演化图
（ $g_l = 0.1$ ， $g_h = 0.2$ ）

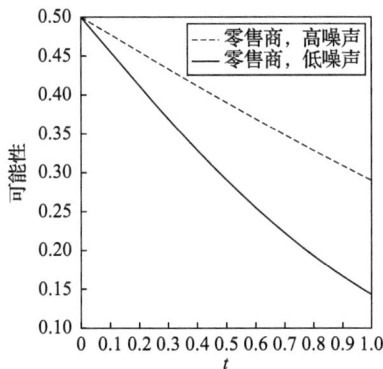

图 4.4　场景 4.1：零售商演化图
（ $g_l = 0.1$ ， $g_h = 0.2$ ）

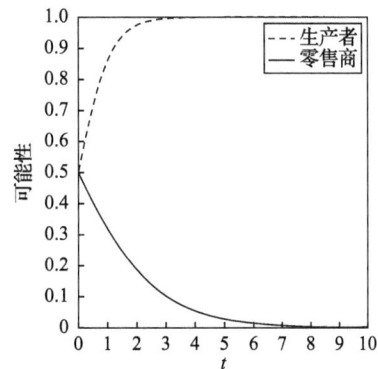

图 4.5　场景 4.2：系统演化图
（ $g_l = 0.1$ ）

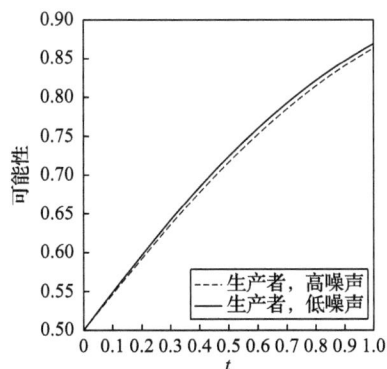

图 4.6　场景 4.2：生产者演化图
（ $g_l = 0.1$ ， $g_h = 0.2$ ）

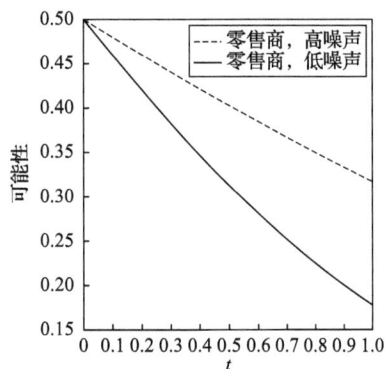

图 4.7　场景 4.2：零售商演化图
（ $g_l = 0.1$ ， $g_h = 0.2$ ）

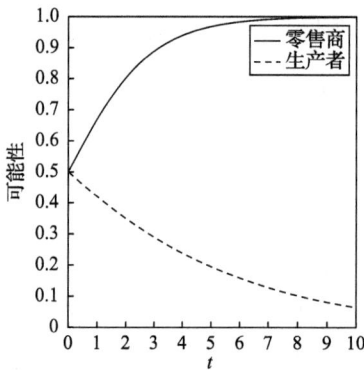

图 4.8　场景 4.3：系统演化图
（ $\lambda_q = 1$ ）

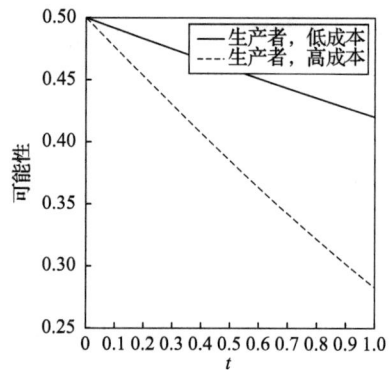

图 4.9　场景 4.3：生产者演化图
（ $\lambda_q = 1$ ， $\lambda_h = 1.5$ ）

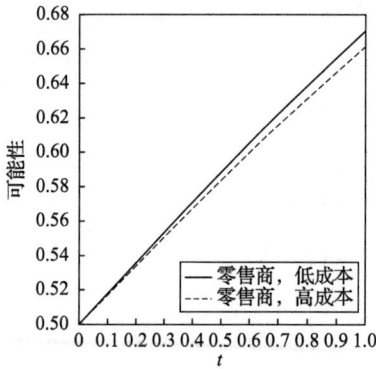

图 4.10　场景 4.3：零售商演化图
（ $\lambda_q = 1$ ， $\lambda_h = 1.5$ ）

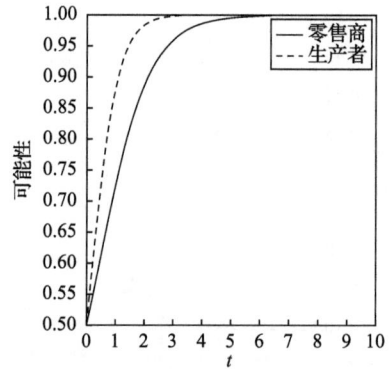

图 4.11　场景 4.4：系统演化图
（ $g_l = 0.1$ ）

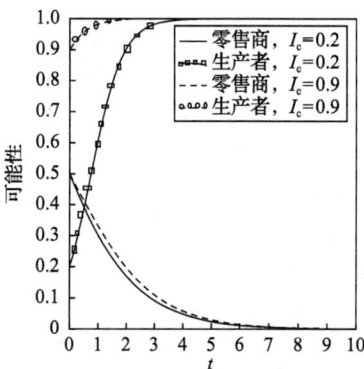

图 4.12　场景 4.4：生产者演化图
（ $g_l = 0.1$ ， $g_h = 0.2$ ）

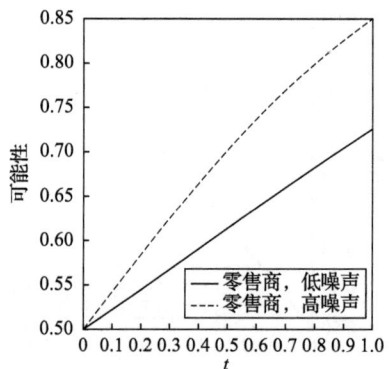

图 4.13　场景 4.4：零售商演化图
（ $g_l = 0.1$ ， $g_h = 0.2$ ）

假设在低噪声和高噪声条件下 $g_l = 0.1$，$g_h = 0.2$；在低努力成本和高努力成本条件下，$\lambda_l = 1$ 和 $\lambda_h = 1.5$。在场景 4.1 中，(0,0)是系统唯一的平衡点，图 4.3 表明高噪声的预测信息使生产者更快地向最终稳定策略(不转型)发展。在图 4.5～图 4.7 中，转型-不共享策略是双方的最优策略，从图 4.6 可以看出，预测信息的高噪声使得生产者较缓慢地向最终稳定策略(转型)发展。图 4.7 反映，较高的预测信息噪声使得零售商较缓慢地向最终稳定策略(不共享)发展。图 4.13 反映了较高的预测信息噪声使得零售商最终的稳定策略迅速演化为共享策略。换句话说，当预测信息更加不准确时，传统的生产者可能倾向于维持当前的生产状况，而此时零售商更倾向于分享预测信息。传统生产者会在转型带来的利润(更高的销售利润)和额外的转型成本(绿色生产努力成本和认证成本)之间做出权衡，以决定是否采用绿色生产。在图 4.5～图 4.7 中，虽然零售商仍然隐瞒了预测信息，但与图 4.2、图 4.3 和图 4.4 相比，消费者的绿色敏感系数较高，促进了一般生产者采取绿色转型。上述结果表明，消费者的绿色偏好和预测信息的准确性都是传统生产者进行绿色转型的重要激励因素。

对比图 4.2 和图 4.8，可发现较高的预测成本分担比例使得零售商最终的稳定策略由不共享转变为共享。当 $t = 10$ 时，图 4.2 中不转型的最终可能性小于 0.05，而图 4.8 中低成本不转型的最终可能性大于 0.05。因此表明，如果生产者分担一部分预测成本来激励零售商分享预测信息，可以使生产者最终的稳定策略较慢地演变为不转型(或较快地演变为转型)。

图 4.9 和图 4.10 显示了不同绿色生产努力成本下场景 4.3 的演化路径。图 4.9 和图 4.10 显示低绿色生产努力成本系数使得零售商更快地演化至最终策略(共享)，使生产者更慢地演化至最终策略(不转型)。这表明在绿色生产努力成本系数较低时，零售商更愿意分享预测信息，传统生产者更倾向于进行转型。

图 4.14 和图 4.15 绘制了场景 4.2 中给定不同初始状态 I_c 与 I_r 的演化稳定策略。

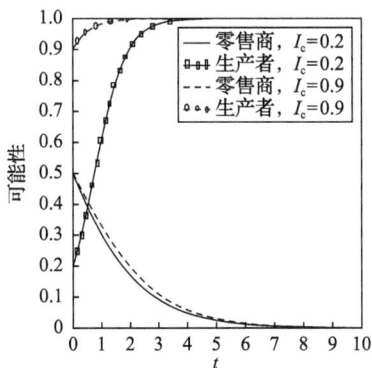

图 4.14　场景 4.2 中不同 I_c 下的演化稳定策略(I_r=0.5)　　图 4.15　场景 4.2 中不同 I_r 下的演化稳定策略(I_c=0.5)

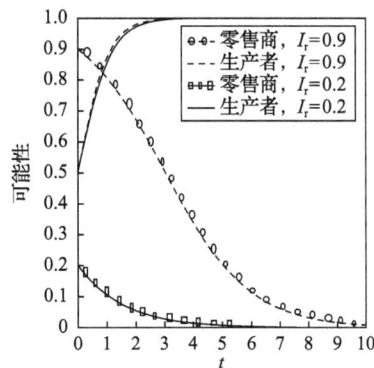

图 4.16 和图 4.17 绘制了场景 4.4 中给定不同初始状态的演化稳定策略。

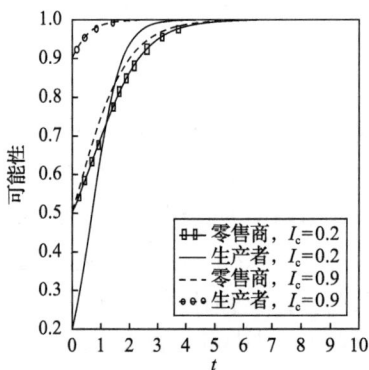

图 4.16　场景 4.4 中不同 I_c 下的
演化稳定策略(I_r=0.5)

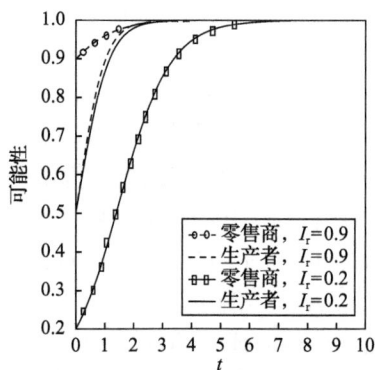

图 4.17　场景 4.4 中不同 I_r 下的
演化稳定策略(I_c=0.5)

　　进一步研究初始状态对决策的影响，假设零售商的初始信息共享状态 I_r 为 0.5，生产者的初始转型状态 I_c 分别为 0.2、0.9，如图 4.14 所示。固定生产者的初始转型状态 I_c 为 0.5，假设零售商的初始信息共享状态 I_r 分别为 0.2、0.9，如图 4.15 所示。类似的设置适用于图 4.16 和图 4.17。利益相关者参与互动的初始状态可以影响短期决策。图 4.14 显示，场景 4.2 中初始转型的可能性越低，零售商向不共享策略发展的速度就越快。图 4.16 表明，更高的初始转型可能性会促使零售商更快地转化到共享，这意味着生产者的初始条件，如资源可用性，可以促使零售商更快地共享信息。

　　图 4.15 中最终的稳定策略为(1,0)，这意味着零售商最终拒绝分享预测信息。随着图 4.15 中 t 的增加，生产者初始转型可能性越高，越容易达到稳定状态(转型)。图 4.15 进一步表明，初始共享信息的可能性越高，生产者向转型策略的转变就越快，这意味着信息共享可以激励传统生产者进行转型。

4.5　本 章 小 结

　　本章运用演化博弈理论，以利益相关者的利润最大化为目标从长期运营管理的角度研究零售商信息共享对传统生产者绿色转型的影响。首先，针对信息共享和无信息共享的情况，确定生产者和零售商的最优决策。其次，研究绿色转型和信息共享之间的长期相互作用。研究发现，当零售商免费分享预测信息时，生产者可通过信息共享获得更多的利润，虽然零售商和生产者并不总是受益于信息共享，但是生产者可以通过分享部分预测成本实现帕累托改进。当传统生产者采取绿色生产时，可以改善环境，提高消费者剩余，但由于额外的认证成本和检查成本，社会福利不一定会改善。通过分析零售商需求信息共享与生产者绿色转型之间的演化博弈关系，发现较高的顾客绿色敏感系数和较低的绿色生产努力成本系数更容易达成转型-共享均衡，而更准确的预测信息更容易达成转型-不共享均衡。演化过程受初始状态和相应的稳定条件影响，初始状态影响利益相关者的短期决策，而演化稳定条件影响最终的稳定决策。后续研究将构造一个动态利润函数来研究随时间变化的价格，并进一步考虑政府的绿色生产和认证的补贴对零售商、生产者和政府之间的长期互动的影响。

4.6 本 章 附 录

1. 命题 4.1 的证明

证明

(1) $E(\pi_{\text{ry}}) - E(\pi_{\text{m}}) = \dfrac{(6\lambda - \beta^2\zeta)(\beta^2\zeta - 2\lambda)}{4(\beta^2\zeta - 4\lambda)^2 g(r_1, r_2)}$，当 $\lambda \leqslant (>) \dfrac{\beta^2\zeta}{2}$ 时，$E(\pi_{\text{ry}}) \geqslant$

$(<) E(\pi_{\text{m}})$。

(2) $E(\pi_{\text{cy}}) - E(\pi_{\text{cn}}) = \dfrac{\lambda}{2(4\lambda - \beta^2\zeta)g(r_1, r_2)} > 0$，$\dfrac{\partial g(r_1, r_2)}{\partial r_1} = -\dfrac{r_1 + 2r_2}{r_1^3}$，

$\dfrac{\partial g(r_1, r_2)}{\partial r_2} = \dfrac{1}{r_1^2}$，$\dfrac{\partial E(\pi_{\text{cy}}) - E(\pi_{\text{cn}})}{\partial r_1} = \dfrac{\partial E(\pi_{\text{cy}}) - E(\pi_{\text{cn}})}{\partial g} \cdot \dfrac{\partial g}{\partial r_1} = \dfrac{\lambda}{2(4\lambda - \beta^2\zeta)g(r_1, r_2)^2}$

$\dfrac{r_1 + 2r_2}{r_1^3} > 0$，$\dfrac{\partial E(\pi_{\text{cy}}) - E(\pi_{\text{cn}})}{\partial r_2} = \dfrac{\partial E(\pi_{\text{cy}}) - E(\pi_{\text{cn}})}{\partial g} \cdot \dfrac{\partial g}{\partial r_2} = -\dfrac{\lambda}{2r_1^2(4\lambda - \beta^2\zeta)g(r_1, r_2)^2} < 0$。

(3) $E(\pi_{\text{scy}}) - E(\pi_{\text{scn}}) = -\dfrac{(\beta^4\zeta^2 - 6\beta^2\zeta\lambda + 4\lambda^2)}{4(\beta^2\zeta - 4\lambda)^2 g(r_1, r_2)}$，当 $\lambda \leqslant (>) \dfrac{1}{4}(3 + \sqrt{5})\beta^2\zeta$ 时，

$E(\pi_{\text{scy}}) \geqslant (<) E(\pi_{\text{scn}})$。

2. 命题 4.2 的证明

证明 $E(\pi_{\text{c}\Delta\text{y}}) = E(\pi_{\text{cy}})(\delta = 1) - E(\pi_{\text{cy}})(\delta = 0) = \dfrac{\beta^2\left((a - c)^2 + \dfrac{1}{g(r_1, r_2)}\right)}{8(4\lambda - \beta^2)} - F$，

$$\frac{\partial E\left(\pi_{c\Delta y}\right)}{\partial r_2} = \frac{\partial E\left(\pi_{c\Delta y}\right)}{\partial g} \cdot \frac{\partial g}{\partial r_2} = -\frac{\beta^2}{8\left(4\lambda - \beta^2\right)} \frac{1}{g\left(r_1, r_2\right)^2 r_1^2} < 0 , \quad \frac{\partial E\left(\pi_{c\Delta y}\right)}{\partial r_1} = \frac{\partial E\left(\pi_{c\Delta y}\right)}{\partial g} \cdot \frac{\partial g}{\partial r_1} =$$

$$\frac{\beta^2}{8\left(4\lambda - \beta^2\right)g\left(r_1, r_2\right)^2} \cdot \frac{r_1 + 2r_2}{r_1^3} > 0 。 均衡批发价格可表示为 w = \frac{c\beta^2\zeta - 2(a+c)\lambda}{\beta^2\zeta - 4\lambda} ,$$

$$\frac{\partial w}{\partial \beta} = \frac{4(a-c)\beta\zeta\lambda}{\left(\beta^2\zeta - 4\lambda\right)^2} > 0 , \quad \frac{\partial w}{\partial \lambda} = \frac{2(-a+c)\beta^2\zeta}{\left(\beta^2\zeta - 4\lambda\right)^2} < 0 。 \quad \frac{\partial E\left(\pi_{c\Delta y}\right)}{\partial \lambda} = -\frac{\left((a-c)^2 + \dfrac{1}{g\left(r_1, r_2\right)}\right)\beta^2}{2\left(\beta^2 - 4\lambda\right)^2}$$

$$< 0 , \quad \frac{\partial E\left(\pi_{c\Delta y}\right)}{\partial \beta} = \frac{\left((a-c)^2 + \dfrac{1}{g\left(r_1, r_2\right)}\right)\beta\lambda}{\left(\beta^2 - 4\lambda\right)^2} > 0 。$$

3. 命题 4.3 的证明

证明 $E\left(\pi_{scy}\right) - E\left(\pi_{scn}\right) = -\dfrac{\left(\beta^4\zeta^2 - 6\beta^2\zeta\lambda + 4\lambda^2\right)}{4\left(\beta^2\zeta - 4\lambda\right)^2 g\left(r_1, r_2\right)}$, 当 $\lambda \leqslant \dfrac{1}{4}\left(3 + \sqrt{5}\right)\beta^2\zeta$ 时，

$E\left(\pi_{scy}\right) \geqslant E\left(\pi_{scn}\right)$; $E\left(\pi_{cy}\right) - E\left(\pi_{cn}\right) = -\rho T + \dfrac{\lambda}{2\left(4\lambda - \beta^2\zeta\right)g\left(r_1, r_2\right)}$, 当 $\rho T <$

$\dfrac{\lambda}{2\left(4\lambda - \beta^2\zeta\right)g\left(r_1, r_2\right)}$ 时，$E\left(\pi_{cy}\right) > E\left(\pi_{cn}\right)$; $E\left(\pi_{ry}\right) - E\left(\pi_{rn}\right) = \rho T -$

$\dfrac{\left(\beta^2\zeta - 6\lambda\right)\left(\beta^2\zeta - 2\lambda\right)}{4\left(\beta^2\zeta - 4\lambda\right)^2 g\left(r_1, r_2\right)}$, 当 $\rho T < \dfrac{\lambda}{2\left(4\lambda - \beta^2\zeta\right)g\left(r_1, r_2\right)}$ 时，$E\left(\pi_{cy}\right) > E\left(\pi_{cn}\right)$ 。

4. 命题 4.4 的证明

证明

(1) $CS_y - CS_n = \dfrac{\left(\beta^2\zeta - 2\lambda\right)\left(6\lambda - \beta^2\zeta\right)}{2g\left(r_1, r_2\right)\left(2\beta^2\zeta - 8\lambda\right)^2}$, 当 $\lambda > (\leqslant) \dfrac{\beta^2\zeta}{2}$ 时，$CS_y < (\geqslant) CS_n$ 。

(2) $EI_y - EI_n = \dfrac{\beta\lambda}{g\left(r_1, r_2\right)\left(\beta^2 - 4\lambda\right)^2} > 0$ 。

(3) $\mathrm{SW_y} - \mathrm{SW_n} = \dfrac{-3\beta^4\zeta^2 + 4\beta(2+5\beta)\zeta\lambda - 20\lambda^2}{8\left(\beta^2\zeta - 4\lambda\right)^2}$ ，　当 $\dfrac{\beta^2\zeta}{4} < \lambda < \dfrac{1}{10}\Big(\beta(2+$

$5\beta)\zeta + \sqrt{2}\sqrt{\beta^2\left(2+5\beta(2+\beta)\right)\zeta^2}\Big)$ 时，$\mathrm{SW_y} > \mathrm{SW_n}$；否则，$\mathrm{SW_y} < \mathrm{SW_n}$。

5. 命题 4.5 的证明

证明　$B_3 - B_4 = \dfrac{(a-c)^2\beta^2}{8(4\lambda - \beta^2)} - F$ ，　$A_2 - A_4 = \rho T - \dfrac{3}{16g\left(r_1, r_2\right)}$ ，　$A_1 - A_3 =$

$\dfrac{\lambda^2}{\left(\beta^2 - 4\lambda\right)^2 g\left(r_1, r_2\right)} - \dfrac{1}{4g\left(r_1, r_2\right)} + \rho T$ ，　$B_1 - B_2 = \dfrac{\beta^2\left((a-c)^2 + \dfrac{1}{g\left(r_1, r_2\right)}\right)}{32\lambda - 8\beta^2} - F$ 。令

$\dfrac{\lambda}{\beta^2} = f$ ，　$F_{11} = \dfrac{(1-6f)(1-2f)}{4\rho(1-4f)^2 g\left(r_1, r_2\right)}$ ，　$\dfrac{\partial F_{11}}{\partial f} = \dfrac{2f}{(-1+4f)^3 g\left(r_1, r_2\right)\rho} > 0$ ，　$\dfrac{\partial F_{11}}{\partial \beta} =$

$\dfrac{\partial F_{11}}{\partial f}\dfrac{\partial f}{\partial \beta} < 0$ ，　$\dfrac{\partial F_{11}}{\partial \lambda} = \dfrac{\partial F_{11}}{\partial f}\dfrac{\partial f}{\partial \lambda} > 0$ 。

第5章 考虑绿色生产成本共担的农产品供应链政府补贴策略

近年来，为鼓励农户从事绿色生产，政府提供农户补贴，地方龙头企业也引导农户从事绿色生产。本章研究了一个由政府与一个主导企业和多个农户构成的供应链形成的三阶段博弈模型，确定了最优绿色生产努力、批发价格和政府补贴，为补贴政策提供建议。

5.1 概　　述

由于在农业生产中过度使用化肥、除草剂和杀虫剂，农业成为水污染的最大来源(Chen et al.，2017)，其他污染，如土壤(Singh et al.，2015)和温室气体(Reisinger et al.，2013)污染也很严重。自然资源的利用效率对绿色经济增长具有积极影响(Li et al.，2023)。绿色农业是指一切有利于环境保护、有利于农产品数量与质量安全、有利于可持续发展的农业发展形态与模式。美国国会在1990年提出了可持续农业问题，强调减少环境退化、保持农业生产力和促进经济活力[①]。为了减少农业污染，种植更多的粮食(盈利)，同时提供环境和社会效益(Garibaldi et al.，2017；Cui et al.，2018；Plumecocq et al.，2018)，可持续农业正在普及。可持续管理，包括虫害综合管理、农林复合和可持续集约化，正变得越来越普遍。依据Cui等(2018)的研究，当小农户采用可持续管理，平均产量(玉米、水稻和小麦)增加了10.8%~11.5%，温室气体排放量分别为328千克、812千克和434千克二氧化碳每兆克(玉米、水稻和小麦)，相比之下，未经干预的温室气体排放量为422千克、941千克和549千克二氧化碳每兆克(1兆克=10^3千克)。Wu等(2014)、Xia等(2017)、Adnan等(2018)也有类似的发现，如增产和减少污染。

然而，中国的农业以小农为主，平均只有0.7公顷的耕地(Lowder et al.，2014)，它们缺乏绿色生产的经济激励。发行绿色债券可以加快绿色农业增长率(Xu et al.，2023)。主导型企业通过扩大新市场、技术创新(Schneider，2017)和提供技术建议(Smith and Siciliano，2015)来驱动农户，并推动区域经济发展。农村一二三产业融合能显著促进农业绿色发展(田彩红等，2024)。本章研究的是完全垂直整合下，

[①] Sustainable Agriculture，https://www.nal.usda.gov/afsic/sustainable-agriculture-definitions-and-terms，2024年3月28日。

一个主导企业与多个农户签订合同，这种背景广泛存在于现实实践和先前的研究中，如 Levy 和 Vukina（2004）、Vukina 和 Leegomonchai（2006）、Zheng 和 Vukina（2007）的研究。

为了支持农业的绿色生产，政府也提供相应的补贴。本章还将考察补贴和企业成本分担对企业与农户利润的共同影响。政府的横向生态补偿对生态补偿制度的贡献会更大，能更好地激励参与者发展绿色农业（李周，2023）。本章在考虑绿色生产努力成本的前提下，研究了企业与农户之间的合作关系。通过对批发价格、绿色生产努力、政府补贴等决策的优化，实现供应链成员利润最大化和社会福利最大化。为了研究政府补贴决策，引入外生补贴和内生补贴的概念。外生补贴是指固定价值的补贴，在模型中补贴被视为固定参数，内生补贴作为决策变量求解，由地方政府以社会福利最大化为目标来确定，其中带外生补贴的解作为求解带内生补贴模型的中间变量。

本章比较了不同补贴政策对促进绿色生产的影响，并给出了政府相关政策建议。相较于目标价格而言，面积补贴可以在补贴效果上更加促进农户收入（谢家平和刘丹，2023）。一种补贴政策是单位努力补贴，政府根据农户的绿色投资为农户提供补贴；另一种是单位产量补贴，政府根据农户的产量提供农户补贴。Chen 等（2017）也对这两种补贴政策进行了比较。然而，本书专注于农产品供应链的完全垂直整合和绿色生产努力（种植更多产品和减少污染）。此外，还研究了内生补贴，并考察了企业与政府之间的相互作用。

在考虑外生性政府补贴时，主导企业从多个农户处采购产品，农户决定努力投资，政府根据农户的生产努力或生产数量提供农户补贴。企业决定批发价格，并分担一部分绿色生产努力成本。地方政府以社会福利最大化来确定补贴。研究了绿色生产努力、定价和补贴决策，并分别比较了外生补贴和内生补贴情况下的最优决策。还比较了两种补贴政策，即单位努力补贴和单位产量补贴。研究旨在解决以下关键问题。①政府补贴与主导企业成本分担对农户绿色生产的作用是什么？以上元素是如何相互作用的？②考虑到减少污染的目标和政府开支，哪一种补贴（单位努力补贴和单位产量补贴）对政府更有效？③补贴的形式，如内生或外生补贴，如何影响成员的决策？

5.2　问题描述

假设农户是区域同质的，其以基本单位生产成本 c 生产农产品，如种子的成本。农户在绿色生产中投入额外的 e_k 努力，以环境友好的方式增加产出。根据 Niu 等（2016）和 Hsu 等（2019）的研究，产量随绿色生产努力的增加而线性增加。来自第 i 个农户的产出可表示为 $Q_i = \tau_i (1 + \delta e_k)$（$0 \leqslant e_k \leqslant \overline{e} < 1$，$i = 1, 2, \cdots, n$），其中，

τ_i 是农户根据其初始生产技能所能生产的下限数量。它们的下限是相等的；因此，$\tau_i = \tau$，$i = 1, 2, \cdots, n$。根据 Niu 等（2016）的研究，对应的努力成本可表示为 $\dfrac{\lambda e_k^2}{2}$，其中 λ 表示农户的绿色生产努力投入的效率系数，λ 越大，效率越低。绿色努力的二次成本函数基于收益递减规律（Keating et al., 2010; Niu et al., 2016; Chen et al., 2017），这意味着要实现更高水平的绿色生产，成本将变更多。$\tau(1 + \delta \bar{e})$ 代表农户在一定约束条件下所能生产的最大产量，这可能与土地容量、技术等因素有关。多个同质农户的总产量可以表示为 $Q = \sum\limits_{i=1}^{n} \tau_i (1 + \delta e_k) = \tau \cdot n (1 + \delta e_k)$，An 等（2015）也假设农户生产相同数量的产品。假设无绿色生产努力下的原始单位排放量为 e_0，投入努力后的排放量是 $e_0 (1 - e_k)$（Chen et al., 2017; Yi and Li, 2018），环境污染效应的测度可以通过环境破坏因子、总体产量和单位排放量来计算，可以用 $\mathrm{EI} = \tau \cdot n e_0 r (1 + \delta e_k)(1 - e_k)$ 表示，r 代表环境破坏因子。为确保积极的环境效应（例如，$\dfrac{\partial \mathrm{EI}}{\partial e_k} < 0$，$0 \leqslant e_k \leqslant \bar{e}$），根据 Xia 等（2017）和 Cui 等（2018）的研究，假设 $\delta \in (0, 1)$。公司以批发价 w 从农户那里采购产品，并以销售价格 p 将产品卖给顾客。顾客对产品的感知价值是不同的。假定顾客对产品的估价为 v，均匀分布在区间 [0,1]（Chiang et al., 2003）。消费者购买估价为 v 和价格为 p 的产品的效用可以定义为 $U = v - p$。顾客将在效用大于等于 0 时购买产品，即 $U = v - p \geqslant 0$。因此，基础市场规模是 1 时，消费者需求被表述为 $Q_t = 1 - p$（Chiang et al., 2003），逆向需求函数为 $p = 1 - Q_t$，Q_t 是待销售的产品数量。总体需求 $0 < Q_t < 1$ 被多个农户平分，假设 $0 < \tau < 1$，如果 $\tau \geqslant 1$，公司只需要选择一个农户，这超出了本章的讨论范围。由于本章假设 n 个同质农户的总产量为 $\tau \cdot n (1 + \delta e_k)$，逆向需求函数可表示为 $p = 1 - \tau \cdot n (1 + \delta e_k)$。Tang 等（2015）提供了关于农业市场价格的类似假设。表 5.1 显示了主要的符号及其定义。

表 5.1　符号和定义

符号	定义
τ_i	农户根据其初始生产技能所能生产的下限数量
e_0	无绿色生产努力下的原始单位排放量
δ	每单位绿色努力投入对产量的影响系数
c	单位生产成本
λ	农户的绿色生产努力投入的效率系数

续表

符号	定义
t	固定的成本分担比例
r	环境破坏因子
v	顾客对产品的估价
p	产品的销售价格
w	产品的批发价格
e_k	绿色生产努力，$k=e$ 表示努力补贴，$k=q$ 表示产量补贴
s	单位政府补贴
Q	农产品的总产量
π	利润函数
EI	环境污染效应的测度
CS	消费者剩余
SW	社会福利

5.3　政府努力补贴

本章中对绿色生产努力的补贴类似于 Chen 等（2019a）的创新补贴，其中政府根据农户的努力投入提供农户单位补贴。在协同生产背景下，研究了以下多阶段博弈：①地方政府在生产季开始前制定补贴 s；②企业结合补贴和预估的农户的生产努力，确定批发价 w 和固定的成本分担比例 t；③观察到 s、w、t 的农户决定其绿色生产努力 e_k；④根据最优的 s、w 和 e_k 来实现农产品的产量与零售价。上标及下标 e 和 q 分别表示政府单位努力补贴与政府单位产量补贴的情况，下标 f 和 r 分别表示农户与企业。

5.3.1　最优决策

当用逆向归纳法求解该博弈时，农户确定其绿色生产努力 e_e 使利润最大化：

$$\pi_{\text{fe}} = (w_e - c)\tau(1 + \delta e_e) - \frac{\lambda(1-t)e_e^2}{2} + s_e e_e，\quad 0 \leqslant e_e \leqslant \bar{e} \tag{5.1}$$

令 $\dfrac{\partial \pi_{\text{fe}}}{\partial e_e} = 0$，可得到如下的最优绿色生产努力：

$$e_e = \begin{cases} 0, & \dfrac{-s_e + \tau\delta(c - w_e)}{(-1+t)\lambda} < 0 \\[3mm] \dfrac{-s_e + \tau\delta(c - w_e)}{(-1+t)\lambda}, & 0 \leqslant \dfrac{-s_e + \tau\delta(c - w_e)}{(-1+t)\lambda} \leqslant \bar{e} \\[3mm] \bar{e}, & \dfrac{-s_e + \tau\delta(c - w_e)}{(-1+t)\lambda} > \bar{e} \end{cases} \tag{5.2}$$

因此，企业预期农户对绿色生产努力的最优反应，决定其批发价格，从而使其利润最大化：

$$\pi_{re} = (1 - w_e)\tau \cdot n(1 + \delta e_e) - \tau^2 n^2 (1 + \delta e_e)^2 - \frac{\lambda n t e_e^2}{2}$$

$$= -\tau^2 n^2 \left(1 + \frac{\delta(-s_e + \tau \cdot \delta(c - w_e))}{(-1+t)\lambda}\right)^2$$

$$+ \tau \cdot n \left(1 + \frac{\delta(-s_e + \tau \cdot \delta(c - w_e))}{(-1+t)\lambda}\right)(1 - w_e) - \frac{n t (s_e + \tau \cdot \delta(-c + w_e))^2}{2(-1+t)^2 \lambda}$$

$$\text{s.t.} \quad c - \frac{s_e}{\tau\delta} \leqslant w_e \leqslant \frac{\tau c\delta + (1-t)\bar{e}\lambda - s_e}{\tau\delta} \tag{5.3}$$

将式(5.2)代入式(5.3)，并令 $\dfrac{\partial \pi_{re}}{\partial w_e} = 0$，可得到均衡批发价格如下：

$$w_1 \triangleq \frac{2\tau^3 c n \delta^4 + \tau(c + (-1 + 2\tau n)(-1+t))\delta^2\lambda - (-1+t)^2\lambda^2 - \delta(2\tau^2 n\delta^2 + \lambda)s_e}{2\tau^3 n\delta^4 - \tau(-2+t)\delta^2\lambda}$$

$$w_e = \begin{cases} c - \dfrac{s_e}{\tau\delta}, & \dfrac{-s_e + \tau\delta(c - w_1)}{(-1+t)\lambda} < 0 \\[3mm] w_1, & 0 \leqslant \dfrac{-s_e + \tau\delta(c - w_1)}{(-1+t)\lambda} \leqslant \bar{e} \\[3mm] \dfrac{\tau c\delta + (1-t)\bar{e}\lambda - s_e}{\tau\delta}, & \dfrac{-s_e + \tau\delta(c - w_1)}{(-1+t)\lambda} > \bar{e} \end{cases} \tag{5.4}$$

将式(5.4)代入式(5.2)，可得到均衡绿色生产努力如下：

$$e_{\mathrm{e}} = \begin{cases} 0, & \dfrac{-s_{\mathrm{e}} + \tau \cdot \delta(c - w_1)}{(-1 + t)\lambda} < 0 \\[3mm] \dfrac{-\tau(-1 + c + 2\tau \cdot n)\delta^2 - (1 - t)\lambda + \delta s_{\mathrm{e}}}{2\tau^2 n\delta^3 + (2 - t)\delta\lambda}, & 0 \leqslant \dfrac{-s_{\mathrm{e}} + \tau \cdot \delta(c - w_1)}{(-1 + t)\lambda} \leqslant \overline{e} \\[3mm] \overline{e}, & \dfrac{-s_{\mathrm{e}} + \tau \cdot \delta(c - w_1)}{(-1 + t)\lambda} > \overline{e} \end{cases} \quad (5.5)$$

供应链成员的利润、消费者剩余(consumer surplus，CS)和社会福利(society welfare，SW)(定义如下)，可见 5.7.1 节。最后通过社会福利最大化的方法确定了政府的最优补贴。社会福利函数 $\mathrm{SW}(s_{\mathrm{e}})$ 由四个部分组成。

(1)消费者剩余 $\mathrm{CS}(s_{\mathrm{e}})$，依据 Yenipazarli(2017)的研究，消费者剩余函数可以表示为

$$E(\mathrm{CS}) = E\left(\int_p^1 (v - p)\mathrm{d}v\right) = \frac{(1 - p)^2}{2} = \frac{\tau^2 n^2 (1 + \delta e_{\mathrm{e}})^2}{2} \quad (5.6)$$

(2)供应链成员的利润。

(3)政府补贴。

(4)环境影响，可以表示为 $\tau \cdot n e_0 r (1 + \delta e_{\mathrm{e}})(1 - e_{\mathrm{e}})$。

综上，给定 s_{e} 下的社会福利函数可表示为

$$\mathrm{SW}(s_{\mathrm{e}}) = -\frac{1}{2}n\big(\tau(-2 + 2c + \tau n + 2e_0 r) + 2\tau\big(e_0 r(-1 + \delta) + (-1 + c + \tau n)\delta\big)e_{\mathrm{e}}$$
$$+ \big(\tau\delta(-2e_0 r + \tau n\delta) + \lambda\big)e_{\mathrm{e}}^2\big)$$

$$\text{s.t. } \max\left\{0, \tau(-1 + c + 2\tau n)\delta + \frac{\lambda - t\lambda}{\delta}\right\} \leqslant s_{\mathrm{e}} \leqslant \frac{\tau\delta^2\big(-1 + c + 2\tau(n + n\overline{e}\delta)\big) + \big(1 - t + (2 - t)\overline{e}\delta\big)\lambda}{\delta}$$
$$(5.7)$$

然后可以得到如命题 5.1 所示的最优补贴。

为了简化解释，令

$$\overline{s}_1 = \frac{\begin{aligned}&\tau^2\delta^3\big(\tau(1 - c)n\delta + 2e_0 r(1 - c - \tau n(1 + \delta))\big) + \tau \cdot \delta\big((1 + \tau n - c(1 - t) - t)\delta \\ &+ e_0 r(t - (2 - t)\delta)\big)\lambda + (1 - t)\lambda^2\end{aligned}}{\delta\big(\tau\delta(-2e_0 r + \tau n\delta) + \lambda\big)}$$

命题 5.1　当政府提供单位努力补贴时，最优补贴是：$s_{\mathrm{e}} = \overline{s}_1$。

命题 5.2　当政府提供单位努力补贴时，企业将雇用 n 个农户并且满足：

$$\max\left\{r_{11},\frac{(-1+c+\tau n)\delta}{e_0(1-\delta)}\right\} \leqslant r \leqslant \frac{\tau\delta\left(-1+c+\tau(n+n\overline{e}\delta)\right)+\overline{e}\lambda}{\tau e_0\left(1-(1-2\overline{e})\delta\right)} \text{ 且 } n > \frac{2\tau e_0 r\delta-\lambda}{\tau^2\delta^2},\text{ 其中}$$

$$r_{11}=\frac{\left(\tau(1-c)\delta^2+\lambda\right)\left(\tau^2 n\delta^2+\lambda-t\lambda\right)}{\tau e_0\delta\left(2\tau\delta^2(-1+c+\tau n(1+\delta))-(t-(2-t)\delta)\lambda\right)}。$$

命题 5.2 显示当竞争强度较高时（$n > \dfrac{2\tau e_0 r\delta-\lambda}{\tau^2\delta^2}$），政府更愿意补偿农户以实

现社会福利最大化。由于 $\dfrac{\partial r_{11}}{\partial t}=\dfrac{\left(\tau(-1+c)\delta^2-\lambda\right)\lambda\left(\tau\delta^2(-2+2c+\tau n(1+\delta))+(-1+\delta)\lambda\right)}{\tau e_0\delta\left(-2\tau\delta^2\left(-1+c+\tau n(1+\delta)\right)+(t+(-2+t)\delta)\lambda\right)^2}>0$，研究表明，

在固定的环境破坏因子下，如果企业分担的成本较高，政府提供补贴的可能性较小。这意味着企业可以帮助政府减少成本，如果企业分担更多成本，政府只会在污染危害更大时提供补贴。

5.3.2　敏感性分析

本节分析了固定补贴 $(s_e=s_q=s)$、成本分担比例、环境破坏因子、竞争强度等参数对决策的影响。

1. 固定补贴的影响

命题 5.3　当补贴固定时，如果政府提供单位努力补贴，农户的最优利润随着补贴的增加而减少，而企业的最优利润随着补贴的增加而增加；如果政府提供单位产量补贴，企业和农户的利润都随着补贴的增加而增加。

政府提供的补贴越多，农户的生产积极性就越高。但是，生产数量越多，销售价格和批发价格就越低，即补贴越多，批发价格就越低（$\dfrac{\partial w_e^*}{\partial s}=-\dfrac{2\tau^2 n\delta^2+\lambda}{2\tau^3 n\delta^3-\tau(-2+t)\delta\lambda}<0$，$\dfrac{\partial w_q^*}{\partial s}=\dfrac{2\tau^2 n\delta^2+\lambda}{-2\tau^2 n\delta^2+(-2+t)\lambda}<0$）。对农户而言，投资努力增加和批发价格降低带来的利润损失，大于补贴增加带来的利润损失，投资努力补贴越高，农户整体利润越低。然而，如果政府提供单位产量补贴，如 5.4 节所示，农户仍然可以从这种补贴中受益。对于企业，边际利润（产品的单位利润）

如下：$m_e^* = \dfrac{\tau^3(1-c)n\delta^4 + \tau(1-c+\tau n-2\tau nt)\delta^2\lambda + (1-t)^2\lambda^2 + \delta(\tau^2 n\delta^2+\lambda)s_e}{2\tau^3 n\delta^4 + \tau(2-t)\delta^2\lambda}$，

$m_q^* = \dfrac{\tau^3(1-c)n\delta^4 + \tau(1-c+\tau n-2\tau nt)\delta^2\lambda + (1-t)^2\lambda^2 + \tau\delta^2(\tau^2 n\delta^2+\lambda)s_q}{2\tau^3 n\delta^4 + \tau(2-t)\delta^2\lambda}$，随着 s

的增大而增大（$\dfrac{\partial m_e^*}{\partial s} = \dfrac{\tau^2 n\delta^2+\lambda}{2\tau^3 n\delta^3+\tau(2-t)\delta\lambda} > 0, \dfrac{\partial m_q^*}{\partial s} = \dfrac{\tau^2 n\delta^2+\lambda}{2\tau^2 n\delta^2+2\lambda-t\lambda} > 0$）。整个生

产数量（Q_t）随着 s 的增加而增加。这两种力量导致企业利润随着 s 的增加而增加。

2. 成本分担比例的影响

1）成本分担比例对批发价格的影响

为了简化解释，令 $s_2 = \tau(-1+c)\delta + \dfrac{3\lambda}{\delta} + \dfrac{4\tau^4 n^2\delta^3}{2\tau^2 n\delta^2+\lambda}$。

命题 5.4

（1）当补贴是外生时，如果 $s > s_2$，则 $\dfrac{\partial w_e^*}{\partial t} < 0$；如果 $s \leqslant s_2$，存在 $t_{1e}^* = 2 +$

$\dfrac{2\tau^2 n\delta^2\lambda - \sqrt{\lambda^2(2\tau^2 n\delta^2+\lambda)(\tau(1-c)\delta^2+\lambda+\delta s_e)}}{\lambda^2}$；当 $t \leqslant (>) t_{1e}^*$ 时，$\dfrac{\partial w_e^*}{\partial t} > (\leqslant) 0$。

（2）当补贴是内生时，w_e^* 随着 t 的增大而增大。

$\dfrac{\partial s_2}{\partial n} = \dfrac{8\tau^4 n\delta^3(\tau^2 n\delta^2+\lambda)}{(2\tau^2 n\delta^2+\lambda)^2} > 0$，竞争强度越强，批发价格越有可能随 t 的增加

而增加。如果补贴是固定的，由于生产数量的增加会降低销售价格，企业的利

润随着生产数量先增加后减少。可以发现，补贴越高，产量越高（$\dfrac{\partial e_e^*}{\partial s} =$

$\dfrac{1}{2\tau^2 n\delta^2+(2-t)\lambda} > 0$）。因此，如果补贴低，生产数量就会低（$s \leqslant s_2$）。当 $t \leqslant t_{1e}^*$ 时，

公司可以通过提高批发价格来激励农户投入更多绿色生产努力。如果成本分担参

数变高（$t > t_{1e}^*$），公司将承担过高的成本；这样，公司就会降低批发价格。这是因

为补贴高的时候产量会高（$s > s_2$），这对企业来说是有害的。因此，当成本分担比

例较高时，公司将降低批发价格。由于 $\dfrac{\partial t_{1e}^*}{\partial s} < 0$，当补贴较高时，企业不太可能提

高批发价格。

如果补贴是内生的，企业分担的努力成本越多，批发价格就越高。由于提高

批发价格可以激励农户投入更多的绿色生产努力，同时命题 5.3 表明企业从补贴中获得的收益更多，因此企业倾向于激励农户投入更多的努力，从而政府将提供更多的补贴。

2）成本分担比例对成员利润和社会福利的影响

命题 5.5 如果补贴是外生的，当政府提供单位努力补贴且 $s > s_3^e$ 和政府提供单位产量补贴且 $s > s_3^q$ 时，企业可通过分担成本获得更多的利润；如果补贴是内生的，由于最优补贴随着成本分担比例的增大而减小，企业在分担成本时利润更小，其中 $s_3^e = \tau\left(-1+c+2\tau n\right)\delta + \dfrac{\lambda - t\lambda}{\delta}$，$s_3^q = -1+c+2\tau n + \dfrac{\lambda - t\lambda}{\tau\delta^2}$。

当固定的补贴较高时，企业可通过分担成本，获得更多的利润；然而，当固定的补贴较低时，如果它分担生产成本，它将获得较少的利润。当补贴为内生时，最优补贴总是随着成本分担比例的增大而减小。此外，命题 5.3 表明，随着补贴的增加，企业将获得更多的利润。因此，分担一部分生产成本对企业的利润是有害的。成本分担比例对农户利润的影响是复杂的，根据 Niu 等（2016）的研究，假设 $\tau = 0.028$，$c = 0.002$，根据 Cui 等（2018）的研究，假设 $\delta = 0.8$，意味着，每投入 1 单位的努力，增加 80%的产量，同时减少 1 单位的碳排放，并假设 $\lambda = 0.02$，$r = 0.2$，$e_0 = 0.3$，$n = 2$，$s = 0.001$。

从图 5.1 可以看出，农户的利润随着成本分担比例的增加先增加后减少。当补贴为外生性且较高时，企业可能受益于较高的成本分担比例，而农户则会遭受利润损失，因为在命题 5.4 中已经确认，当 t 高于阈值水平时，批发价格将随 t 的增大而减小。图 5.2 研究了成本分担比例对社会福利的影响，表明企业的成本分担有助于政府提高社会福利。

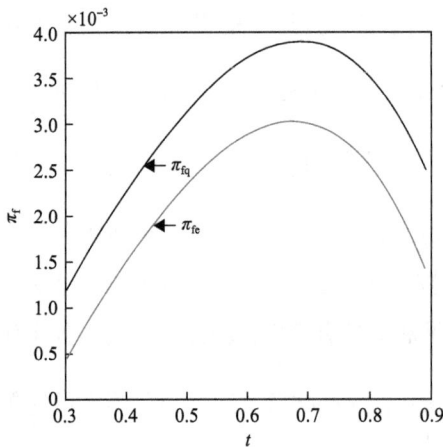

图 5.1 外生补贴下，t 对农户利润的影响　　图 5.2 外生补贴下，t 对社会福利的影响

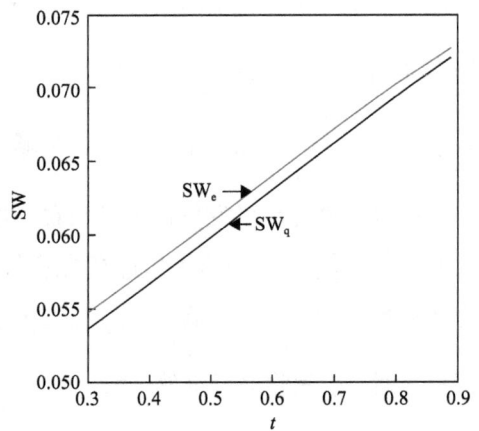

当补贴为内生时，农户的利润将线性依赖于 t。当绿色生产努力成本系数较高时，在单位努力补贴下，农户将通过企业成本分担获得更多的利润；否则，它的利润就会减少。但在单位产量补贴下，成本分担后农户获得的利润会减少（见本章附录）。

3. 环境破坏因子的影响

命题 5.6　当补贴为内生时，最优补贴、绿色生产努力和企业利润随 r 的增大而增大，批发价格和社会福利随 r 的增大而减小，当 $r > r_{14}$ 时，农户利润随 r 的增大而增大；否则，在单位努力补贴下，它随 r 的增大而减小。在单位产量补贴下，农户利润总是随 r 的增大而增大，其中，

$$r_{14} = \frac{2\tau^4 n^2 \delta^4 + \tau\left(-1 + c + 4\tau n + t - (c + \tau n)t\right)\delta^2 \lambda + \lambda^2}{4\tau^3 e_0 n \delta^3 + \tau e_0 \left(3 + t(-1 + \delta) - \delta\right)\delta\lambda}$$

当碳排放对环境的破坏越大时，政府增加补贴，导致农户增加绿色生产努力。在政府提供补贴时，生产数量越多，批发价越低；如果 $r > r_{14}$，则补贴增加和产量增加带来的利润收益大于批发价降低带来的利润损失。此外，由于 r_{14} 随 t 增加，当企业分担更多的生产成本时，农户的利润更有可能随 r 的增大而减小。然而，命题 5.1 显示企业的最优利润随着补贴的增加而增加，补贴也随着 r 的增加而增加；因此，随着 r 的增加，企业将获得更多的利润。由于 r_{14} 随着 n 的增加而增加，随着 r 的增加，竞争越强时，农户越容易获得较少的利润。

4. 竞争强度的影响

命题 5.7

（1）最优绿色生产努力总是随着竞争程度的增大而减小。

（2）当补贴内生时，如果 $r \leqslant (>) \dfrac{t\lambda}{4\tau e_0 \delta}$，最优补贴会随着竞争程度的增大而增大（减小）。

（3）当补贴外生时，最优批发价格随着竞争强度的增大而减小；当补贴内生时，如果 $r > \dfrac{\lambda}{4\tau e_0 \delta}$，最优批发价格随着竞争强度的增大而增大。

当农户处于竞争环境时，生产努力固定时，即 $p = 1 - \tau n(1 + \delta e)$ 同时 $\dfrac{\partial p}{\partial n} < 0$，最终销售价格随着竞争程度的增加而降低，如果竞争加剧，农户将失去生产的动力。命题 5.7（2）反映了竞争程度对最优补贴的影响取决于环境破坏因子。由于最

优补贴随 r 的增加而增加，当环境破坏因子较低时（$r < \dfrac{t\lambda}{4\tau e_0 \delta}$）时，最优补贴水平也相对较低。如果政府随着竞争程度的增加而继续提高补贴，由于政府支出昂贵，将对社会福利产生不利影响。特别是，如果企业不分担生产成本（$t=0$），则获得的补贴总是随着竞争程度的增加而减少。从命题 5.5 可知，最优补贴随着成本分担比例的增加而减少，因此鼓励企业分担生产成本，从而帮助政府激励绿色生产。

命题 5.7(2) 也表明，竞争程度对最优补贴的影响取决于成本分担比例。随着 t 的增加，最优补贴更容易随着竞争程度的增加而增加。然而，命题 5.5 表明，当企业分担生产成本时，如果补贴是内生的，企业只能获得较少的利润。因此，当补贴为内生时，成本分担将不利于企业的利润，但它可以帮助政府减轻促进绿色生产的经济压力。命题 5.7(3) 反映了最优批发价格并不总是随着竞争程度的增大而减小。补贴可以用来降低产品的价格（见命题5.3 $\dfrac{\partial w_e^*}{\partial s} < 0$, $\dfrac{\partial w_q^*}{\partial s} < 0$）。当补贴在更具破坏性的环境中（$r > \dfrac{\lambda}{4\tau e_0 \delta}$），随着竞争程度的增大而减小时，由于农户获得的补贴减少，批发价格可能会随着竞争程度的增加而增加。

图 5.3 和图 5.4 分别显示了竞争强度（n）对外生补贴与内生补贴下的社会福利的影响。可以看出，不同补贴政策下的社会福利随着竞争强度 n 的增加而增加，即更强的竞争强度有助于降低销售价格，从而增加消费者剩余，有利于提高社会福利。

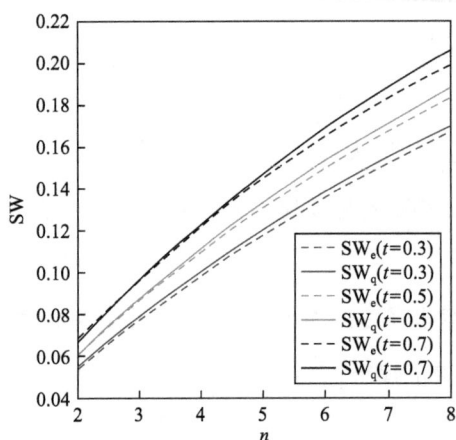

图 5.3　外生补贴下，n 对社会福利的影响　　图 5.4　内生补贴下，n 对社会福利的影响

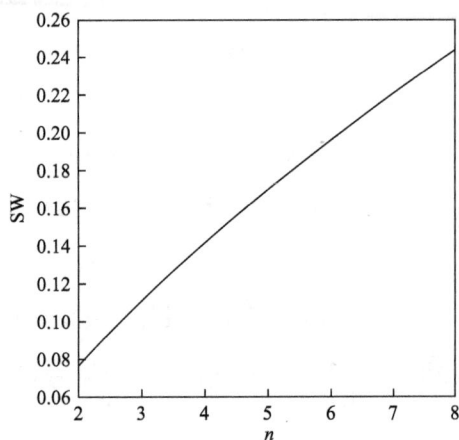

当补贴为外生时，单位产量补贴下的社会福利水平高于单位努力补贴下的社会福利水平（见图 5.3，$\mathrm{SW}_q^* > \mathrm{SW}_e^*$），且两种补贴政策之间的社会福利差距随着竞

争强度的增大而增大。但如果补贴是外生的，则可以确定 $\pi_{re}^* > \pi_{rq}^*$ 和 $e_e^* > e_q^*$。因此，影响 $SW_q^* > SW_e^*$ 的唯一因素为 $\pi_{fq}^* > \pi_{fe}^*$，即在补贴是外生的条件下，农户在单位产量补贴下可以获得更多的利润。

5.4　政府产量补贴

在本节中，分析单位产量补贴的影响。政府根据农户的产量提供农户单位补贴。农户选择绿色生产努力 e 来实现利润最大化：

$$\pi_{fq} = \left(w_q - c + s_q\right)\tau\left(1 + \delta e_q\right) - \frac{\lambda\left(1-t\right)e_q^2}{2}, \quad 0 \leqslant e_q \leqslant \overline{e} \tag{5.8}$$

令 $\dfrac{\partial \pi_{fq}}{\partial e_q} = 0$，得到的最优绿色生产努力如下：

$$e_q = \begin{cases} 0, & \dfrac{\tau\delta\left(c - s_q - w_q\right)}{\left(-1+t\right)\lambda} < 0 \\[3mm] \dfrac{\tau\delta\left(c - s_q - w_q\right)}{\left(-1+t\right)\lambda}, & 0 \leqslant \dfrac{\tau\delta\left(c - s_q - w_q\right)}{\left(-1+t\right)\lambda} \leqslant \overline{e} \\[3mm] \overline{e}, & \dfrac{\tau\delta\left(c - s_q - w_q\right)}{\left(-1+t\right)\lambda} > \overline{e} \end{cases} \tag{5.9}$$

因此，企业通过预估农户对绿色生产努力的最优反应，决定其批发价格，从而实现利润最大化：

$$\begin{aligned} \pi_{rq} &= \left(1 - w_q\right)\tau n\left(1 + \delta e_q\right) - \tau^2 n^2\left(1 + \delta e_q\right)^2 - \frac{\lambda n t e_q^2}{2} \\[2mm] &= \frac{1}{2}\tau n\left(-2\tau n\left(1 - \frac{\tau\delta^2\left(c - s_q - w_q\right)}{\left(1-t\right)\lambda}\right)^2 + 2\left(1 - \frac{\tau\delta^2\left(c - s_q - w_q\right)}{\left(1-t\right)\lambda}\right)\left(1 - w_q\right)\right. \\[2mm] &\quad \left. - \frac{\tau t\delta^2\left(c - s_q - w_q\right)^2}{\left(1-t\right)^2\lambda}\right) \end{aligned}$$

$$\text{s.t.} \quad c - s_q \leqslant w_q \leqslant c + \frac{\left(1-t\right)\overline{e}\lambda}{\tau\delta} - s_q \tag{5.10}$$

这使得

$$w_3 \triangleq \frac{2\tau^3 cn\delta^4 + \tau\big(c+(1-2\tau n)(1-t)\big)\delta^2\lambda - (1-t)^2\lambda^2 - \tau\delta^2\big(2\tau^2 n\delta^2+\lambda\big)s_q}{2\tau^3 n\delta^4 + \tau(2-t)\delta^2\lambda}$$

$$w_q^* = \begin{cases} c - s_q, & w_3 < c - s_q \\ w_3, & c - s_q \leqslant w_3 \leqslant c + \dfrac{(1-t)\overline{e}\lambda}{\tau\delta} - s_q \\ c + \dfrac{(1-t)\overline{e}\lambda}{\tau\delta} - s_q, & w_3 > c + \dfrac{(1-t)\overline{e}\lambda}{\tau\delta} - s_q \end{cases} \tag{5.11}$$

将式(5.11)代入式(5.9)，可得最优均衡产量：

$$e_q^* = \begin{cases} 0, & w_3 < c - s_q \\ \dfrac{\tau(1-c-2\tau n)\delta^2 - (1-t)\lambda + \tau\delta^2 s_q}{2\tau^2 n\delta^3 + (2-t)\delta\lambda}, & c - s_q \leqslant w_3 \leqslant c + \dfrac{(1-t)\overline{e}\lambda}{\tau\delta} - s_q \\ \overline{e}, & w_3 > c + \dfrac{(1-t)\overline{e}\lambda}{\tau\delta} - s_q \end{cases} \tag{5.12}$$

供应链成员利润、消费者效用和社会福利，可见 5.7.1 节。

社会福利函数可表示为

$$SW(s_q) = -\frac{\lambda n e_q^2}{2} + (1-c)\tau n(1+\delta e_q) - \tau n e_0 r(1+\delta e_q)(1-e_q) - \frac{\tau^2 n^2}{2}(1+\delta e_q)^2$$

$$\text{s.t. } \max\left\{0, -1+c+2\tau n + \frac{\lambda - t\lambda}{\tau\delta^2}\right\} \leqslant s_q \leqslant -1+c+2\tau(n+n\overline{e}\delta) + \frac{(1-t+(2-t)\overline{e}\delta)\lambda}{\tau\delta^2}$$

$$\tag{5.13}$$

为了方便解释，令

$$\overline{s}_2 = \frac{\tau^2\delta^3\big(\tau(1-c)n\delta + 2e_0 r(1-c-\tau n(1+\delta))\big) + \tau\delta\big((1+\tau n - c(1-t)-t)\delta + e_0 r(t-(2-t)\delta)\big)\lambda + (1-t)\lambda^2}{\tau\delta^2\big(\tau\delta(-2e_0 r + \tau n\delta) + \lambda\big)}$$

则可以得到命题 5.8 所示的最优补贴。

命题 5.8　当政府提供单位产量补贴时，最优补贴为：$s_q^* = \overline{s}_2$。

命题 5.9 当政府提供单位努力补贴时，企业将雇用 n 个农户并且满足：

$$\max\left\{0, -1+c+2\tau n + \frac{\lambda - t\lambda}{\tau\delta^2}\right\} \leqslant s_q(n) \leqslant \frac{(1-t+(2-t)\overline{e}\delta)\lambda}{\tau\delta^2} - 1 + c + 2\tau(n+n\overline{e}\delta) \quad \text{和}$$

$$n > \frac{2\tau e_0 r\delta - \lambda}{\tau^2\delta^2}。$$

这里的解释与命题 5.2 类似，故省略。关于批发价格、绿色生产努力、供应链成员利润、消费者剩余和社会福利的描述见 5.7.1 节。

5.5　不同补贴策略的比较分析

命题 5.10

(1) 当补贴为内生时，单位努力补贴优于单位产量补贴，在取得相同的降低污染的效果下，单位努力补贴下的政府支出更少。

(2) 当补贴是外生时，单位努力补贴可以导致更高的努力投入和更高的消费者剩余，也有助于降低产品的销售价格和批发价格。

(3) 当补贴是外生时，如果 $s > s_4 (s < s_4)$，单位产量补贴下的社会福利要大于（小于）单位努力补贴下的社会福利，其中：

$$s_4 = \frac{\begin{matrix} 2\tau^2\delta^3\left(\tau(1-c)n\delta + 2e_0r(1-c-\tau n(1+\delta))\right) + 2\tau\delta\left((1+\tau n - c(1-t)-t)\delta \right. \\ \left. +e_0r(t-(2-t)\delta)\right)\lambda + 2(1-t)\lambda^2 \end{matrix}}{\delta(1+\tau\delta)(\tau\delta(-2e_0r+\tau n\delta)+\lambda)}$$

从附录 5.7.2 节的证明可得，如果补贴是内生的，两种补贴下的最优批发价格和绿色生产努力是相等的，这意味着政府可以在减少污染和社会福利方面取得相同的结果。但是，单位努力补贴下的政府支出更小，因此，单位努力补贴将是政府更好的选择。这一发现与 Chen 等（2017）的结论相似，Chen 等（2017）发现减排创新补贴优于数量补贴，因为污染少，利润高。然而，本章考察了地方政府为实现社会福利最大化而内生化决定补贴的情况。研究发现，在单位努力补贴下，政府可以减少支出，但在减少污染方面的效果与单位产量补贴相同。当补贴是外生时，单位努力补贴也可以激励农户投入更多可持续的绿色生产努力。由于

$$s > (<)s_4，\quad \mathrm{SW}_q^* > (<)\mathrm{SW}_e^*，\quad \frac{\partial s_4}{\partial t} = \frac{2(\tau\delta((-1+c)\delta + e_0r(1+\delta)) - \lambda)\lambda}{\delta(1+\tau\delta)(\tau\delta(-2e_0r+\tau n\delta)+\lambda)} < 0，\text{当企业}$$

分担更多的努力成本时，建议政府在固定补贴的情况下，采取单位产量补贴。

5.6 本章小结

本章研究了由一个地方政府、一个主导企业和多个农户组成的三阶段博弈模型。作为零售商的企业可能与多个投资绿色生产的农户共同分担绿色生产成本，而地方政府则为农户提供单位努力补贴或单位产量补贴，以激励绿色生产。本章分别用外生补贴和内生补贴分析了企业成本分担与政府补贴之间的相互作用。主要研究结果如下。①当补贴为外生时，在两种补贴政策下，企业的最优利润随着补贴的增加而增加；农户最优利润随单位产量补贴的增加而增加，随单位努力补贴的增加而减少。②当补贴为外生时，企业可以通过较高的补贴分担绿色生产努力成本来获得更多的利润。然而，最优补贴随着成本分担比例的增大而减少。因此，当补贴为内生时，企业利润会随着成本分担比例的增加而减少。③当环境破坏因子越大时，政府将提供更高的补贴，激励农户投入更多的绿色生产努力。然而，由于政府支出的增加，社会福利也随着环境破坏因子的增加而减少。④当补贴为内生时，单位努力补贴优于单位产量补贴，在取得相同的降低污染的效果下，单位努力补贴下的政府支出更少。当补贴为外生时，如果企业分担更多的努力成本，建议政府采取单位产量补贴。未来可有以下研究：第一，企业的成本分担比例可以作为决策变量，企业也可以考虑消费者剩余进行决策。这将进一步深入了解企业在供应链互动中的角色。第二，生产努力在生产函数中的作用可能是不确定的。土壤和水质、肥料的质量和数量以及气候因素都同等重要，即使其中一个不是最优的，生产也会受到影响。因此，应考虑生产中的不确定性，并研究农户对这种不确定性的风险厌恶态度及其对应的影响。

5.7 本章附录

5.7.1 不同场景下的最优决策

1. 单位努力补贴

当补贴为外生时，企业利润表示为

$$\pi_{\mathrm{re}}^{*} = \frac{n\left(\tau^{2}\left(1-c\right)^{2}\delta^{4} + 2\tau\left(1-c-\tau nt\right)\delta^{2}\lambda + \left(1-t\right)^{2}\lambda^{2} + \delta s_{\mathrm{e}}\left(2\tau\left(1-c\right)\delta^{2} + 2\lambda + \delta s_{\mathrm{e}}\right)\right)}{4\tau^{2}n\delta^{4} + 2\left(2-t\right)\delta^{2}\lambda}$$

(5.14)

农户利润表示为

$$\pi_{\mathrm{fe}}^* = \frac{1}{2\left(2\tau^2 n\delta^3 + (2-t)\delta\lambda\right)^2}\left((-1+t)\lambda\left(\tau(1-c+2\tau n)\delta^2 - (-3+t)\lambda\right)\left(\tau(-1+c\right.\right.$$

$$+2\tau n)\delta^2 + \lambda - t\lambda) + \delta s_{\mathrm{e}}\left(-8\tau^4 n^2\delta^4 + 2\tau(1-4\tau n(2-t)-c(1-t)-t)\delta^2\lambda\right.$$

$$\left.\left.-2(3-(3-t)t)\lambda^2 + (1-t)\delta\lambda s_{\mathrm{e}}\right)\right)$$

$$(5.15)$$

消费者剩余为

$$\mathrm{CS}_{\mathrm{e}}^* = \frac{\tau^2 n^2 \left(\tau(1-c)\delta^2 + \lambda + \delta s_{\mathrm{e}}\right)^2}{2\left(2\tau^2 n\delta^2 + (2-t)\lambda\right)^2} \tag{5.16}$$

社会福利为

$$\mathrm{SW}_{\mathrm{e}}^* = \frac{2\tau\left(e_0 r(-1+\delta) + (-1+c+\tau n)\delta\right)\left(\tau(1-c-2\tau n)\delta^2 - (1-t)\lambda + \delta s_{\mathrm{e}}\right)}{2\tau^2 n\delta^3 + (2-t)\delta\lambda}$$

$$-\frac{1}{2}n\left(\tau(-2+2c+\tau n+2e_0 r) + \frac{\left(\tau\delta(-2e_0 r+\tau n\delta) + \lambda\right)\left(\tau(1-c-2\tau n)\delta^2 - (1-t)\lambda + \delta s_{\mathrm{e}}\right)^2}{\left(2\tau^2 n\delta^3 + (2-t)\delta\lambda\right)^2}\right)$$

$$(5.17)$$

当补贴为内生时，对应的批发价格为

$$w_{\mathrm{e}}^* = \frac{\tau^2\delta^3\left(\tau(-1+2c)n\delta + 2e_0 r(-1+\tau n(1+\delta))\right) + \tau\delta\left((c-\tau n(2-t))\delta \right.}{\tau\delta^2\left(\tau\delta(-2e_0 r+\tau n\delta) + \lambda\right)}$$

$$\frac{\left.+e_0 r(1-2t+\delta)\right)\lambda - (1-t)\lambda^2}{} \tag{5.18}$$

绿色生产努力为

$$e_{\mathrm{e}}^* = \frac{\tau e_0 r + \tau(1-c-\tau n - e_0 r)\delta}{\tau\delta(-2e_0 r + \tau n\delta) + \lambda} \tag{5.19}$$

企业和农户相应的利润表示为

$$\pi_{\mathrm{re}}^* = -\frac{1}{\left(\tau\delta(-2e_0 r+\tau n\delta) + \lambda\right)^2\left(4\tau^2 n\delta^4 + 2(2-t)\delta^2\lambda\right)}n\left(2\tau^2 n\delta^2 + (2-t)\lambda\right)\left(4\tau^3 n\delta^3\right.$$

$$\times\left((-1+c)\delta + e_0 r(1-t+\delta)\right)\lambda - 2\tau\delta\left(e_0 r(-2+3t) + (1-c-e_0 r)(2-t)\delta\right)\lambda^2 - 2(1$$

$$-t)\lambda^3 + \tau^2\delta^2\lambda\Big((1-c)^2(-2+t)\delta^2 + 2(1-c)e_0r(2-t)\delta(1+\delta) + e_0{}^2r^2\big(t(5$$

$$+\delta(2+\delta)\big) - 2(1+\delta)^2\big) - 2n(1-t)\lambda\Big) + \tau^4 n\delta^4\Big(-2\big((-1+c)\delta + e_0r(1+\delta)\big)^2 + nt\lambda\Big)\Big)$$

$$(5.20)$$

$$\pi_{\text{fe}}^* = \frac{1}{2\delta^2\big(\tau\delta(-2e_0r + \tau n\delta) + \lambda\big)^2}\Big(2\tau^3\delta^4(-2e_0r + \tau n\delta)\big(\tau(-1+c)n\delta + 2e_0r(-1+c$$

$$+\tau n(1+\delta))\big) + \tau^2\delta^2\Big(e_0{}^2r^2(-3+7t) + 2e_0r\big(-1+c+6\tau n - 3e_0r + (-1+c-3\tau n$$

$$+e_0r)t\big)\delta + \big(-2c(\tau n(-2+t) + (1-e_0r)(1-t)) - \tau^2n^2(3-t) + c^2(1-t) + (1-e_0r)^2$$

$$\times(1-t) + 2\tau n(-2+e_0r(4-t)+t)\big)\delta^2\Big)\lambda + 2\tau\delta\big(\tau n(-3+2t)\delta + e_0r(3-4t+\delta)\big)\lambda^2$$

$$-2(1-t)\lambda^3\Big)$$

$$(5.21)$$

消费者剩余为

$$\mathrm{CS}_e^* = \frac{\tau^2n^2\big(-\tau\delta\big((-1+c)\delta + e_0r(1+\delta)\big) + \lambda\big)^2}{2\big(\tau\delta(-2e_0r + \tau n\delta) + \lambda\big)^2}$$

$$(5.22)$$

社会福利为

$$\mathrm{SW}_e^* = \frac{\tau n\Big(2(1-c-e_0r)\lambda + \tau\big(\big((-1+c)\delta + e_0r(1+\delta)\big)^2 - n\lambda\big)\Big)}{2\big(\tau\delta(-2e_0r + \tau n\delta) + \lambda\big)}$$

$$(5.23)$$

2. 单位努力补贴

当补贴为外生时，企业利润表示为

$$\pi_{\text{rq}}^* = \frac{n\Big(\tau^2(1-c)^2\delta^4 + 2\tau(1-c-\tau nt)\delta^2\lambda + (1-t)^2\lambda^2 + \tau\delta^2 s_q\big(2\tau(1-c)\delta^2 + 2\lambda + \tau\delta^2 s_q\big)\Big)}{4\tau^2 n\delta^4 + 2(2-t)\delta^2\lambda}$$

$$(5.24)$$

农户利润表示为

$$\pi_{\text{fq}}^* = \frac{(-1+t)\lambda\big(\tau(-1+c-2\tau n)\delta^2 - (3-t)\lambda - \tau\delta^2 s_q\big)\big(\tau(1-c-2\tau n)\delta^2 - (1-t)\lambda + \tau\delta^2 s_q\big)}{2\big(2\tau^2 n\delta^3 + (2-t)\delta\lambda\big)^2}$$

$$(5.25)$$

消费者剩余为

$$CS_q^* = \frac{\tau^2 n^2 \left(\tau(1-c)\delta^2 + \lambda + \tau\delta^2 s_q\right)^2}{2\left(2\tau^2 n\delta^2 + (2-t)\lambda\right)^2}$$ (5.26)

社会福利为

$$SW_q^* = \frac{2\tau\left(e_0 r(-1+\delta) + (-1+c+\tau n)\delta\right)\left(\tau(1-c-2\tau n)\delta^2 - (1-t)\lambda + \tau\delta^2 s_q\right)}{2\tau^2 n\delta^3 + (2-t)\delta\lambda}$$
$$-\frac{1}{2}n\left(\tau(-2+2c+\tau n+2e_0 r)\right.$$
$$+\frac{\left(\tau\delta(-2e_0 r+\tau n\delta)+\lambda\right)\left(\tau(1-c-2\tau n)\delta^2 - (1-t)\lambda + \tau\delta^2 s_q\right)^2}{\left(2\tau^2 n\delta^3 + (2-t)\delta\lambda\right)^2}$$ (5.27)

当补贴是内生时，对应的批发价格为

$$w_q^* = \frac{\begin{array}{c}\tau^2\delta^3\left(\tau(-1+2c)n\delta + 2e_0 r(-1+\tau n(1+\delta))\right) + \tau\delta\left((c-\tau n(2-t))\delta\right.\\ +e_0 r(1-2t+\delta))\lambda - (1-t)\lambda^2\end{array}}{\tau\delta^2\left(\tau\delta(-2e_0 r+\tau n\delta)+\lambda\right)}$$ (5.28)

绿色生产努力为

$$e_q^* = \frac{\tau e_0 r - \tau(-1+c+\tau n+e_0 r)\delta}{\tau\delta(-2e_0 r+\tau n\delta)+\lambda}$$ (5.29)

企业和农户相应的利润表示为

$$\pi_{rq}^* = \frac{-1}{2\delta^2\left(\tau\delta(-2e_0 r+\tau n\delta)+\lambda\right)^2}n\left(4\tau^3 n\delta^3\left((-1+c)\delta + e_0 r(1-t+\delta)\right)\lambda - 2\tau\delta\left(e_0 r(-2\right.\right.$$
$$+3t) + (1-c-e_0 r)(2-t)\delta)\lambda^2 - 2(1-t)\lambda^3 + \tau^2\delta^2\lambda\left((1-c)^2(-2+t)\delta^2 + 2(1-c)\right.$$
$$\times e_0 r(2-t)\delta(1+\delta) + e_0^2 r^2\left(t(5+\delta(2+\delta)) - 2(1+\delta)^2\right) - 2n(1-t)\lambda\right) + \tau^4 n\delta^4$$
$$\times\left(-2\left((-1+c)\delta + e_0 r(1+\delta)\right)^2 + nt\lambda\right)\right)$$ (5.30)

$$\pi_{\mathrm{fq}}^* = \frac{\tau(-1+t)\big(e_0 r(-1+\delta)+(-1+c+\tau n)\delta\big)\lambda\big(\tau\delta\big((1-c+\tau n)\delta-e_0 r(3+\delta)\big)+2\lambda\big)}{2\delta\big(\tau\delta(-2e_0 r+\tau n\delta)+\lambda\big)^2}$$

$$(5.31)$$

消费者剩余为

$$\mathrm{CS}_{\mathrm{q}}^* = \frac{\tau^2 n^2\big(-\tau\delta\big((-1+c)\delta+e_0 r(1+\delta)\big)+\lambda\big)^2}{2\big(\tau\delta(-2e_0 r+\tau n\delta)+\lambda\big)^2}$$

$$(5.32)$$

社会福利为

$$\mathrm{SW}_{\mathrm{q}}^* = \frac{\tau n\Big(2(1-c-e_0 r)\lambda+\tau\big(\big((-1+c)\delta+e_0 r(1+\delta)\big)^2-n\lambda\big)\Big)}{2\big(\tau\delta(-2e_0 r+\tau n\delta)+\lambda\big)}$$

$$(5.33)$$

5.7.2 命题的证明

1. 命题 5.1 的证明

给定 s_{e} 下的社会福利可表示为

$$\mathrm{SW}_{\mathrm{e}} = \frac{\big(\tau\delta(-2e_0 r+\tau n\delta)+\lambda\big)\big(\tau(1-c-2\tau n)\delta^2-(1-t)\lambda+\delta s_{\mathrm{e}}\big)^2}{\big(2\tau^2 n\delta^3+(2-t)\delta\lambda\big)^2}-\frac{1}{2}n\tau\big(2+2c+\tau n$$

$$+2e_0 r\big)+\frac{2\tau\big(e_0 r(-1+\delta)+(-1+c+\tau n)\delta\big)\big(\tau(1-c-2\tau n)\delta^2-(1-t)\lambda+\delta s_{\mathrm{e}}\big)}{2\tau^2 n\delta^3+(2-t)\delta\lambda}$$

$$\text{s.t. } \max\left\{0,\tau(-1+c+2\tau n)\delta+\frac{\lambda-t\lambda}{\delta}\right\}\leqslant s_{\mathrm{e}}\leqslant\frac{\tau\delta^2\big(-1+c+2\tau(n+n\overline{e}\delta)\big)}{\delta}$$

$$+\big(1-t+(2-t)\overline{e}\delta\big)\lambda$$

$$\frac{\partial\mathrm{SW}(s_{\mathrm{e}})}{\partial s_{\mathrm{e}}} = -n\delta\left(\frac{\tau\big(e_0 r(-1+\delta)+(-1+c+\tau n)\delta\big)}{2\tau^2 n\delta^3+(2-t)\delta\lambda}+\frac{\big(\tau\delta(-2e_0 r+\tau n\delta)+\lambda\big)\big(\tau(1-c}{-2\tau n)\delta^2-(1-t)\lambda+\delta s_{\mathrm{e}}\big)}{\big(2\tau^2 n\delta^3+(2-t)\delta\lambda\big)^2}\right),$$

$$\frac{\partial^2 \mathrm{SW}(s_\mathrm{e})}{\partial s_\mathrm{e}^2} = -\frac{n\big(\tau\delta(-2e_0 r + \tau n\delta) + \lambda\big)}{\big(2\tau^2 n\delta^2 + (2-t)\lambda\big)^2}，当 \tau\delta(-2e_0 r + \tau n\delta) + \lambda > 0 时，存在 s = \overline{s}_1，$$

使得社会福利最大化。

2. 命题 5.2 的证明

$$\frac{\partial s_\mathrm{e}^*}{\partial r} = -\frac{\tau e_0\big(2\tau^2 n\delta^2 + (2-t)\lambda\big)\big(\tau\delta^2(-2 + 2c + \tau n(1+\delta)) - (1-\delta)\lambda\big)}{\big(\tau\delta(-2e_0 r + \tau n\delta) + \lambda\big)^2} > 0，\text{由于}$$

$$\max\left\{0, \tau(-1 + c + 2\tau n)\delta + \frac{\lambda - t\lambda}{\delta}\right\} \leqslant s_\mathrm{e} \leqslant \frac{\tau\delta^2\big(-1 + c + 2\tau(n + n\overline{e}\delta)\big) + \big(1 - t + (2-t)\overline{e}\delta\big)\lambda}{\delta}，\text{当 } r = r_{11} \text{ 时，}$$

$s_\mathrm{e} = 0$ ； 当 $r = \dfrac{(-1 + c + \tau n)\delta}{e_0(1-\delta)}$ 时， $s_\mathrm{e} = \tau(-1 + c + 2\tau n)\delta + \dfrac{\lambda - t\lambda}{\delta}$ ； 当 $r =$

$$\frac{\tau\delta(-1 + c + \tau(n + n\overline{e}\delta)) + \overline{e}\lambda}{\tau e_0(1 + (-1 + 2\overline{e})\delta)} \text{ 时，} \quad s_\mathrm{e} = \frac{\tau\delta^2\big(-1 + c + 2\tau(n + n\overline{e}\delta)\big) + \big(1 - t + (2-t)\overline{e}\delta\big)\lambda}{\delta}。\text{由此，可得}$$

$$\max\left\{r_{11}, \frac{(-1 + c + \tau n)\delta}{e_0(1-\delta)}\right\} \leqslant r \leqslant \frac{\tau\delta(-1 + c + \tau(n + n\overline{e}\delta)) + \overline{e}\lambda}{\tau e_0(1 - (1 - 2\overline{e})\delta)}。$$

3. 命题 5.3 的证明

当政府提供单位努力补贴时， $\dfrac{\partial \pi_\mathrm{re}^*}{\partial s_\mathrm{e}} = \dfrac{n\big(\tau(1-c)\delta^2 + \lambda + \delta s_\mathrm{e}\big)}{2\tau^2 n\delta^3 + (2-t)\delta\lambda} > 0$， $\dfrac{\partial \pi_\mathrm{fe}^*}{\partial s_\mathrm{e}} =$

$\dfrac{F_2(t)}{\big((-2+t)\lambda - 2\tau^2 n\big)^2}$ ， $F_2(t) \triangleq -4\tau^4 n^2\delta^4 + \tau(1 - c + 4\tau n(-2 + t) - t + ct)\delta^2\lambda - (3 -$

$(3-t)t)\lambda^2 + (1-t)\delta\lambda s_\mathrm{e}$ 。 由 于 $\max\left\{0, \tau(-1 + c + 2\tau n)\delta + \dfrac{\lambda - t\lambda}{\delta}\right\} \leqslant s_\mathrm{e} \leqslant$

$$\frac{\tau\delta^2(-1 + c + 2\tau(n + n\overline{e}\delta)) + (1 - t + (2-t)\overline{e}\delta)\lambda}{\delta}，\text{当 } s_\mathrm{e} = \frac{\tau\delta^2\big(-1 + c + 2\tau(n + n\overline{e}\delta)\big) + \big(1 - t + (2-t)\overline{e}\delta\big)\lambda}{\delta}$$

时，$F_2(t)\max = -\big(2\tau^2 n\delta^2 + (2-t)\lambda\big)\big(\lambda + \delta(2\tau^2 n\delta - (1-t)\overline{e}\lambda)\big)$。由于 $\lambda > \tau\delta(2e_0 r -$

$\tau n\delta)$， $\lambda + \delta\big(2\tau^2 n\delta - (1-t)\overline{e}\lambda\big) > \tau\delta\big(2e_0 r + \tau n\delta - (1-t)\overline{e}\delta(2e_0 r - \tau n\delta)\big) > 0$，因此，

$F_2(t)\max < 0$，$\dfrac{\partial \pi_{\text{fe}}^*}{\partial s_e} < 0$。

当政府提供单位产量补贴时，$\dfrac{\partial \pi_{\text{rq}}^*}{\partial s_q} = \dfrac{\tau n\left(\tau(1-c)\delta^2 + \lambda + \tau\delta^2 s_q\right)}{2\tau^2 n\delta^2 + (2-t)\lambda} > 0$，$\dfrac{\partial \pi_{\text{fq}}^*}{\partial s_q} =$

$\dfrac{\tau(-1+t)\lambda\left(\tau(-1+c)\delta^2 - \lambda - \tau\delta^2 s_q\right)}{\left(2\tau^2 n\delta^2 + (2-t)\lambda\right)^2} > 0$。

4. 命题 5.4 的证明

当补贴是外生时，$\max\left\{0, \tau(-1+c+2\tau n)\delta + \dfrac{\lambda - t\lambda}{\delta}\right\} \leqslant s_e \leqslant \dfrac{1}{\delta}\Big(\tau\delta^2\big(-1+c+2\tau \times$

$(n+n\overline{e}\delta)\big) + (1-t+(2-t)\overline{e}\delta)\lambda\Big)$，$\dfrac{\partial w_e^*}{\partial t} = \dfrac{\lambda F_1(t)}{\tau\left(2\tau^2 n\delta^3 + (2-t)\delta\lambda\right)^2}$，$F_1(t) \triangleq 2\tau^3 n(-1+$

$c+2\tau n)\delta^4 + \tau(-1+c+6\tau n-4\tau nt)\delta^2\lambda + (3-t)(1-t)\lambda^2 - \delta\left(2\tau^2 n\delta^2 + \lambda\right)s_e$。$F_1(t=$

$1) = \delta\left(2\tau^2 n\delta^2 + \lambda\right)\left(-\tau(1-c-2\tau n)\delta - s_e\right) < -(1-t)\lambda\left(2\tau^2 n\delta^2 + \lambda\right) < 0$，$F_1(t=0) =$

$2\tau^3 n(-1+c+2\tau n)\delta^4 + \tau(-1+c+6\tau n)\delta^2\lambda + 3\lambda^2 - \delta\left(2\tau^2 n\delta^2 + \lambda\right)s_e$，当 $s_e > (<)$

$\tau(-1+c)\delta + \dfrac{3\lambda}{\delta} + \dfrac{4\tau^4 n^2\delta^3}{2\tau^2 n\delta^2 + \lambda}$ 时，$F_1(t=0) < (>)0$。

当补贴是内生时，$\dfrac{\partial w_e^*}{\partial t} = \dfrac{\lambda}{\tau\delta^2} > 0$。

5. 命题 5.5 的证明

1) 单位努力补贴

当补贴是外生时，$\dfrac{\partial \pi_{\text{re}}^*}{\partial t} = -\dfrac{\begin{array}{c}n\lambda\left(\tau(-1+c+2\tau n)\delta^2 + \lambda - t\lambda - \delta s_e\right)\\ \times\left(\tau(1-c+2\tau n)\delta^2 + (3-t)\lambda + \delta s_e\right)\end{array}}{2\left(2\tau^2 n\delta^3 + (2-t)\delta\lambda\right)^2}$，$\dfrac{\partial \pi_{\text{re}}^*}{\partial t} > 0$。

$\dfrac{\partial e_e^*}{\partial t} = \dfrac{\lambda\left(\tau(1-c)\delta^2 + \lambda + \delta s_e\right)}{\delta\left(2\tau^2 n\delta^2 + (2-t)\lambda\right)^2} > 0$。

当补贴是内生时，$\dfrac{\partial \pi_{\text{re}}^*}{\partial t} = \dfrac{n\lambda F_1(r)}{2\delta^2\left(\tau\delta(-2e_0 r + \tau n\delta) + \lambda\right)^2}$，$F_1(r) \triangleq \tau^2\delta^2 \times$

$\Big(-\big((1-c)^2+\tau^2n^2\big)\delta^2+2e_0r\delta(1+2\tau n+\delta-c(1+\delta))-e_0^2r^2\big(5+\delta(2+\delta)\big)\Big)+2\tau\delta\big((-1+$

$c-\tau n)\delta+e_0r(3+\delta)\big)\lambda-2\lambda^2$ ；　当 $r=\dfrac{\tau\delta^2\big(1+2\tau n+\delta-c(1+\delta)\big)+(3+\delta)\lambda}{\tau e_0\delta\big(5+\delta(2+\delta)\big)}$ 时，

$F_1(r)\max=-\dfrac{\big(\tau\delta^2\big(-2+2c+\tau n(1+\delta)\big)-(1-\delta)\lambda\big)^2}{5+\delta(2+\delta)}<0$。因此，$\dfrac{\partial\pi_{\mathrm{re}}^*}{\partial t}<0$；$\dfrac{\partial\pi_{\mathrm{fe}}^*}{\partial t}=$

$\dfrac{\lambda F_1(\lambda)}{2\delta^2\big(\tau\delta(-2e_0r+\tau n\delta)+\lambda\big)^2}$ ，　$F_1(\lambda)=\tau^4n^2\delta^4-2\tau^3n\delta^3\big((-1+c)\delta+e_0r(3+\delta)\big)-$

$8\tau e_0r\delta\lambda+2\lambda^2-\tau^2\delta^2\big(-7e_0^2r^2+2e_0r(1-c-e_0r)\delta+(1-c-e_0r)^2\delta^2-4n\lambda\big)$。$\dfrac{\partial F_1(\lambda)}{\partial\lambda}=$

$4\big(\tau\delta(-2e_0r+\tau n\delta)+\lambda\big)>0$ ，　当 $\lambda>\sqrt{2\tau^2\delta^2\big(e_0r(-1+\delta)+(-1+c+\tau n)\delta\big)^2}+\tau\delta\times$

$(2e_0r-\tau n\delta)$ 时，$\dfrac{\partial\pi_{\mathrm{fe}}^*}{\partial t}>0$；$\dfrac{\partial s_{\mathrm{e}}^*}{\partial t}=\dfrac{\big(\tau\delta\big((-1+c)\delta+e_0r(1+\delta)\big)-\lambda\big)\lambda}{\delta\big(\tau\delta(-2e_0r+\tau n\delta)+\lambda\big)}<0$。

2) 单位产量补贴

$$n\lambda\big(\tau(-1+c+2\tau n)\delta^2+\lambda-t\lambda-\tau\delta^2s_{\mathrm{q}}\big)$$

当补贴是外生时，$\dfrac{\partial\pi_{\mathrm{rq}}^*}{\partial t}=-\dfrac{\times\big(\tau(1-c+2\tau n)\delta^2+(3-t)\lambda+\tau\delta^2s_{\mathrm{q}}\big)}{2\big(2\tau^2n\delta^3+(2-t)\delta\lambda\big)^2}$；由于 $s_{\mathrm{q}}>-$

$1+c+2\tau n+\dfrac{\lambda-t\lambda}{\tau\delta^2}$ ，则 $\dfrac{\partial\pi_{\mathrm{rq}}^*}{\partial t}>0$；$\dfrac{\partial e_{\mathrm{q}}^*}{\partial t}=\dfrac{\lambda\big(\tau(1-c)\delta^2+\lambda+\tau\delta^2s_{\mathrm{q}}\big)}{\delta\big(2\tau^2n\delta^2+(2-t)\lambda\big)^2}>0$。

当补贴是内生时，$\dfrac{\partial\pi_{\mathrm{rq}}^*}{\partial t}=\dfrac{n\lambda F_2(r)}{2\delta^2\big(\tau\delta(-2e_0r+\tau n\delta)+\lambda\big)^2}$ ，　$F_2(r)\triangleq\tau^2\delta^2\times$

$\Big(-\big((1-c)^2+\tau^2n^2\big)\delta^2+2e_0r\delta(1+2\tau n+\delta-c(1+\delta))-e^2r^2\big(5+\delta(2+\delta)\big)\Big)+2\tau\delta\big((-1+$

$c-\tau n)\delta+e_0r(3+\delta)\big)\lambda-2\lambda^2$ 。　当 $r=\dfrac{\tau\delta^2\big(1+2\tau n+\delta-c(1+\delta)\big)+(3+\delta)\lambda}{\tau e_0\delta\big(5+\delta(2+\delta)\big)}$ 时，

$F_2(r)\max=-\dfrac{\big(\tau\delta^2\big(-2+2c+\tau n(1+\delta)\big)-(1-\delta)\lambda\big)^2}{5+\delta(2+\delta)}<0$ ，因此，$\dfrac{\partial\pi_{\mathrm{rq}}^*}{\partial t}<0$。$\dfrac{\partial\pi_{\mathrm{fq}}^*}{\partial t}=$

$\dfrac{\tau\big(e_0r(-1+\delta)+(-1+c+\tau n)\delta\big)\lambda\big(\tau\delta\big((1-c+\tau n)\delta-e_0r(3+\delta)\big)+2\lambda\big)}{2\delta\big(\tau\delta(-2e_0r+\tau n\delta)+\lambda\big)^2}<0$。由　　于

$\tau\delta(-2e_0 r + \tau n\delta) + \lambda > 0$，则 $\tau\delta((1-c+\tau n)\delta - e_0 r(3+\delta)) + 2\lambda > 0$，因此，$\dfrac{\partial \pi_{\mathrm{fq}}^*}{\partial t} < 0$。

6. 命题 5.6 的证明

当政府提供单位努力补贴时，

$$\frac{\partial s_{\mathrm{e}}^*}{\partial r} = -\frac{\tau e_0\left(2\tau^2 n\delta^2 + (2-t)\lambda\right)\left(\tau\delta^2\left(-2+2c+\tau n(1+\delta)\right) - (1-\delta)\lambda\right)}{\left(\tau\delta(-2e_0 r + \tau n\delta) + \lambda\right)^2} > 0$$

$$\frac{\partial e_{\mathrm{e}}^*}{\partial r} = \frac{\tau e_0\left(-\tau\delta^2\left(-2+2c+\tau n(1+\delta)\right) + \lambda - \delta\lambda\right)}{\left(\tau\delta(-2e_0 r + \tau n\delta) + \lambda\right)^2} > 0$$

$$\frac{\partial \pi_{\mathrm{re}}^*}{\partial r} = \frac{\begin{array}{c}\tau e_0 n\left(\tau\delta\left((-1+c)\delta + er(1+\delta)\right) - \lambda\right)\left(2\tau^2 n\delta^2 + (2-t)\lambda\right)\\ \times\left(\tau\delta^2\left(-2+2c+\tau n(1+\delta)\right) - (1-\delta)\lambda\right)\end{array}}{\delta\left(\tau\delta(-2e_0 r + \tau n\delta) + \lambda\right)^3} > 0$$

$$\frac{\partial w_{\mathrm{e}}^*}{\partial r} = \frac{e_0\left(2\tau^2 n\delta^2 + \lambda\right)\left(\tau\delta^2\left(-2+2c+\tau n(1+\delta)\right) - (1-\delta)\lambda\right)}{\delta\left(\tau\delta(-2e_0 r + \tau n\delta) + \lambda\right)^2} < 0$$

$\dfrac{\partial \pi_{\mathrm{fe}}^*}{\partial r} = \dfrac{1}{\delta\left(\tau\delta(-2e_0 r + \tau n\delta) + \lambda\right)^3}\Big(\tau e_0\left(\tau\delta^2\left(-2+2c+\tau n(1+\delta)\right) - (1-\delta)\lambda\right)\left(2\tau^3 n\delta^3 \times \right.$

$(-2e_0 r + \tau n\delta) + \tau\delta\left((-1+c+4\tau n+t-(c+\tau n)t)\delta - e_0 r(3-t-\delta+t\delta)\right)\lambda + \lambda^2\Big)$；如果

$r > r_{14} = \dfrac{2\tau^4 n^2\delta^4 + \tau\left(-1+c+4\tau n+t-(c+\tau n)t\right)\delta^2\lambda + \lambda^2}{4\tau^3 e_0 n\delta^3 + \tau e_0\left(3+t(-1+\delta)-\delta\right)\delta\lambda}$，则 $\dfrac{\partial \pi_{\mathrm{fe}}^*}{\partial r} > 0$；否则，

$\dfrac{\partial \pi_{\mathrm{fe}}^*}{\partial r} < 0$。

$$\frac{\partial \mathrm{SW}_{\mathrm{e}}^*}{\partial r} = \frac{\begin{array}{c}\tau e_0 n\left(\tau\delta\left((-1+c)\delta + e_0 r(1+\delta)\right) - \lambda\right)\tau\left(-e_0 r(1+\delta) + \delta(-1+c\right.\\ \left.+\tau n(1+\delta)\right) + \lambda)\end{array}}{\left(\tau\delta(-2e_0 r + \tau n\delta) + \lambda\right)^2}$$，当 $r <$

$\dfrac{\tau\delta\left(-1+c+\tau(n+n\overline{e}\delta)\right) + \overline{e}\lambda}{\tau e_0\left(1+(-1+2\overline{e})\delta\right)}$ 时，可得 $\tau(-1+c+2re_0) - \lambda < \dfrac{(1+\overline{e}\delta)\left(\tau\delta^2(-2+2c\right.}{1-(1-2\overline{e})\delta}$
$\dfrac{+\tau n(1+\delta)) + (-1+\delta)\lambda)}{}$

$$< 0 , \quad \tau\big(\delta(-1+c+\tau n(1+\delta))-e_0 r(1+\delta)\big)+\lambda > \dfrac{\begin{array}{c}(1-\overline{e})\big(\tau\delta^2\big(2-2c-\tau n(1+\delta)\big)\\[2pt] +(1-\delta)\lambda\big)\end{array}}{1-(1-2\overline{e})\delta} > 0 ;$$

因此，$\dfrac{\partial \mathrm{SW}_{\mathrm{e}}^{*}}{\partial r} < 0$。

$$\frac{\partial r_{14}}{\partial t}=-\frac{\lambda\big(2\tau^2 n\delta^2+\lambda\big)\big(\tau\delta^2\big(-2+2c+\tau n(1+\delta)\big)-(1-\delta)\lambda\big)}{\tau e_0 \delta\big(4\tau^2 n\delta^2+\big(3-t(1-\delta)-\delta\big)\lambda\big)^2} > 0$$

当政府提供单位产量补贴时，r 对最优绿色生产努力、批发价格和社会福利的影响与单位努力补贴时相同，因为 $e_{\mathrm{e}}^{*}=e_{\mathrm{q}}^{*}$，$w_{\mathrm{e}}^{*}=w_{\mathrm{q}}^{*}$，$\mathrm{SW}_{\mathrm{e}}^{*}=\mathrm{SW}_{\mathrm{q}}^{*}$。由于 $\tau\delta^2\times$ $\big(-2+2c+\tau n(1+\delta)\big)-(1-\delta)\lambda < 2\tau\delta\big(e_0 r(-1+\delta)+(-1+c+\tau n)\delta\big) < 0$，$\tau\delta\big((-1+c)\times$ $\delta+e_0 r(1+\delta)\big)-\lambda < \tau\delta\big(e_0 r(-1+\delta)+(-1+c+\tau n)\delta\big) < 0$，可得 $\dfrac{\partial s_{\mathrm{q}}^{*}}{\partial r}=-$

$$\frac{e_0\big(2\tau^2 n\delta^2+(2-t)\lambda\big)\big(\tau\delta^2\big(-2+2c+\tau n(1+\delta)\big)-(1-\delta)\lambda\big)}{\delta\big(\tau\delta(-2e_0 r+\tau n\delta)+\lambda\big)^2} > 0 , \qquad \frac{\partial \pi_{\mathrm{fq}}^{*}}{\partial r}=$$

$$\frac{\tau e_0(1-t)\big(\tau\delta\big((-1+c)\delta+e_0 r(1+\delta)\big)-\lambda\big)\lambda\big(\tau\delta^2\big(-2+2c+\tau n(1+\delta)\big)-(1-\delta)\lambda\big)}{\delta\big(\tau\delta(-2e_0 r+\tau n\delta)+\lambda\big)^3} > 0 ,$$

$$\frac{\partial \pi_{\mathrm{rq}}^{*}}{\partial r}=\frac{\begin{array}{c}\tau e_0 n\big(\tau\delta\big((-1+c)\delta+e_0 r(1+\delta)\big)-\lambda\big)\big(2\tau^2 n\delta^2+(2-t)\lambda\big)\\[2pt] \times\big(\tau\delta^2\big(-2+2c+\tau n(1+\delta)\big)-(1-\delta)\lambda\big)\end{array}}{\delta\big(\tau\delta(-2e_0 r+\tau n\delta)+\lambda\big)^3} > 0。$$

7. 命题 5.7 的证明

1）单位努力补贴

当补贴是外生时，$\dfrac{\partial e_{\mathrm{e}}^{*}}{\partial n}=\dfrac{2\tau^2\delta\big(\tau(-1+c)\delta^2-\lambda-\delta s_{\mathrm{e}}\big)}{\big(2\tau^2 n\delta^2+(2-t)\lambda\big)^2} < 0$，$\dfrac{\partial w_{\mathrm{e}}^{*}}{\partial n}=$

$$\frac{2\tau(1-t)\lambda\big(\tau(-1+c)\delta^2-\lambda-\delta s_{\mathrm{e}}\big)}{\big(2\tau^2 n\delta^2+(2-t)\lambda\big)^2} < 0。$$

当补贴是内生时，$\dfrac{\partial w_{\mathrm{e}}^{*}}{\partial n} = -\dfrac{\tau\left(4\tau e_0 r\delta - \lambda\right)\left(\tau\delta\left((-1+c)\delta + e_0 r(1+\delta)\right) - \lambda\right)}{\left(\tau\delta(-2e_0 r + \tau n\delta) + \lambda\right)^2}$，当

$r \leqslant (>)\dfrac{\lambda}{4\tau e_0\delta}$ 时，$\dfrac{\partial w_{\mathrm{e}}^{*}}{\partial n} \leqslant (>)0$；$\dfrac{\partial s_{\mathrm{e}}^{*}}{\partial n} = \dfrac{\tau^2\delta\left(\tau\delta\left((-1+c)\delta + e_0 r(1+\delta)\right) - \lambda\right) \times (4\tau e_0 r\delta - t\lambda)}{\left(\tau\delta(-2e_0 r + an\delta) + \lambda\right)^2}$，当

$r \leqslant (>)\dfrac{t\lambda}{4\tau e_0\delta}$ 时，$\dfrac{\partial s_{\mathrm{e}}^{*}}{\partial n} > (\leqslant)0$；$\dfrac{\partial e_{\mathrm{e}}^{*}}{\partial n} = \dfrac{\tau^2\delta\left(\tau\delta\left((-1+c)\delta + e_0 r(1+\delta)\right) - \lambda\right)}{\left(\tau\delta(-2e_0 r + \tau n\delta) + \lambda\right)^2} < 0$。

2) 单位产量补贴

当补贴是外生时，$\dfrac{\partial e_{\mathrm{q}}^{*}}{\partial n} = \dfrac{2\tau^2\delta\left(\tau(-1+c)\delta^2 - \lambda - \tau\delta^2 s_{\mathrm{q}}\right)}{\left(2\tau^2 n\delta^2 + (2-t)\lambda\right)^2} < 0$，$\dfrac{\partial w_{\mathrm{q}}^{*}}{\partial n} =$

$\dfrac{2\tau(1-t)\lambda\left(\tau(-1+c)\delta^2 - \lambda - \tau\delta^2 s_{\mathrm{q}}\right)}{\left(2\tau^2 n\delta^2 + (2-t)\lambda\right)^2} < 0$。

当补贴是内生时，$\dfrac{\partial w_{\mathrm{q}}^{*}}{\partial n} = -\dfrac{\tau\left(4\tau e_0 r\delta - \lambda\right)\left(\tau\delta\left((-1+c)\delta + e_0 r(1+\delta)\right) - \lambda\right)}{\left(\tau\delta(-2e_0 r + \tau n\delta) + \lambda\right)^2}$，当

$r \leqslant (>)\dfrac{\lambda}{4\tau e_0\delta}$ 时，$\dfrac{\partial w_{\mathrm{q}}^{*}}{\partial n} \leqslant (>)0$；$\dfrac{\partial s_{\mathrm{q}}^{*}}{\partial n} = \dfrac{\tau\left(\tau\delta\left((-1+c)\delta + e_0 r(1+\delta)\right) - \lambda\right) \times (4\tau e_0 r\delta - t\lambda)}{\left(\tau\delta(-2e_0 r + \tau n\delta) + \lambda\right)^2}$，当

$r \leqslant (>)\dfrac{t\lambda}{4\tau e_0\delta}$ 时，$\dfrac{\partial s_{\mathrm{q}}^{*}}{\partial n} > (\leqslant)0$；$\dfrac{\partial e_{\mathrm{q}}^{*}}{\partial n} = \dfrac{\tau^2\delta\left(\tau\delta\left((-1+c)\delta + e_0 r(1+\delta)\right) - \lambda\right)}{\left(\tau\delta(-2e_0 r + \tau n\delta) + \lambda\right)^2} < 0$。

命题 5.8 和命题 5.9 的证明与命题 5.2 类似，故省略。

8. 命题 5.10 的证明

(1) 当补贴是内生时，$\dfrac{\overline{s}_2}{\overline{s}_1} = \dfrac{1}{\tau\delta} > 1$，$\overline{s}_2 > \overline{s}_1$，$e_{\mathrm{q}}^{*} = e_{\mathrm{e}}^{*}$，$w_{\mathrm{q}}^{*} = w_{\mathrm{e}}^{*}$，$\mathrm{SW}_{\mathrm{q}}^{*} = \mathrm{SW}_{\mathrm{e}}^{*}$。
如果政府提供单位努力补贴，政府的总支出可表示为 $S_{\mathrm{e}} = \overline{s}_1 n e_{\mathrm{e}}^{*}$。如果政府提供单位产量补贴，政府的总支出可表示为 $S_{\mathrm{q}} = \overline{s}_2\left(1 + \delta e_{\mathrm{q}}^{*}\right)n$；因此，$\dfrac{S_{\mathrm{e}}}{S_{\mathrm{q}}} = \dfrac{\delta e_{\mathrm{e}}^{*}}{1 + \delta e_{\mathrm{e}}^{*}} < 1$。

（2）当补贴是外生时，$e_q^* - e_e^* = \dfrac{s(-1+\tau\delta)}{2\tau^2 n\delta^2 + (2-t)\lambda} < 0$，$w_q^* - w_e^* = \dfrac{\begin{array}{c}s(1-\tau\delta)\\ \times(2\tau^2 n\delta^2 + \lambda)\end{array}}{2\tau^3 n\delta^3 \\ -\tau(-2+t)\delta\lambda}$

> 0，$\mathrm{CS}_q^* - \mathrm{CS}_e^* = \dfrac{\begin{array}{c}s\delta\tau^2 n^2(\tau\delta - 1)(\tau(2-2c+s)\\ \times\delta^2 + \delta s + 2\lambda)\end{array}}{2(2\tau^2 n\delta^2 + (2-t)\lambda)^2} < 0$，$\mathrm{SW}_q^* - \mathrm{SW}_e^* = \dfrac{ns(1-\tau\delta)F(s)}{2\delta(2\tau^2 n\delta^2 \\ +(2-t)\lambda)^2}$，

$F(s) = \tau\delta^2\left(\tau n\delta\left(s + \tau(-2+2c+s)\delta\right) + 2e_0 r\left(-s(1+\tau\delta) + 2\tau\delta(-1+c+\tau n(1+\delta))\right)\right) +$

$\delta\left(s - 2\tau e_0 rt + \tau(-2+2c-2\tau n + 4e_0 r + s - 2(-1+c+e_0 r)t)\delta\right)\lambda + 2(-1+t)\lambda^2$，$\dfrac{\partial F(s)}{\partial s} =$

$\delta(1+\tau\delta)\left(\tau\delta(-2e_0 r + \tau n\delta) + \lambda\right) > 0$，$F(s_4) = 0$，当 $s > (\leqslant)s_4$ 时，$\mathrm{SW}_q^* > (\leqslant)\mathrm{SW}_e^*$。

第6章 考虑质量分级的农产品供应链订货
与定价策略研究

6.1 概　述

随着市场消费需求的升级，农产品的供给质量已成为人们关注的热点问题。农产品质量安全问题和绿色有机等是影响农产品可持续发展的重要因素。消费者由于农产品存在的质量差异可能有不同的需求。批发和代理相结合的混合模式成为主流销售模式（林晓刚等，2023）。农产品供应链前端的零售商，如果对农产品采取混装混销，既不利于农产品以质论价销售，也无法满足不同层次消费者的需求，只有当农产品的真实质量较高时，线下零售商才会披露农产品的真实质量（谭春桥和曾雨晴，2023）。同时"以次充好"的产品将会直接影响到消费者对农产品的满意度和购买决策，不利于零售商的经营。这些为农产品质量分级的实施提供了良好的契机，促进了农产品按质定价的良好发展。消费者对农产品的质量偏好，通过不同质量等级产品价格信息得以体现，消费者溯源偏好有助于提高农产品零售价格（姚锋敏等，2023），能够帮助零售商对农产品进行按质定价，实现供需的合理匹配。农民在不同的价格合同中获得更大的边际效益，促使零售商选择不同的采购合同（Zhong et al.，2023）。在发达国家，农产品质量分级是实现农业现代化发展的必要条件，也是满足市场多层次需求和提高农产品市场交易效率的重要工具。因此，农产品质量分级是我国农产品质量提升、促进农业标准化发展的重要因素。但是对农产品进行质量分级，不能简单将其他国家和地区的经验进行复制，农产品的价格和收成产出是不确定与负相关的（Xie et al.，2024）。因为农产品质量分级标准的设定及实施，直接影响到消费者、生产者、零售商等相关主体的福利，并且和农产品的质量分布特征紧密相关。农产品的质量分级应该体现消费者对不同质量特征的偏好，质量分级越是贴近市场需求和偏好，越能帮助提升农产品的质量。但同样在实践中，也有部分零售商由于经营观念落后或者为了简化定价模式、减少管理成本，可能采用混合销售的方式来销售产品，即将高质量和低质量的农产品混合在一起，按照同样的价格进行销售。

鉴于此，本章主要考虑非竞争环境下垄断零售商对农产品采取分级销售时，如何确立最优的质量分级标准、销售价格以及订货量使得经营利润实现最大化。本章在考虑消费者行为偏好的基础上利用消费者质量选择模型构建了消费者对不同质量等级农产品的需求函数，同时结合农产品质量分布特征构建了农产品质量分级的基本模型，以零售商农产品经营利润最大化为决策目标进行模型求解分析，并与混合销售策略进行了对比，突出零售商对农产品采取质量分级的意义。基于消费者偏好而采取的农产品分级策略能够更好地促进农产品优质优价的发展。

6.2　质量分级策略下零售商最优分级和定价订货策略

6.2.1　模型假设及建立

在农产品销售季，零售商在利润驱动下会根据一定的质量标准将农产品分成两个质量等级单独销售，通过对农产品按质定价满足消费者多层次的需求偏好从而获取更高的经营利润。假设在销售季前，零售商从果园采购 Q 数量的农产品，产品质量水平 $R \in [r_L, 1]$，$r_L > 0$。其中 r_L 为农产品的最低质量水平，1 为农产品的最高质量水平。当销售季来临，零售商为了满足消费者多层次的质量需求偏好，以质量水平 r 为分级标准将农产品分成高、低两个质量等级进行销售。当 $R \in [r_L, r]$ 时，产品为低质量产品，$R \in (r, 1]$ 时，产品为高质量产品。零售商对高、低质量等级的产品进行定价，分别以 $P_i (i \in \{H, L\})$ 表示。农产品的单位成本为 C，市场潜在需求规模为 D。

本节的具体假设如下。

(1) 产品的质量水平 R 服从 $[r_L, 1]$ 上的随机分布函数，其概率密度函数为 $f(x)$，累积分布函数为 $F(x)$。

(2) 销售季结束后，高、低质量等级农产品的残值为 0，不考虑销售期结束后的产品缺货成本。

(3) 零售商在采购过程中保护措施较好，不考虑农产品采购过程中的数量折损。

(4) 零售商在销售季为了区别农产品的质量等级，帮助消费者识别产品的质量差异性，会标明不同等级农产品的质量范围，例如，一级褚橙(M 型)的重量范围为 90～125 克、优级褚橙(L 型)的重量范围为 125～175 克。

(5) 农产品质量只分为高、低两个质量等级，工艺简单，农产品的分级成本忽略不计。

根据以上假设，得到农产品质量分级的基本模型，如图 6.1 所示。

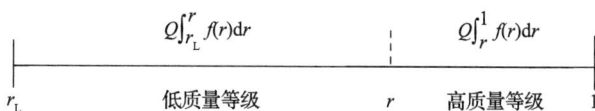

图 6.1　农产品的质量分级基本模型

本节涉及的参数及变量符号如表 6.1 所示。

表 6.1 符号说明

符号	含义
D	农产品的市场潜在需求规模
r_L	农产品的最低质量水平
C	农产品的单位成本
Q	零售商的农产品订货量
r	农产品质量等级划分标准，$r \in [r_L, 1]$
P_H	高质量等级农产品的零售价
P_L	低质量等级农产品的零售价
D_i	i 质量等级农产品的市场实际需求量，$i \in \{H, L\}$
Q_i	i 质量等级农产品的实际订货量，$i \in \{H, L\}$
α_i	消费者选择购买 i 质量等级农产品的概率，$i \in \{H, L\}$
R	农产品的质量水平，$R \in [r_L, 1]$
Π	零售商的产品销售利润

由于消费者对不同质量等级产品的购买选择具有一定的偏好性，因而对于研究不同质量等级产品的消费者需求，可以借鉴 Tirole(1988)的质量选择模型。消费者的效用函数可以表示为

$$U_i = q_i \theta - P_i, \ i \in \{H, L\} \tag{6.1}$$

其中，q 为产品的质量水平；P 为产品的销售价格；θ 为消费者对产品的支付意愿，服从[0,1]上的均匀分布；i 为变量，$i = H$ 表示高质量等级，$i = L$ 表示低质量等级。

由于农产品具有一定的自然特性，很难具有统一的质量水平。此外，市场信息具有不完全性，消费者只能通过零售商公开的部分信息了解到产品的最低和最高质量水平。因而，这里假设消费者采用简单的平均质量水平估计高、低质量等级产品的质量水平，即 $q_H = \dfrac{1+r}{2}$，$q_L = \dfrac{r+r_L}{2}$，代入式(6.1)可以分别得到两个质量等级产品的消费者效用：

$$\begin{cases} U_H = \dfrac{r+1}{2}\theta - P_H \\ U_L = \dfrac{r+r_L}{2}\theta - P_L \end{cases} \tag{6.2}$$

一般情况下，零售商对自己采购的产品质量情况比较了解，可以通过具体的函数来描述产品的质量分布情况。由上面的问题描述与假设可知两个等级产品的实际订货量为

$$
\begin{cases}
Q_{\mathrm{H}} = Q\displaystyle\int_{r}^{1} f(x)\,\mathrm{d}x \\
Q_{\mathrm{L}} = Q\displaystyle\int_{r_{\mathrm{L}}}^{r} f(x)\,\mathrm{d}x
\end{cases}
\tag{6.3}
$$

其中，Q_{H} 为高质量等级农产品的订货量；Q_{L} 为低质量等级农产品的订货量。

在本节中，假设消费者在销售期内只购买两个质量等级的其中一个等级产品。每一个理性的消费者会选择能够实现效用最大化的产品。

消费者购买高质量等级产品的概率为

$$
\alpha_{\mathrm{H}} = P\{U_{\mathrm{H}} > U_{\mathrm{L}}, U_{\mathrm{H}} \geqslant 0\} = P\left\{\theta > \frac{2(P_{\mathrm{H}} - P_{\mathrm{L}})}{1 - r_{\mathrm{L}}}, \theta \geqslant \frac{2P_{\mathrm{H}}}{r + 1}\right\}
\tag{6.4}
$$

消费者购买低质量等级产品的概率为

$$
\alpha_{\mathrm{L}} = P\{U_{\mathrm{L}} > U_{\mathrm{H}}, U_{\mathrm{L}} \geqslant 0\} = P\left\{\frac{2P_{\mathrm{L}}}{r + r_{\mathrm{L}}} \leqslant \theta < \frac{2(P_{\mathrm{H}} - P_{\mathrm{L}})}{1 - r_{\mathrm{L}}}\right\}
\tag{6.5}
$$

因此，消费者购买高、低质量等级农产品的数量分别为

$$
\begin{cases}
D_{\mathrm{H}} = D\alpha_{\mathrm{H}} \\
D_{\mathrm{L}} = D\alpha_{\mathrm{L}}
\end{cases}
\tag{6.6}
$$

在本节中，零售商根据两种质量等级产品的实际数量进行价格决策，零售商的目标是实现利润最大化，即

$$
\max \Pi = P_{\mathrm{H}} \min\{Q_{\mathrm{H}}, D_{\mathrm{H}}\} + P_{\mathrm{L}} \min\{Q_{\mathrm{L}}, D_{\mathrm{L}}\} - CQ
\tag{6.7}
$$

其中，$D_i (i \in \{\mathrm{H}, \mathrm{L}\})$ 为两种质量等级产品的实际需求量。消费者对产品的需求受到产品的销售价格、产品等级划分标准的影响。

引理 6.1　根据给定的产品市场潜在需求规模 D，基于质量选择模型可以分别得到消费者对两个质量等级产品的实际需求量，如表 6.2 所示。

根据上述计算可以发现，在产生市场需求的情况下，消费者对产品的实际需求主要分为以下三种情况，如图 6.2 所示。

表 6.2　高、低质量等级产品的实际需求量

条件	D_{H}	D_{L}
$\dfrac{P_{\text{L}}}{r+r_{\text{L}}} \leqslant \dfrac{P_{\text{H}}}{1+r} \leqslant \dfrac{(P_{\text{H}}-P_{\text{L}})}{1-r_{\text{L}}}, \dfrac{2(P_{\text{H}}-P_{\text{L}})}{1-r_{\text{L}}} > 1$	0	$D\left[1 - \dfrac{2P_{\text{L}}}{r+r_{\text{L}}}\right]$
$\dfrac{P_{\text{L}}}{r+r_{\text{L}}} \leqslant \dfrac{P_{\text{H}}}{1+r} \leqslant \dfrac{(P_{\text{H}}-P_{\text{L}})}{1-r_{\text{L}}} \leqslant \dfrac{1}{2}$	$D\left[1 - \dfrac{2(P_{\text{H}}-P_{\text{L}})}{1-r_{\text{L}}}\right]$	$D\left[\dfrac{2(P_{\text{H}}-P_{\text{L}})}{1-r_{\text{L}}} - \dfrac{2P_{\text{L}}}{r+r_{\text{L}}}\right]$
$\dfrac{(P_{\text{H}}-P_{\text{L}})}{1-r_{\text{L}}} \leqslant \dfrac{P_{\text{H}}}{r+1} \leqslant \dfrac{P_{\text{L}}}{r+r_{\text{L}}}, \dfrac{P_{\text{H}}}{r+1} \leqslant \dfrac{1}{2}$	$D\left[1 - \dfrac{2P_{\text{H}}}{r+1}\right]$	0

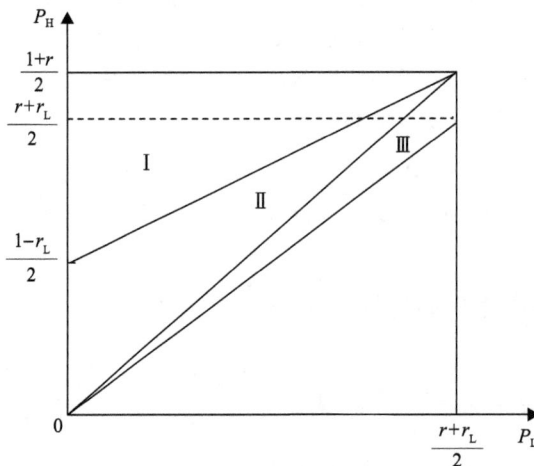

图 6.2　农产品的实际市场需求情况

　　区域 I 表示：所有购买产品的消费者都选择购买高质量等级产品。

　　区域 II 表示：购买产品的消费者一部分选择购买高质量等级产品，另一部分选择购买低质量产品。

　　区域 III 表示：所有购买产品的消费者都选择购买低质量等级产品。

6.2.2　模型分析

　　在本节中，为了使研究更具有实际意义，主要考虑图 6.2 中区域 II 对应的产品市场需求情况，即两个质量等级的产品都具有一定的市场需求。此时需要满足条件：$\dfrac{P_{\text{L}}}{r+r_{\text{L}}} \leqslant \dfrac{P_{\text{H}}}{1+r} \leqslant \dfrac{(P_{\text{H}}-P_{\text{L}})}{1-r_{\text{L}}} \leqslant \dfrac{1}{2}$，便于分析零售商在经营两个质量等级农产品时如何确定最优订货量、分级标准以及定价。

　　在该种情况下，所有选择购买产品的消费者分为两个部分，一部分选择购买高质量等级产品，另一部分选择购买低质量产品。消费者对高、低两个等级产品

的需求分别为

$$
\begin{cases}
D_{\mathrm{H}} = D\left[1 - \dfrac{2(P_{\mathrm{H}} - P_{\mathrm{L}})}{1 - r_{\mathrm{L}}}\right] \\[4mm]
D_{\mathrm{L}} = D\left[\dfrac{2(P_{\mathrm{H}} - P_{\mathrm{L}})}{1 - r_{\mathrm{L}}} - \dfrac{2P_{\mathrm{L}}}{r + r_{\mathrm{L}}}\right]
\end{cases}
\tag{6.8}
$$

零售商的利润函数可以表示为

$$
\max \varPi = P_{\mathrm{H}} \min\left\{D\left[1 - \frac{2(P_{\mathrm{H}} - P_{\mathrm{L}})}{1 - r_{\mathrm{L}}}\right], Q\int_{r}^{1} f(x)\mathrm{d}x\right\} \min\left\{D\left[\frac{2(P_{\mathrm{H}} - P_{\mathrm{L}})}{1 - r_{\mathrm{L}}} - \frac{2P_{\mathrm{L}}}{r + r_{\mathrm{L}}}\right],\right.
$$

$$
\left. Q\int_{r_{\mathrm{L}}}^{r} f(x)\mathrm{d}x\right\} - CQ
$$

$$
\tag{6.9}
$$

根据零售商的利润函数，可以得到高、低质量等级产品的四种供需关系。如图 6.3 所示。

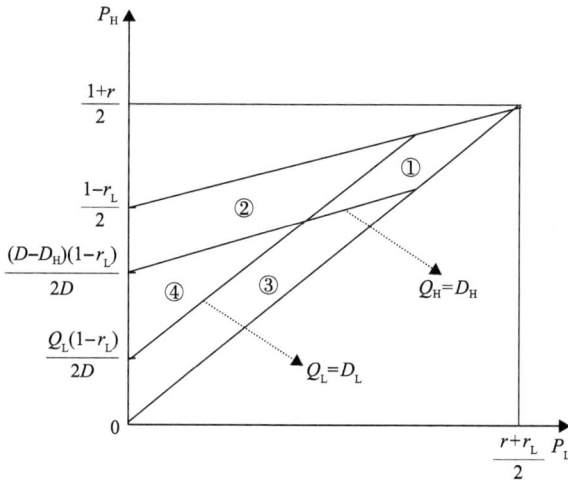

图 6.3　价格引导下高、低质量等级产品的供需关系

区域①表示：农产品高质量和低质量等级都供过于求，即 $Q_{\mathrm{H}} \geqslant D_{\mathrm{H}}$，$Q_{\mathrm{L}} \geqslant D_{\mathrm{L}}$。

区域②表示：农产品高质量等级供过于求，低质量等级供不应求，即 $Q_{\mathrm{H}} > D_{\mathrm{H}}$，$Q_{\mathrm{L}} < D_{\mathrm{L}}$。

区域③表示：农产品高质量等级供不应求，低质量等级供过于求，即 $Q_{\mathrm{H}} < D_{\mathrm{H}}$，$Q_{\mathrm{L}} > D_{\mathrm{L}}$。

区域④表示：农产品高质量等级和低质量等级都供不应求，即 $Q_H < D_H$，$Q_L < D_L$。

在该部分，为了易于分析，假设产品质量水平服从 $[r_L,1]$ 上的均匀分布，进行初步的探索。

因此，高、低质量等级产品的实际订货量分别为

$$\begin{cases} Q_H = \dfrac{1-r}{1-r_L}Q \\[2mm] Q_L = \dfrac{r-r_L}{1-r_L}Q \end{cases} \tag{6.10}$$

命题 6.1 给定农产品的总订货量 Q、市场潜在需求规模 D 和分级标准 r 的情况下零售商的最优定价可以表示如下，见图 6.4。

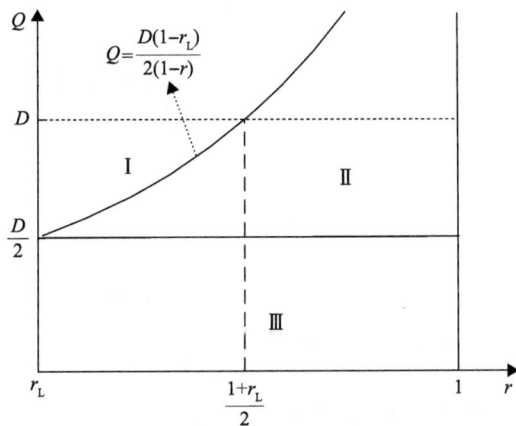

图 6.4　订货量 Q 和质量分级标准 r 影响下零售商最优定价策略选择

(1) 如果 $\dfrac{D}{2} \leqslant Q_H \leqslant Q$ 且 $r_L \leqslant r \leqslant 1$，则高、低质量等级农产品的最优定价分别为：$P_H^* = \dfrac{1+r}{4}$，$P_L^* = \dfrac{r+r_L}{4}$，此时消费者对高低质量等级的农产品需求分别为 $D_H = \dfrac{D}{2}$，$D_L = 0$。

(2) 如果 $Q_H < \dfrac{D}{2} \leqslant Q$ 且 $r_L \leqslant r \leqslant 1$，则高、低质量等级农产品的最优定价分别为：$P_H^* = \dfrac{r+r_L}{4} + \dfrac{(D-Q_H)(1-r_L)}{2D}$，$P_L^* = \dfrac{r+r_L}{4}$，此时消费者对高低质量等级的农产品需求分别为 $D_H = Q_H$，$D_L = \dfrac{D}{2} - Q_H$。

（3）如果 $0 < Q \leqslant \dfrac{D}{2}$ 且 $r_L < r \leqslant 1$，则高、低质量等级农产品的最优定价分别为：

$$P_H^* = \frac{(D-Q)(1+r)-(1-r_L)Q_L}{2D} \quad , \quad P_L^* = \frac{D-Q}{2D}(r+r_L)，此时消费者对高低质量等$$

级的农产品需求分别为：$D_H = Q_H$，$D_L = Q_L$。

我们考虑了根据定价 1，零售商关于高、低质量等级农产品的最优定价存在三组最优决策。

性质 6.1　高、低质量等级农产品的销售价格与质量分级标准正相关，随着质量分级标准的提高而提高。

从性质 6.1 可以看出，零售商对农产品进行分级销售时，高、低质量等级农产品的销售价格与质量分级标准正相关，零售商设置的质量分级标准越高，两个质量等级农产品的价格也越高。

零售商在产品定价前需要确定产品的总订货量 Q 以及产品分级的标准 r，根据上文得到零售商利润函数为

$$\Pi(Q,r) = \begin{cases} \dfrac{1+r}{8}D - CQ, & \dfrac{D}{2} \leqslant Q_H \leqslant Q,\ r_L \leqslant r \leqslant 1 \\[3mm] \dfrac{DQ(1-r_L)(1-r)-Q^2(1-r)^2}{2D(1-r_L)} + \dfrac{(r+r_L)D}{8} - CQ, & Q_H < \dfrac{D}{2} < Q,\ r_L \leqslant r \leqslant 1 \\[3mm] \dfrac{DQ(1-r_L^2)-\left[(1+r_L)(1-r)+\left(r^2-r_L^2\right)\right]Q^2}{2D(1-r_L)} - CQ, & 0 < Q \leqslant \dfrac{D}{2},\ r_L \leqslant r \leqslant 1 \end{cases}$$

$$(6.11)$$

命题 6.2　给定市场潜在需求规模 D、产品的最低质量水平 r_L 和产品成本 C 情况下，零售商的最优质量分级标准、最优订货量和利润可以表示如下。

（1）如果 $C \leqslant \dfrac{1-r_L}{8}$，则农产品的最优质量分级标准和订货量分别为：$r^* = \delta$，

$Q^* = \dfrac{(1-\delta)D}{8C}$，此时零售商的最优利润为 $\Pi^* = \dfrac{(1-\delta)^2 D}{16C} - \dfrac{(1-\delta)^4 D}{16C(1-r_L)} + \dfrac{(2\delta+r_L-1)D}{8}$。

（2）如果 $C > \dfrac{1-r_L}{8}$，则农产品的最优质量分级标准和订货量分别为：$r^* = \dfrac{1+r_L}{2}$，$Q^* = \dfrac{2D(1-2C+r_L)}{3+5r_L}$，此时零售商的最优利润为 $\Pi^* = \dfrac{D(1-2C+r_L)^2}{6+10r_L}$（其

中 $C \geqslant \dfrac{1+r_L}{2}$ ， $Q^* = 0$ ）。

这里 δ 满足以下条件：

$$\begin{cases} (1-\delta)^3 - 4C(1-r_L)(1-\delta) + 8C^2(1-r_L) = 0 \\ r_L \leqslant r \leqslant 1 - 4C \end{cases} \tag{6.12}$$

农产品的单位成本影响零售商设置最优质量分级标准和订货量。

性质 6.2 当 $0 < C \leqslant \dfrac{1+r_L}{2}$ 时，农产品的最优质量分级标准 r^* 是关于最低质量水平的增函数，随着最低质量水平 r_L 的提高而提高；当 $0 < C \leqslant \dfrac{1-r_L}{8}$ 时，农产品的最优分级标准 r^* 是关于单位成本的减函数，随着单位成本的增加而降低；当 $\dfrac{1-r_L}{8} < C \leqslant \dfrac{1+r_L}{2}$ 时，农产品的最优分级标准保持不变，与成本变动无关；当 $\dfrac{1-r_L}{8} < C \leqslant \dfrac{1+r_L}{2}$ 时，零售商获得的最优利润 $\varPi^*$ 与产品的最低质量水平 r_L 正相关，与产品的成本负相关。

从性质 6.2 可以看出，随着农产品最低质量水平的提升，零售商则通过提高质量分级的标准保证高质量等级农产品在高价销售的情况下实现供需的合理匹配，同时减少低质量等级农产品剩余带来的利润损失。但是随着农产品成本的增加，零售商则会逐渐降低农产品最优质量分级标准，避免低质量等级农产品过多剩余带来的利润损失，同时尽可能保证高质量等级农产品高价销售实现利润增长。当农产品的成本较高时，零售商则会保持农产品质量分级标准不变，以实现高低质量等级农产品的供需都得到匹配，从而实现利润的增长。

当农产品的成本适中时，农产品最低质量水平的提升有利于农产品优质优价，从而实现零售商利润的增加。而随着农产品成本的增加，零售商为了保证高低质量等级农产品供需匹配，则会降低农产品的订货量和质量分级标准减少两个质量等级农产品剩余带来的利润损失。由于价格提升带来的收益增加无法弥补需求减少引起的收益降低，零售商的利润随着成本的上升逐渐减少。

性质 6.3

（1）农产品的最优订货量 Q^* 与产品的单位成本 C 负相关。当产品的成本过高时，零售商则会放弃两种质量等级产品的销售，即产品最优总订货量为 0。

（2）当 $0 < C \leqslant \dfrac{1}{5}$ 时，农产品的最优订货量 Q^* 是关于最低质量水平 r_L 的单调减函数，随着最低质量水平 r_L 的增大而减小。

(3) 当 $\dfrac{1}{5} < C < \dfrac{1+r_L}{2}$ 时，农产品的最优订货量 Q^* 是关于最低质量水平 r_L 的单调增函数，最优订货量随着最低质量水平 r_L 的提高而增加。

性质 6.3 说明农产品的成本和最低质量水平影响零售商的订货量，当农产品成本较低时，随着最低质量水平的提升，高、低质量等级产品的竞争性较强，产品之间具有替代性，零售商为了防止产品出现过多剩余造成利润损失，则会减少农产品的订货量。当农产品成本较高时，零售商在利润的驱动下提高农产品的销售价格，必然引起质量分级标准的提高。而质量分级标准的提高，意味着高质量等级农产品供应量的减少，因此零售商会逐渐增加农产品的订货量，保证所有的农产品都能高价销售出去，最终实现利润的增长。

6.3　混合销售策略下的最优定价和订货策略

6.3.1　模型建立

假设农产品零售商采取混销的策略，对混销农产品的定价为 P，农产品的质量水平服从 $[r_L,1]$ 的均匀分布，市场的潜在需求规模为 D。为了保证研究的需求构造的统一性，这里依然采用质量选择模型构建消费者效用：$\bar{U} = \bar{q}\theta - P$，混合农产品的平均质量 $\bar{q}$ 采用算术平均来估计，即 $\bar{q} = \dfrac{1+r_L}{2}$。

因此消费者购买混销农产品获得的效用为：$\bar{U} = \dfrac{1+r_L}{2} - P$。

消费者购买混销农产品的数量为：$\bar{D} = D\left(1 - \dfrac{2P}{1+r_L}\right)$。

零售商采取混合销售策略实现的利润为：$\Pi = P\min\left\{D\left(1 - \dfrac{2P}{1+r_L}\right), Q\right\} - CQ$。

6.3.2　模型分析

命题 6.3　当 $\dfrac{D}{2} \leqslant Q \leqslant D$ 时，$P^* = \dfrac{1+r_L}{4}$，零售商的利润函数为 $\Pi^* = \dfrac{1+r_L}{8}D - CQ$；当 $0 < Q < \dfrac{D}{2}$ 时，$P^* = \dfrac{1+r_L}{2}\left(1 - \dfrac{Q}{D}\right)$，零售商的利润函数为 $\Pi^* = \dfrac{1+r_L}{2} \times \left(1 - \dfrac{Q}{D}\right)Q - CQ$。

命题 6.3 表明，农产品零售商采取混销策略时，如果零售商的订货量较大即供过于求时，那么零售商采取的最优定价的策略是通过低价吸引更多消费购买农产品，从而避免产品过多剩余造成的损失。如果零售商的订货量较小即供不应求时，那么零售商的最优定价策略就是通过高价调整需求，使得农产品的需求量等于订货量，从而通过提高定价实现利润的增长。

命题 6.4 当 $0 < C < \dfrac{1+r_L}{2}$ 时，$Q^* = \dfrac{D}{2} - \dfrac{CD}{1+r_L}$，零售商利润函数为 $\varPi^* =$ $\dfrac{1+r_L}{8}D + \dfrac{C^2 D}{2(1+r_L)} - \dfrac{CD}{2}$；$C \geqslant \dfrac{1+r_L}{2}$ 时，$Q^* = 0$，零售商利润函数为 $\varPi^* = 0$。

命题 6.4 表明，农产品的成本较小时，零售商对农产品的最优订货量可以唯一确定，并且农产品的最优订货量是关于成本的单调减函数，随着成本的上升不断减少。但是农产品的成本非常高时，意味着农产品的定价较高，必然会降低市场需求量。零售商通过提高销售价格带来的收益远低于产品剩余带来的损失，因此零售商经营农产品处于亏损的状态，零售商将放弃采购农产品。

6.3.3 消费者剩余

理性的消费者在购买产品前会根据产品的质量和性能进行预先的心理估价，从而衡量是否划算再进行购买。消费者剩余对于消费者来说，直接影响未来的重复购买以及是否会向他人推荐该产品，对零售商来说也意味着能否获取更多的消费者信任和占领更大的市场份额。

因此，零售商采取分级销售策略下，消费者购买高、低质量等级农产品获得的消费者剩余价值为

$$
\begin{aligned}
\mathrm{CS}_{分级} &= \int_{\frac{2P_L}{r+r_L}}^{\frac{2(P_H-P_L)}{1-r_L}} \left(\frac{r+r_L}{2}\theta - P_L \right) \mathrm{d}\theta + \int_{\frac{2(P_H-P_L)}{1-r_L}}^{1} \left(\frac{r+1}{2}\theta - P_H \right) \mathrm{d}\theta \\
&= \frac{(P_H - P_L)^2}{1-r_L} + \frac{P_L^2}{r+r_L} + \frac{r+1}{4} - P_H
\end{aligned}
\tag{6.13}
$$

将命题 6.1 和命题 6.2 得到的最优解 P_H^*、P_L^*、r^* 和 Q^* 代入式 (6.13)，得到：

$$
\mathrm{CS}_{分级}^* =
\begin{cases}
\dfrac{\left[8C(1-r_L) - (1-\delta)^2 \right]^2}{256C^2} + \dfrac{\delta + 5r_L - 4}{16} + \dfrac{(1-\delta)^2}{16C}, & 0 < C \leqslant \dfrac{1-r_L}{8} \\[4mm]
\dfrac{(1+C+2r_L)^2(1-r_L)}{(3+5r_L)^2} + \dfrac{(1+4C+3r_L)^2(1+3r_L)}{8(3+5r_L)^2} & \\[4mm]
\quad + \dfrac{(1-2C+r_L)(1+r_L)}{3+5r_L} - \dfrac{3+r_L}{8}, & \dfrac{1-r_L}{8} \leqslant C < \dfrac{1+r_L}{2}
\end{cases}
\tag{6.14}
$$

零售商采取混合销售策略下，消费者购买混合农产品获得的消费者剩余价值为

$$\mathrm{CS}_{混销} = \int_{\frac{2P}{1+r_\mathrm{L}}}^{1} \left(\frac{1+r_\mathrm{L}}{2}\theta - P \right) \mathrm{d}\theta = \frac{1+r_\mathrm{L}}{4} - P + \frac{P^2}{1+r_\mathrm{L}} \tag{6.15}$$

将命题 6.3 和命题 6.4 得到的最优解 P^* 和 Q^* 代入式(6.15)，得

$$\mathrm{CS}_{混销}^* = \frac{1+r_\mathrm{L}}{16} + \frac{C^2}{4(1+r_\mathrm{L})} - \frac{C}{4}, \quad 0 < C < \frac{1+r_\mathrm{L}}{2} \tag{6.16}$$

因此零售商对农产品采取分级销售，通过提供不同质量等级的农产品并进行按质定价能够满足不同层次消费者的需求偏好，提高消费者福利。

6.4　数值仿真及不同销售策略对比分析

6.4.1　算例分析

令农产品的单位成本 $C = 0.1$，最低质量水平 $r_\mathrm{L} = 0.7$，市场潜在需求规模 $D = 10$，产品的质量水平服从 $[r_\mathrm{L},1]$ 上的均匀分布。根据命题 6.1 可以绘制图 6.5。

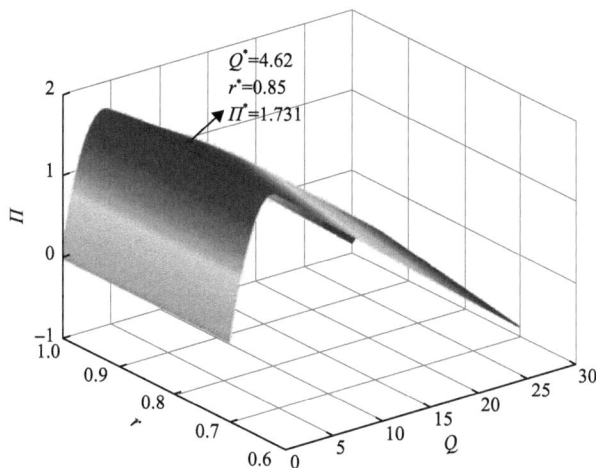

图 6.5　农产品分级标准和订货量对零售商经营利润的影响

基于命题 6.1 模型进行数值求解，得到零售商的最优决策和利润分别为 $r^* = 0.85$，$Q^* = 4.62$，$\Pi^* = 1.731$。

从图 6.5 可以看出零售商的经营利润是关于分级标准和订货量的凹函数，存

在唯一的最优解使得零售商的利润最大，并且零售商的经营利润随着订货量的增加先增大后减小，增大的速度明显大于减小的速度。当农产品的订货量大于市场潜在需求规模时，零售商的利润因为高、低质量等级农产品的剩余增加而逐渐减少甚至亏损。当农产品的订货量较少时，虽然能够避免剩余带来的收益减少，但是无法弥补消费者需求未得到满足引起的利润损失。

6.4.2　灵敏度分析

从 6.3 节模型求解的结果很难直观判断最优解的变化趋势，因此本节研究参数变化对零售商最优决策的影响，并对数值结果进行分析，得出一些重要的管理意义。

1. 最低质量水平对零售商最优决策的影响

农产品的市场潜在需求规模为 10，农产品的成本为 0.05。产品的质量水平服从 $[r_L, 1]$ 上的均匀分布。最低质量水平 r_L 在 $[0.3, 0.99]$ 范围内变化。根据命题 6.1 可以计算到零售商的最优决策。

从图 6.6 可以看出，随着农产品的最低质量水平提高，农产品的最优质量分级标准、销售价格呈现上升的趋势，并且高、低质量等级的农产品销售价格差逐渐缩小。但是农产品的总订货量以及两个质量等级产品的订货量和市场总需求量逐渐减少。有趣的是，在总订货量逐渐降低的情况下，零售商的利润却一直保持增长。这里可以解释为：随着最低质量水平逐渐提高，两个质量等级农产品的质量差异减小，产品之间的竞争增强。因而消费者减少对两个质量等级农产品的需求量，相应地零售商降低对农产品的总订货量。零售商为了维持销售利润的增长，则会通过提高质量分级的标准，一方面使得高质量等级的农产品以高价格全部出售，另一方面也可以保证低质量等级以更高的价格引导市场需求和订货量合理匹配。

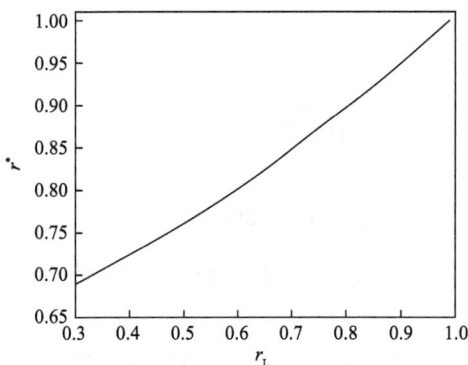

(a) 最低质量水平对质量分级标准的影响　　　(b) 最低质量水平对农产品供需的影响（Q_H 与 D_H 重合）

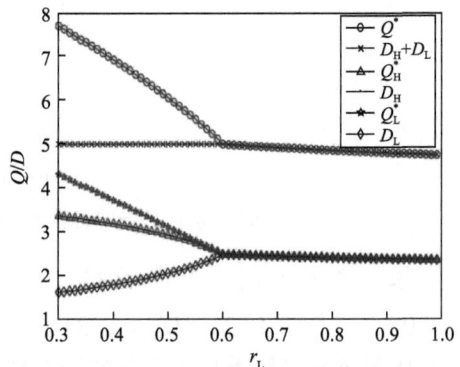

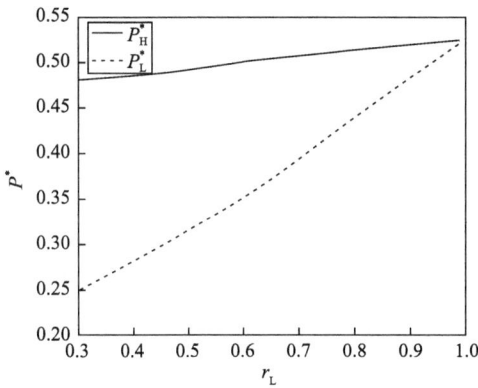

(c) 最低质量水平对农产品定价的影响　　　　　(d) 最低质量水平对零售商最优利润的影响

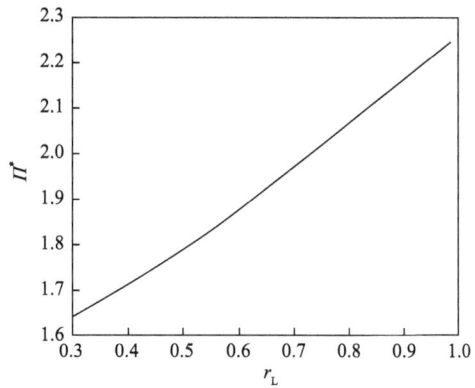

图 6.6　最低质量水平对零售商最优决策的影响

以上分析表明，在农产品成本不变的情况下，①零售商可以通过改善农产品的最低质量水平实现利润的增长。②随着农产品最低质量水平的提高，两个质量等级产品市场竞争性增强，零售商可以通过减少两个质量等级农产品总订货量和提高质量分级的标准实现利润增长。

2. 农产品成本对零售商最优决策的影响

农产品的市场潜在需求为 10，农产品的最低质量水平为 0.4。产品质量水平服从 $[r_L,1]$ 上的均匀分布，让农产品成本在 $[0,0.7]$ 范围内变化，根据命题 6.1，可以计算得到零售商的最优决策。

图 6.7 说明随着农产品成本的提高，两个质量等级农产品的定价逐渐提高，而零售商对高、低质量等级的农产品总订货量以及销售利润逐渐减少，并且农产品成本过高时，零售商将会放弃采购农产品。值得注意的是，两个质量等级农产品的分级标准随着农产品成本的提高先递减然后保持不变。说明零售商一直在努力提供更多的高质量等级农产品。由于零售商不断缩减对农产品的总订货量，因此零售商无法拥有薄利多销的优势，只能通过提高两个质量等级农产品的销售价格保证农产品的经营有利可图。在成本较低的情况下，零售商可以通过承担低质量等级销售剩余的风险尽可能采购更多的农产品确保提供较多的高质量等级农产品实现高收益。但随着农产品成本不断增加，零售商则会通过提高价格和调整分级标准避免两个质量等级农产品出现剩余。但供应数量减少带来的损失明显超过提高销售价格带来的收益。因此零售商的利润呈现递减的趋势。

这里进一步说明，农产品的成本是影响零售商经营利润的重要因素。零售商可以通过农产品的成本优势提高农产品市场的竞争优势，从而保证利润的增长。

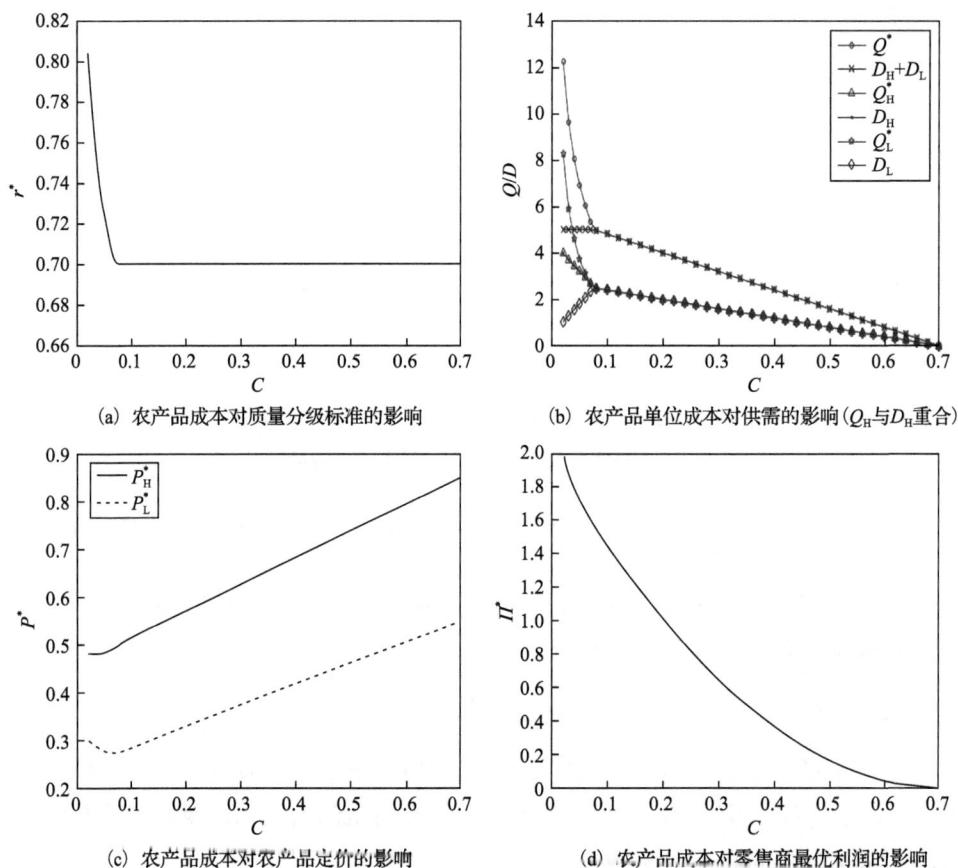

(a) 农产品成本对质量分级标准的影响

(b) 农产品单位成本对供需的影响（Q_H与D_H重合）

(c) 农产品成本对农产品定价的影响

(d) 农产品成本对零售商最优利润的影响

图 6.7 农产品成本对零售商最优决策的影响

6.4.3 农产品不同销售策略的对比分析

1. 最低质量水平对零售商最优定价、订货和利润的影响

农产品的市场潜在需求规模为 10，农产品的成本为 0.05。产品的质量水平服从 $[r_L, 1]$ 上的均匀分布。最低质量水平 r_L 在 $[0.3, 0.99]$ 范围内变化。计算零售商分级销售和混合销售两种策略的最优定价、订货和利润。

图 6.8 表明最低质量水平的提升，能够增加分级销售和混合销售策略下的农产品经营利润，并且分级销售策略下的农产品订货量和经营利润始终高于混合销售策略下的农产品订货量和经营利润。在分级销售策略下，随着最低质量水平的提升，高、低质量等级农产品之间差异性缩小，产品竞争性加强，零售商为了经营利润最大化，一方面基于质量的提升相应地提高两个质量等级农产品的销售价格，另一方面为了避免两个质量等级竞争造成产品剩余，引起利润损失，则会降

低农产品的订货量。在混合销售策略下，随着最低质量水平的提升，农产品的平均质量提升，消费者的需求增加。零售商为了经营利润最大化，一方面基于质量提升提高销售价格，另一方面基于需求的增长增加农产品的订货量。相对于混合销售策略，农产品的最低质量水平越低，分级销售策略的优势越明显。也就是说农产品的质量差异越大越适合分级销售，质量差异较小时采取分级销售缺乏优势。但从经营利润的角度来看，零售商有必要提高农产品的最低质量水平。在农产品质量差异较大时，零售商应积极采取分级销售策略，从而实现经营利润的增长。

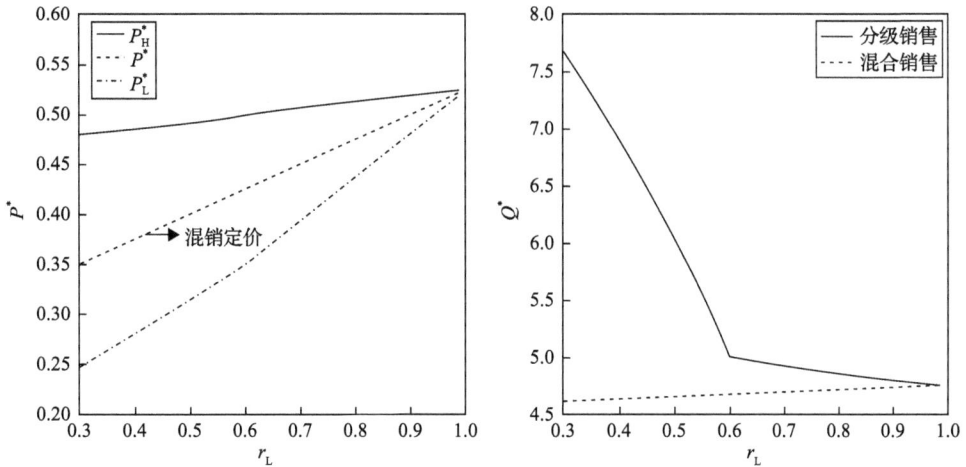

（a）最低质量水平对零售商最优定价的影响　　　（b）最低质量水平对零售商最优订货量的影响

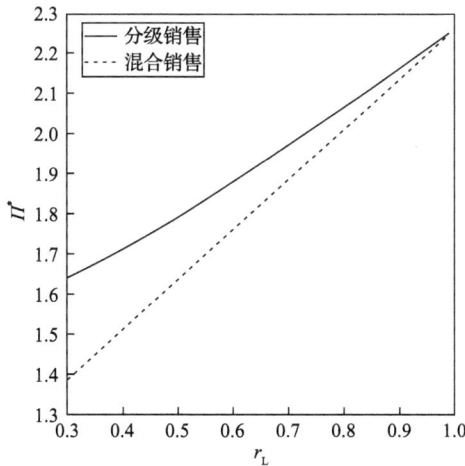

（c）最低质量水平对零售商利润的影响

图 6.8　不同销售策略下最低质量水平对零售商最优决策的影响

2. 农产品成本对零售商最优决策的影响

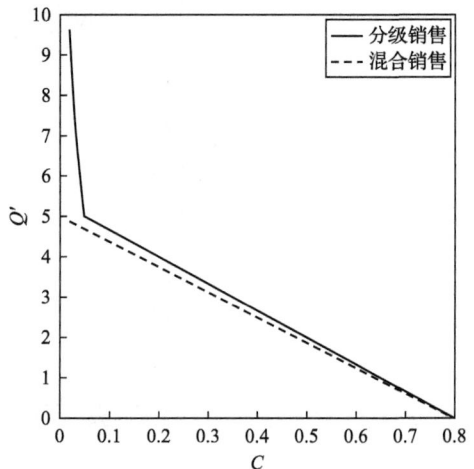

农产品的市场潜在需求为 10，农产品的最低质量水平为 0.6。农产品质量水平服从 $[r_L,1]$ 上的均匀分布，让农产品成本在 $[0.02,0.7]$ 范围内变化。计算零售商在分级销售和混合销售两种策略下的最优定价、订货和利润。

图 6.9 表明随着农产品成本的增加，混合销售和分级销售两种策略下的农产品定价逐渐提高，订货量和经营利润逐渐降低，并且分级销售策略下的农产品订货量和经营利润始终高于混合销售策略下的农产品订货量和经营利润。由于农产品的质量水平保持不变，在分级销售策略下，零售商为了农产品经营有利可图，一方面基于成本的增加提高两个质量等级农产品的销售价格，另一方面基于销售价格上升引起的需求减少降低农产品的订货量，避免农产品剩余引起的收益损失。但是价格提升带来的收益增加无法弥补需求减少引起的收益损失，零售商的经营利润逐渐减少。在混合销售策略下，随着农产品的成本上升，零售商为了实现利润最大化，则会提高混销农产品的销售价格，而价格提升带来的利润增加无法弥补需求减少带来的利润损失，因此，混合销售策略下，零售商的经营利润也逐渐降低。但相对于混合销售策略，分级销售使得产品质量差异化，满足不同层次消费群体的需求，通过对农产品的按质定价能够实现利润的增长，并且农产品的成本越低，农产品分级销售的优势越为明显。从零售商农产品经营利润的角度来看，零售商应努力降低农产品经营过程中不必要的成本支出。在农产品成本较低时，可以通过农产品分级销售实现利润的增长。

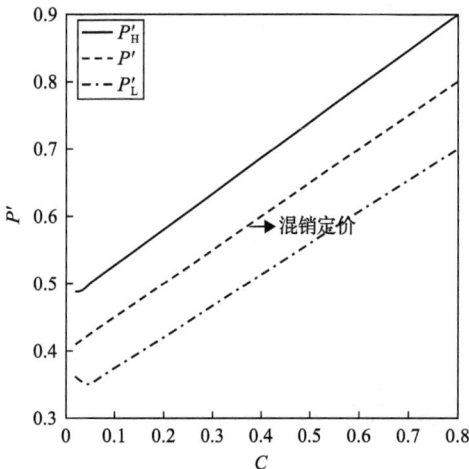

(a) 农产品成本对零售商最优定价的影响　　(b) 农产品成本对零售商最优订货量的影响

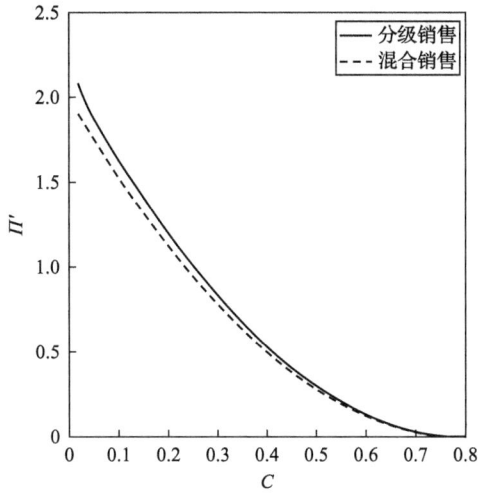

(c) 农产品成本对零售商最优利润的影响

图 6.9　不同销售策略下农产品成本对零售商最优决策的影响

6.4.4　不同销售策略下的消费者剩余对比分析

1. 最低质量水平 r_L 对消费者剩余价值的影响

农产品的市场潜在需求规模为 10，农产品的成本为 0.05。产品的质量水平服从 $[r_L,1]$ 上的均匀分布，最低质量水平 r_L 在 [0.3,0.9] 范围内变化。

图 6.10 说明农产品的质量分级能够提升消费者剩余，并且在最低质量水平较

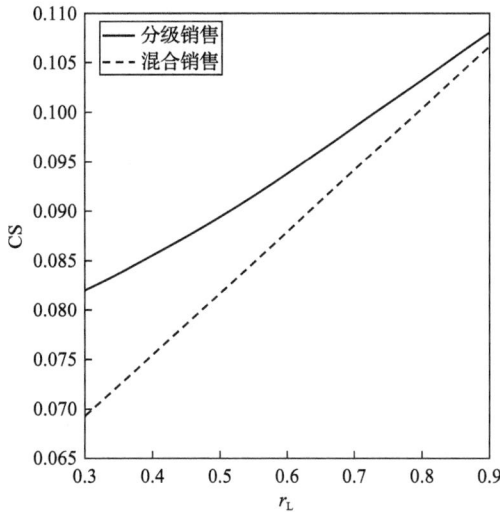

图 6.10　最低质量水平 r_L 对消费者剩余价值的影响

低时，相对于混合销售策略，农产品分级销售策略提高消费者福利的优势更为明显。因此，零售商有必要提高农产品的最低质量水平，通过提高消费者福利建立消费者忠诚度，为农产品可持续经营提供保障。

2. 农产品成本 C 对消费者剩余价值的影响

农产品的市场潜在需求规模为 10，农产品的最低质量水平为 0.4。农产品的质量水平服从 $[r_L, 1]$ 上的均匀分布，农产品的成本 C 在 $[0.02, 0.7]$ 范围内变化。

从图 6.11 可以看出，农产品的分级销售能够提高消费者剩余。但是农产品成本的上升既不利于分级销售，也不利于混合销售。随着农产品成本的上升，两种销售策略下的消费者剩余价值随着农产品成本的增加而减少。所以零售商应该努力降低农产品经营过程中不必要的成本支出。

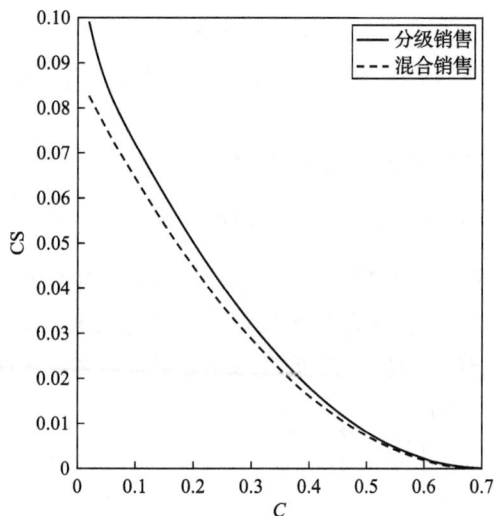

图 6.11　农产品成本 C 对消费者剩余价值的影响

6.5　本　章　小　结

农产品个体间存在着明显的差异，如果零售商采取混合销售的模式，一方面很难满足市场不同层次消费者的需求，另一方面造成质量水平较低的农产品无法销售出去，给零售商带来利润损失。此外，农产品具有时效性和易腐性的特质，而农产品质量分级的分离销售方式能够增加农产品的订货量，从而有效促进农产品的流通，减少农产品滞销带来的利润损失。因此，研究农产品质量分级的分离销售的方式意义深远。本章考虑了一个垄断零售商销售两种质量等级农产品的情景。从农产品质量分布特征出发,将分级标准作为内生决策变量,考虑了消费者对质量等级的偏好程度,采用质量选择模型刻画消费者的购买行为。在构建零售商的利润模型上,分析零售商在质量分级情况下最优订货总量、分级标准、定价和利润,以及农产品最低质量水平和成本对零售商最优决策的影响,并与混合销售策略进行对比,得到以下结论。

(1)农产品质量分级存在最优的分级标准,并且受到农产品的最低质量水平、成本以及质量水平的分布情况等因素影响。零售商可以根据实际情况探索最优的质量分级标准,基于质量分级进行定价和订货决策,使得农产品的经营利润最大。

(2)农产品分级销售不仅有利于提高零售商经营利润,也有利于提高消费者福利。尤其是农产品的最低质量水平或者成本较低时,农产品分级销售的优势越为明显。但是农产品的分级销售也存在着一定的分级成本,零售商应该综合考虑各种因素做出策略的选择。

(3)在分级销售策略下,在利润最大化驱动下,零售商对农产品进行质量分级决策时始终保持高质量等级农产品的订货量与需求量相等,低质量等级农产品供应不缺货。在农产品成本较低时,零售商在"供过于求"情况下实现的利润可能高于"供求平衡"情况下实现的利润。

(4)不管是分级销售还是混合销售,农产品的最低质量水平提升都能够提高消费者剩余,对零售商建立消费者忠诚度和提高经营利润具有重要的作用。但是农产品成本的增加则会损害零售商和消费者的利益,零售商应该努力降低农产品的成本。

(5)相比农产品混合销售策略,农产品分级销售策略下的农产品订货量始终高于混合销售策略下的订货量,在一定程度上有利于农产品的快速流通,对提高农产品市场交易效率具有重要的促进作用。

6.6　本 章 附 录

6.6.1　引理 6.1 的证明

证明　引理 6.1 需要比较 $\dfrac{2(P_H - P_L)}{1 - r_L}$ 和 $\dfrac{2P_H}{r + 1}$ 的大小。

当 $\dfrac{2(P_H - P_L)}{1 - r_L} \geqslant \dfrac{2P_H}{r + 1}$ 时,可以得到:$\dfrac{P_H}{1 + r} \geqslant \dfrac{P_L}{r + r_L}$,即 $\dfrac{P_L}{r + r_L} \leqslant \dfrac{P_H}{1 + r} \leqslant \dfrac{(P_H - P_L)}{1 - r_L}$,

消费者购买高低质量等级农产品的概率分别为：$\alpha_H = \max\left\{1 - \dfrac{2(P_H - P_L)}{1 - r_L}, 0\right\}$，

$$\alpha_L = \min\left\{\dfrac{2(P_H - P_L)}{1 - r_L}, 1\right\} - \dfrac{2P_L}{r + r_L} \text{。}$$

(1) 当 $\dfrac{P_L}{r + r_L} \leqslant \dfrac{P_H}{1 + r} \leqslant \dfrac{(P_H - P_L)}{1 - r_L} \leqslant \dfrac{1}{2}$ 时，$\alpha_H = 1 - \dfrac{2(P_H - P_L)}{1 - r_L}$，$\alpha_L = \dfrac{2(P_H - P_L)}{1 - r_L} -$

$\dfrac{2P_L}{r + r_L}$。

(2) 当 $\dfrac{P_L}{r + r_L} \leqslant \dfrac{P_H}{1 + r} \leqslant \dfrac{(P_H - P_L)}{1 - r_L}$，$\dfrac{(P_H - P_L)}{1 - r_L} > \dfrac{1}{2}$ 时，$\alpha_H = 0$，$\alpha_L = 1 - \dfrac{2P_L}{r + r_L}$。

当 $\dfrac{2(P_H - P_L)}{1 - r_L} < \dfrac{2P_H}{r + 1}$ 时，可以得到：$\dfrac{P_H}{1 + r} < \dfrac{P_L}{r + r_L}$，即 $\dfrac{(P_H - P_L)}{1 - r_L} < \dfrac{P_H}{r + 1} < \dfrac{P_L}{r + r_L}$，

消费者购买高低质量等级农产品的概率分别为：$\alpha_H = \max\left\{1 - \dfrac{2P_H}{r + 1}, 0\right\}$，$\alpha_L = 0$。

(1) 当 $\dfrac{(P_H - P_L)}{1 - r_L} < \dfrac{P_H}{r + 1} < \dfrac{P_L}{r + r_L}$，$\dfrac{P_H}{1 + r} \leqslant \dfrac{1}{2}$ 时，$\alpha_H = 1 - \dfrac{2P_H}{r + 1}$，$\alpha_L = 0$。

(2) 当 $\dfrac{(P_H - P_L)}{1 - r_L} < \dfrac{P_H}{r + 1} < \dfrac{P_L}{r + r_L}$，$\dfrac{P_H}{1 + r} > \dfrac{1}{2}$ 时，$\alpha_H = 0$，$\alpha_L = 0$。

综上所述：

$$D_H = \begin{cases} 0, & \dfrac{P_L}{r + r_L} \leqslant \dfrac{P_H}{1 + r} \leqslant \dfrac{(P_H - P_L)}{1 - r_L}, \dfrac{(P_H - P_L)}{1 - r_L} > \dfrac{1}{2} \\[3mm] D\left[1 - \dfrac{2(P_H - P_L)}{1 - r_L}\right], & \dfrac{P_L}{r + r_L} \leqslant \dfrac{P_H}{1 + r} \leqslant \dfrac{(P_H - P_L)}{1 - r_L} \leqslant \dfrac{1}{2} \\[3mm] D\left[1 - \dfrac{2P_H}{r + 1}\right], & \dfrac{(P_H - P_L)}{1 - r_L} < \dfrac{P_H}{r + 1} < \dfrac{P_L}{r + r_L}, \dfrac{P_H}{1 + r} \leqslant \dfrac{1}{2} \end{cases}$$

证毕。

6.6.2　命题的证明

1. 命题 6.1 的证明

证明　根据零售商的利润函数，零售商最优决策可以分为图 6.3 所示的四种情景讨论。由于情景②、③、④的最优决策点是落在情景①区域的边界上，因此只需要讨论情景①的最优解即可得到目标函数的整体最优解。

考 虑 情 景 ①：　$\max \Pi\left(P_{\mathrm{H}}, P_{\mathrm{L}}\right)=P_{\mathrm{H}} D\left[1-\dfrac{2\left(P_{\mathrm{H}}-P_{\mathrm{L}}\right)}{1-r_{\mathrm{L}}}\right]+P_{\mathrm{L}} D\left[\dfrac{2\left(P_{\mathrm{H}}-P_{\mathrm{L}}\right)}{1-r_{\mathrm{L}}}-\right.$

$\dfrac{2 P_{\mathrm{L}}}{r+r_{\mathrm{L}}}\bigg]-CQ$ ，

$$\text{s.t.}\begin{cases} D\left[1-\dfrac{2\left(P_{\mathrm{H}}-P_{\mathrm{L}}\right)}{1-r_{\mathrm{L}}}\right] \leqslant Q_{\mathrm{H}} \\[3mm] D\left[\dfrac{2\left(P_{\mathrm{H}}-P_{\mathrm{L}}\right)}{1-r_{\mathrm{L}}}-\dfrac{2 P_{\mathrm{L}}}{r+r_{\mathrm{L}}}\right] \leqslant Q_{\mathrm{L}} \\[3mm] \dfrac{P_{\mathrm{L}}}{r+r_{\mathrm{L}}} \leqslant \dfrac{P_{\mathrm{H}}}{1+r} \\[3mm] \dfrac{\left(P_{\mathrm{H}}-P_{\mathrm{L}}\right)}{1-r_{\mathrm{L}}} \leqslant \dfrac{1}{2} \\[3mm] 0<r_{\mathrm{L}} \leqslant r \leqslant 1 \end{cases}$$

求一阶导，得到 $\dfrac{\partial \Pi\left(P_{\mathrm{H}}, P_{\mathrm{L}}\right)}{\partial P_{\mathrm{H}}}=\left[1-\dfrac{4\left(P_{\mathrm{H}}-P_{\mathrm{L}}\right)}{1-r_{\mathrm{L}}}\right] D$ ，　$\dfrac{\partial \Pi\left(P_{\mathrm{H}}, P_{\mathrm{L}}\right)}{\partial P_{\mathrm{L}}}=\left[\dfrac{4\left(P_{\mathrm{H}}-P_{\mathrm{L}}\right)}{1-r_{\mathrm{L}}}-\right.$

$\dfrac{4 P_{\mathrm{L}}}{r+r_{\mathrm{L}}}\bigg] D$ 。

目标函数的海塞矩阵为

$$H=\begin{bmatrix} -\dfrac{4}{1-r_{\mathrm{L}}} & \dfrac{4}{1-r_{\mathrm{L}}} \\[4mm] \dfrac{4}{1-r_{\mathrm{L}}} & \dfrac{-4}{1-r_{\mathrm{L}}}-\dfrac{4}{r+r_{\mathrm{L}}} \end{bmatrix}$$

根据二阶导 $\dfrac{\partial \Pi^{2}\left(P_{\mathrm{H}}, P_{\mathrm{L}}\right)}{\partial P_{\mathrm{H}}^{2}}=-\dfrac{4}{1-r_{\mathrm{L}}}<0$ ，　$\dfrac{\partial \Pi^{2}\left(P_{\mathrm{H}}, P_{\mathrm{L}}\right)}{\partial P_{\mathrm{L}}^{2}}=\dfrac{-4}{1-r_{\mathrm{L}}}-\dfrac{4}{r+r_{\mathrm{L}}}<0$ ，得

$$|H|=-\dfrac{4}{1-r_{\mathrm{L}}}\left(\dfrac{-4}{1-r_{\mathrm{L}}}-\dfrac{4}{r+r_{\mathrm{L}}}\right)-\dfrac{4}{1-r_{\mathrm{L}}}\dfrac{4}{1-r_{\mathrm{L}}}=\dfrac{16}{\left(1-r_{\mathrm{L}}\right)\left(r+r_{\mathrm{L}}\right)}>0$$

所以零售商利润函数 $\Pi\left(P_{\mathrm{H}}, P_{\mathrm{L}}\right)$ 是 P_{H} 和 P_{L} 的联合凹函数。其拉格朗日函数为

$$L\left(P_{H}, P_{L}, \lambda_1, \lambda_2, \lambda_3, \lambda_4\right) = P_{H}D\left[1 - \frac{2\left(P_{H} - P_{L}\right)}{1 - r_{L}}\right] + P_{L}D\left[\frac{2\left(P_{H} - P_{L}\right)}{1 - r_{L}} - \frac{2P_{L}}{r + r_{L}}\right] - CQ$$

$$+ \lambda_1\left(Q_{H} - D\left[1 - \frac{2\left(P_{H} - P_{L}\right)}{1 - r_{L}}\right]\right) + \lambda_2\left(Q_{L} - D\left[\frac{2\left(P_{H} - P_{L}\right)}{1 - r_{L}}\right.\right.$$

$$\left.\left. - \frac{2P_{L}}{r + r_{L}}\right]\right) + \lambda_3\left(\frac{1 - r_{L}}{2} - P_{H} + P_{L}\right) + \lambda_4\left(\frac{r + r_{L}}{1 + r}P_{H} - P_{L}\right)$$

KKT（Karush-Kuhn-Tucker，卡罗需-库恩-塔克）条件如下：

$$\frac{\partial L}{\partial P_{H}} = \left[1 - \frac{4\left(P_{H} - P_{L}\right)}{1 - r_{L}}\right]D + \lambda_1\left(\frac{2}{1 - r_{L}}\right)D + \lambda_2\left(\frac{-2}{1 - r_{L}}\right)D - \lambda_3 + \lambda_4\left(\frac{r + r_{L}}{1 + r}P_{H}\right) = 0$$

$$\frac{\partial L}{\partial P_{L}} = \left(\frac{4\left(P_{H} - P_{L}\right)}{1 - r_{L}} - \frac{4P_{L}}{r + r_{L}}\right)D + \lambda_1\left(\frac{-2}{1 - r_{L}}\right)D + \lambda_2\left(\frac{2}{1 - r_{L}} + \frac{2}{r + r_{L}}\right)D + \lambda_3 - \lambda_4 = 0$$

$$\lambda_1\left(Q_{H} - D\left[1 - \frac{2\left(P_{H} - P_{L}\right)}{1 - r_{L}}\right]\right) = 0, \quad \lambda_2\left(Q_{L} - D\left[\frac{2\left(P_{H} - P_{L}\right)}{1 - r_{L}} - \frac{2P_{L}}{r + r_{L}}\right]\right) = 0$$

$$\lambda_3\left(\frac{1 - r_{L}}{2} - P_{H} + P_{L}\right) = 0, \quad \lambda_4\left(\frac{r + r_{L}}{1 + r}P_{H} - P_{L}\right) = 0$$

根据 KKT 条件解得三组可行解。

（1）$P_{H} = \frac{1 + r}{4}$，$P_{L} = \frac{r + r_{L}}{4}$，$\lambda_1 = 0$，$\lambda_2 = 0$，$\lambda_3 = 0$，$\lambda_4 = 0$，此时需要满足条件：$\frac{D}{2} \leqslant Q_{H} \leqslant Q$。

（2）$P_{H} = \frac{r + r_{L}}{4} + \frac{\left(D - Q_{H}\right)\left(1 - r_{L}\right)}{2D}$，$P_{L} = \frac{r + r_{L}}{4}$，$\lambda_1 = \frac{\left(D - 2Q_{H}\right)\left(1 - r_{L}\right)}{2D}$，$\lambda_2 = 0$，$\lambda_3 = 0$，$\lambda_4 = 0$，此时需要满足条件 $Q_{H} \leqslant \frac{D}{2} \leqslant Q$。

（3）$P_{H} = \frac{\left(D - Q\right)\left(1 + r\right) + Q_{L}\left(1 - r_{L}\right)}{2D}$，$P_{L} = \frac{D - Q}{2D}\left(r + r_{L}\right)$，$\lambda_1 = \frac{\left(D - 2Q\right)\left(r + 1\right)}{2D} + \frac{\left(1 - r_{L}\right)Q_{L}}{D}$，$\lambda_2 = \frac{\left(D - 2Q\right)\left(r + r_{L}\right)}{2D}$，$\lambda_3 = 0$，$\lambda_4 = 0$，此时需要满足条件 $0 < Q \leqslant \frac{D}{2}$。

证毕。

2. 命题 6.2 的证明

证明　当 $\dfrac{D}{2} \leqslant Q_H \leqslant Q$，且 $r_L \leqslant r < 1$ 时，零售商的利润函数为 $\varPi = \dfrac{1+r}{8}D -$

CQ，根据条件 $\dfrac{\partial \varPi}{\partial r} = \dfrac{D}{8} > 0$，$\dfrac{\partial \varPi}{\partial Q} = -C < 0$，$Q_H \geqslant \dfrac{D}{2}$，可以得到零售商利润函数

的最优解必然落在 $Q_H = \dfrac{D}{2}$ 上，即 r 和 Q 满足关系：$Q = \dfrac{(1-r_L)D}{2(1-r)}$。由命题 6.1 可

知，零售商的总利润函数是关于 r 和 Q 的连续可微函数。而 $Q_H < \dfrac{D}{2} \leqslant Q$ 且

$r_L \leqslant r \leqslant 1$ 时零售商利润函数是关于 r 和 Q 的严格凹函数，且 $\dfrac{\partial \varPi}{\partial r}\left(Q_H = \dfrac{D}{2}\right) =$

$\dfrac{D}{8} > 0$，因此区域 $\dfrac{D}{2} \leqslant Q_H \leqslant Q$ 且 $r_L \leqslant r < 1$ 的零售商最优利润始终小于区域

$Q_H < \dfrac{D}{2} \leqslant Q$ 且 $r_L \leqslant r \leqslant 1$ 的最优利润。

当 $Q_H < \dfrac{D}{2} \leqslant Q$ 且 $r_L \leqslant r \leqslant 1$ 时，$P_H^* = \dfrac{r + r_L}{4} + \dfrac{(D - Q_H)(1 - r_L)}{2D}$，$P_L^* = \dfrac{r + r_L}{4}$，

此时零售商的利润函数为：$\varPi^* = \dfrac{DQ(1-r_L)(1-r) - Q^2(1-r)^2}{2D(1-r_L)} + \dfrac{(r + r_L)D}{8} - CQ$。

目标函数的海塞矩阵为

$$H = \begin{bmatrix} \dfrac{-2Q^2}{2D(1-r_L)} & \dfrac{4Q(1-r) - D(1-r_L)}{2D(1-r_L)} \\[4mm] \dfrac{4Q(1-r) - D(1-r_L)}{2D(1-r_L)} & \dfrac{-2(1-r)^2}{2D(1-r_L)} \end{bmatrix}$$

$$|H_1| = \dfrac{-2Q^2}{2D(1-r_L)} < 0$$

$$|H_2| = \dfrac{8Q(1-r)(1-r_L)(D - Q_H) + (1 - r_L^2)(2Q_H - D)}{4D^2(1-r_L)^2} > 0$$

因而目标函数的海塞矩阵为负定矩阵，目标函数是关于 Q 和 r 联合凹函数，存在极大值。

由于 $\dfrac{\partial \varPi}{\partial r}\left(Q_H = \dfrac{D}{2}\right) = \dfrac{D}{8} > 0$，$\dfrac{\partial \varPi}{\partial r}(r = 1) = \dfrac{D}{8} - \dfrac{Q}{2} < 0\left(Q > \dfrac{D}{2}\right)$，因此目标函数

的最优解不在定义域 $Q_H = \dfrac{D}{2}$，$r=1$ 边界上。此外，由于 $\dfrac{\partial \Pi}{\partial Q} = -C +$

$\dfrac{-2Q(1-r)^2 + D(1-r)(1-r_L)}{2D(1-r_L)}$，当 $r = \dfrac{1+r_L}{2}$，$Q = \dfrac{D}{2}$ 时，$\dfrac{\partial \Pi}{\partial Q} + C - \dfrac{1-r_L}{8} = 0$，

$\dfrac{\partial \Pi}{\partial r} = 0$，如果 $C \geqslant \dfrac{1-r_L}{8}$，则 $\dfrac{\partial \Pi}{\partial Q}\left(r = \dfrac{1+r_L}{2}, Q = \dfrac{D}{2}\right) < 0, \dfrac{\partial \Pi}{\partial r}\left(r = \dfrac{1+r_L}{2}, Q = \right.$

$\left. \dfrac{D}{2}\right) = 0$，此时目标函数在 $(r, Q) = \left(\dfrac{1+r_L}{2}, \dfrac{D}{2}\right)$ 处取得最优值。当 $0 < C < \dfrac{1-r_L}{8}$ 时，

目标函数的最优解落在定义域内部，令 $\dfrac{\partial \Pi}{\partial Q} = 0$，$\dfrac{\partial \Pi}{\partial r} = 0$，得到内部最优解

$\left(r^*, Q^*\right) = \left(\delta, \dfrac{(1-\delta)D}{8C}\right)$，其中 δ 满足以下条件。

$$\begin{cases} (1-\delta)^3 - 4C(1-r_L)(1-\delta) + 8C^2(1-r_L) = 0 \\ r_L < \delta < 1 - 4C \end{cases}$$

因此，当 $Q_H < \dfrac{D}{2} \leqslant Q$ 且 $r_L \leqslant r \leqslant 1$ 时，零售商的最优订货和分级决策如下。

①如果 $C \geqslant \dfrac{1-r_L}{8}$ 则 $r = \dfrac{1+r_L}{2}$，$Q = \dfrac{D}{2}$，此时零售商的最优利润为：$\Pi^* = $

$\dfrac{(5 + 3r_L - 16C)}{32}D$；②如果 $0 < C < \dfrac{1-r_L}{8}$，则 $r = \delta$，$Q = \dfrac{(1-\delta)D}{8C}$，此时零售商的

最优利润为：$\Pi^* = \dfrac{(1-\delta)^2 D}{16C} - \dfrac{(1-\delta)^4 D}{16C(1-r_L)} + \dfrac{(2\delta + r_L - 1)D}{8}$。

当 $0 < Q \leqslant \dfrac{D}{2}$ 且 $r_L < r \leqslant 1$ 时，零售商的利润函数为：$\Pi^* = $

$\dfrac{DQ(1-r_L^2) - \left[(r^2 - r_L^2) + (1+r_L)(1-r)\right]Q^2}{2D(1-r_L)} - CQ$。

目标函数的海塞矩阵为

$$H = \begin{bmatrix} \dfrac{-\left[(1+r_L)(1-r) + \left(r^2 - r_L^2\right)\right]}{D(1-r_L)} & \dfrac{\left[2r - (1+r_L)\right]Q}{D(1-r_L)} \\ \dfrac{\left[2r - (1+r_L)\right]Q}{D(1-r_L)} & \dfrac{-Q^2}{D(1-r_L)} \end{bmatrix}$$

$$|H_1| = \frac{-\left[(1+r_L)(1-r)+\left(r^2-r_L{}^2\right)\right]}{D(1-r_L)} < 0$$

$$|H_2| = \frac{Q^2\left(3r+3rr_L-3r^2-r_L{}^2-2r_L\right)}{D^2(1-r_L)^2} > 0$$

因此利润函数是关于 r 和 Q 的联合凹函数，存在极大值。

其拉格朗日函数为： $L = \dfrac{DQ\left(1-r_L{}^2\right)-\left[\left(r^2-r_L{}^2\right)+(1+r_L)(1-r)\right]Q^2}{2D(1-r_L)} - CQ +$

$\lambda_1\left(\dfrac{D}{2}-Q\right)+\lambda_2(1-r)+\lambda_3\left(r-r_L\right)$。

$\dfrac{\partial L}{\partial Q} = \dfrac{D\left(1-r_L{}^2\right)-2Q\left[\left(r^2-r_L{}^2\right)+(1+r_L)(1-r)\right]}{2D(1-r_L)} - C - \lambda_1$，$\dfrac{\partial L}{\partial r} = \dfrac{-\left[\left(2r-r_L{}^2\right)-(1+r_L)\right]Q^2}{2D(1-r_L)} -$

$\lambda_2+\lambda_3$，$\lambda_1\left(\dfrac{D}{2}-Q\right)=0$，$\lambda_2(1-r)=0$，$\lambda_3\left(r-r_L\right)=0$。

根据 KKT 条件求得两组解分别为：① $r=\dfrac{1+r_L}{2}$，$Q=\dfrac{D}{2}$，$\lambda_1=\dfrac{1-8C-r_L}{8}$，

$\lambda_2=0$，$\lambda_3=0$，此时零售商获得的收益为：$\Pi^*=\dfrac{\left(5-16C+3r_L\right)}{32}D$，需要满足条

件 $0<C\leqslant\dfrac{1-r_L}{8}$；② $r=\dfrac{1+r_L}{2}$，$Q=\dfrac{2D(1-2C+r_L)}{3+5r_L}$，$\lambda_1=0$，$\lambda_2=0$，$\lambda_3=0$，此时

零售商获得的收益为：$\Pi^*=\dfrac{D(1-2C+r_L)^2}{6+10r_L}$，需要满足条件 $C>\dfrac{1-r_L}{8}$（其中

$C\geqslant\dfrac{1+r_L}{2}$ 时，$Q^*=0$）。

通过比较利润函数在分段子区域的最优利润值最终得到利润函数整体最优

解，因此令 $g_1(C)=\dfrac{\left(5-16C+3r_L\right)}{32}D$，$g_2(C)=\dfrac{(1-\delta)^2D}{16C}-\dfrac{(1-\delta)^4D}{16C(1-r_L)}+$

$\dfrac{(2\delta+r_L-1)D}{8}$，$g_3(C)=\dfrac{D(1-2C+r_L)^2}{6+10r_L}$。

因为：当 $Q_H<\dfrac{D}{2}\leqslant Q$ 且 $r_L\leqslant r\leqslant1$ 时，若 $C>\dfrac{1-r_L}{8}$，$\Pi^*=g_1(C)$。当 $0<Q\leqslant\dfrac{D}{2}$

且 $r_L<r\leqslant1$ 时，若 $C>\dfrac{1-r_L}{8}$，$\Pi^*=g_3(C)$，所以，当 $C>\dfrac{1-r_L}{8}$ 时，$\Pi^*=$

$$\max\left\{g_1(C), g_3(C)\right\} = \max\left\{\frac{(5 + 3r_L - 16C)}{32}D, \frac{D(1 - 2C + r_L)^2}{6 + 10r_L}\right\}。$$

又因为：当 $Q_H < \dfrac{D}{2} \leqslant Q$ 且 $r_L \leqslant r \leqslant 1$ 时，若 $C < \dfrac{1 - r_L}{8}$，$\Pi^* = g_2(C)$；当 $0 <$

$Q \leqslant \dfrac{D}{2}$ 且 $r_L < r \leqslant 1$ 时，若 $C < \dfrac{1 - r_L}{8}$，$\Pi^* = g_1(C)$，所以，当 $0 < C \leqslant \dfrac{1 - r_L}{8}$ 时，

$$\Pi^* = \max\left\{g_1(C), g_2(C)\right\} = \max\left\{\frac{(5 + 3r_L - 16C)}{32}D, \frac{(1 - \delta)^2 D}{16C} - \frac{(1 - \delta)^4 D}{16C(1 - r_L)} + \right.$$

$$\left.\frac{(2\delta + r_L - 1)D}{8}\right\}。$$

因为 $\dfrac{(1 - \delta)^2 D}{16C} - \dfrac{(1 - \delta)^4 D}{16C(1 - r_L)} + \dfrac{(2\delta + r_L - 1)D}{8} > \dfrac{(5 + 3r_L - 16C)}{32}D$，所以，当 $0 <$

$C \leqslant \dfrac{1 - r_L}{8}$ 时，$\quad \Pi^* = \max\left\{g_1(C), g_2(C)\right\} = g_2(C) = \dfrac{(1 - \delta)^2 D}{16C} - \dfrac{(1 - \delta)^4 D}{16C(1 - r_L)} +$

$\dfrac{(2\delta + r_L - 1)D}{8}$。

综上所述可得出以下结论。

(1) 当 $0 < C \leqslant \dfrac{1 - r_L}{8}$ 时，$\Pi^* = \dfrac{(1 - \delta)^2 D}{16C} - \dfrac{(1 - \delta)^4 D}{16C(1 - r_L)} + \dfrac{(2\delta + r_L - 1)D}{8}$，此时

零售商的最优决策是：$r^* = \delta$，$Q^* = \dfrac{(1 - \delta)D}{8C}$。

(2) 当 $C > \dfrac{1 - r_L}{8}$ 时，$\Pi^* = \dfrac{D(1 - 2C + r_L)^2}{6 + 10r_L}$，此时零售商的最优决策是：$r^* =$

$\dfrac{1 + r_L}{2}$，$Q^* = \dfrac{2D(1 - 2C + r_L)}{3 + 5r_L}$（其中 $C \geqslant \dfrac{1 + r_L}{2}$ 时，$Q^* = 0$）。

证毕。

3. 命题 6.3 的证明

证明　当 $D\left(1 - \dfrac{2P}{1 + r_L}\right) \leqslant Q$ 时，零售商利润函数为：$\Pi = PD\left(1 - \dfrac{2P}{1 + r_L}\right) - CQ$，

$$\frac{\partial \Pi}{\partial P} = D\left(1 - \frac{4P}{1 + r_L}\right), \quad \frac{\partial^2 \Pi}{\partial P^2} = D\left(-\frac{4}{1 + r_L}\right) < 0。$$

所以零售商利润函数为 P 的凹函数，其拉格朗日函数为

$$L = PD\left(1 - \frac{2P}{1+r_L}\right) - CQ + \lambda\left(Q - D\left(1 - \frac{2P}{1+r_L}\right)\right)$$

$$\frac{\partial L}{\partial P} = D\left(1 - \frac{4P}{1+r_L}\right) + \lambda\frac{2D}{1+r_L} = 0 ，\lambda\left(Q - D\left(1 - \frac{2P}{1+r_L}\right)\right) = 0 ，\lambda \geqslant 0 ，求解得到$$

最优解：$P^* = \frac{1+r_L}{4}$，$\lambda = 0$，需要满足条件：$\frac{D}{2} \leqslant Q \leqslant D$。$P^* = \frac{1+r_L}{2}\left(1 - \frac{Q}{D}\right)$，

$\lambda = \dfrac{\left(\dfrac{D}{2} - Q\right)(1+r_L)}{D}$，需要满足条件：$0 < Q < \dfrac{D}{2}$。

当 $D\left(1 - \dfrac{2P}{1+r_L}\right) > Q$ 时，零售商的利润函数为：$\Pi = PQ - CQ$，则 $\dfrac{\partial \Pi}{\partial P} =$

$P - C > 0$，利润函数是关于 P 的单调增函数，根据 $D\left(1 - \dfrac{2P}{1+r_L}\right) \geqslant Q$，得到

$P \leqslant \dfrac{1+r_L}{2}\left(1 - \dfrac{Q}{D}\right)$，因此，$P^* = \dfrac{1+r_L}{2}\left(1 - \dfrac{Q}{D}\right)$。

综上所述：当 $\dfrac{D}{2} \leqslant Q \leqslant D$ 时，$P^* = \dfrac{1+r_L}{4}$，零售商利润函数为：$\Pi = \dfrac{1+r_L}{8}D -$

CQ。当 $0 < Q < \dfrac{D}{2}$ 时，$P^* = \dfrac{1+r_L}{2}\left(1 - \dfrac{Q}{D}\right)$，零售商利润函数为：$\Pi = \dfrac{1+r_L}{2}\left(1 - \dfrac{Q}{D}\right) \times$

$Q - CQ$。

因此，可以得到关于 Q 的零售商利润函数：

$$\Pi = \begin{cases} \dfrac{1+r_L}{8}D - CQ, & \dfrac{D}{2} \leqslant Q \leqslant D \\[3mm] \dfrac{1+r_L}{2}\left(1 - \dfrac{Q}{D}\right)Q - CQ, & 0 < Q < \dfrac{D}{2} \end{cases}$$

4. 命题 6.4 的证明

证明　当 $\dfrac{D}{2} \leqslant Q \leqslant D$ 时，零售商利润函数为：$\Pi = \dfrac{1+r_L}{8}D - CQ$，求利润函

数关于 Q 的一阶导，即 $\dfrac{\partial \Pi}{\partial Q} = -C < 0$，利润函数是关于 Q 的单调减函数，$Q^* = \dfrac{D}{2}$，

利润函数为：$\Pi^* = \dfrac{1+r_L}{8}D - \dfrac{CD}{2}$。

当 $0 < Q < \dfrac{D}{2}$ 时，零售商利润函数为：$\Pi = \dfrac{1+r_L}{2}\left(1-\dfrac{Q}{D}\right)Q - CQ$，求利润函

数关于 Q 的一阶导，即 $\dfrac{\partial \Pi}{\partial Q} = \dfrac{1+r_L}{2}\left(1-\dfrac{2Q}{D}\right) - C$，求利润函数关于 Q 的二阶导

$\dfrac{\partial^2 \Pi}{\partial Q^2} = -\dfrac{1+r_L}{D} < 0$，则利润函数是关于 Q 的凹函数，拉格朗日函数为 $L =$

$\dfrac{1+r_L}{2}\left(1-\dfrac{Q}{D}\right) \times Q - CQ + \lambda\left(\dfrac{D}{2} - Q\right)$。$\dfrac{\partial L}{\partial Q} = \dfrac{1+r_L}{2}\left(1-\dfrac{2Q}{D}\right) - C - \lambda = 0$，$\lambda\left(\dfrac{D}{2} - Q\right) =$

$0, \lambda \geqslant 0$，求解得到最优解：$Q^* = \dfrac{D}{2} - \dfrac{CD}{1+r_L}$，$\lambda = 0$，需要满足条件：$0 < C \leqslant \dfrac{1+r_L}{2}$，

利润函数为：$\Pi^* = \dfrac{1+r_L}{8}D + \dfrac{C^2 D}{2(1+r_L)} - \dfrac{CD}{2}$。

综上所述，当 $0 < C < \dfrac{1+r_L}{2}$ 时，$Q^* = \dfrac{D}{2} - \dfrac{CD}{1+r_L}$，零售商利润函数为：$\Pi^* =$

$\dfrac{1+r_L}{8}D + \dfrac{C^2 D}{2(1+r_L)} - \dfrac{CD}{2}$；当 $C \geqslant \dfrac{1+r_L}{2}$ 时，$Q^* = 0$，零售商利润函数为 $\Pi^* = 0$。

证毕。

6.6.3　性质的证明

1. 性质 6.1 的证明

证明　当 $\dfrac{D}{2} \leqslant Q_H \leqslant Q$ 且 $r_L \leqslant r \leqslant 1$ 时，零售商对高、低质量等级农产品的最优

定价分别为：$P_H^* = \dfrac{1+r}{4}$，$P_L^* = \dfrac{r+r_L}{4}$。$\dfrac{\partial P_H^*}{\partial r} = \dfrac{1}{4} > 0$，$\dfrac{\partial P_L^*}{\partial r} = \dfrac{1}{4} > 0$。

当 $Q_H < \dfrac{D}{2} \leqslant Q$ 且 $r_L \leqslant r \leqslant 1$ 时，零售商对高、低质量等级农产品的最优定价分

别为：$P_H^* = \dfrac{r+r_L}{4} + \dfrac{(D-Q_H)(1-r_L)}{2D}$，$P_L^* = \dfrac{r+r_L}{4}$，$\dfrac{\partial P_H^*}{\partial r} = \dfrac{1}{4} + \dfrac{Q}{2D} > 0$，$\dfrac{\partial P_L^*}{\partial r} =$

$\dfrac{1}{4} > 0$。

当 $0 < Q \leqslant \dfrac{D}{2}$ 且 $r_L < r \leqslant 1$ 时，零售商对高、低质量等级农产品的最优定价分

别为：$P_H^* = \dfrac{D(1+r) - (1+r_L)Q}{2D}$，$P_L^* = \dfrac{D-Q}{2D}(r+r_L)$，$\dfrac{\partial P_H^*}{\partial r} = \dfrac{1}{2} > 0$，$\dfrac{\partial P_L^*}{\partial r} =$

$\dfrac{D-Q}{2D} > 0$。

证毕。

2. 性质 6.2 的证明

证明　当 $0 < C \leqslant \dfrac{1-r_L}{8}$ 时，$r^* = \delta$，其中 δ 满足以下条件：

$$\begin{cases} (1-\delta)^3 - 4C(1-r_L)(1-\delta) + 8C^2(1-r_L) = 0 \\ r_L < \delta < 1 - 4C \end{cases}，因为 \begin{cases} (1-\delta)^3 = 4C(1-r_L)(1-\delta) \\ \qquad -8C^2(1-r_L) > 0 \\ 3(1-\delta)^3 - 4C(1-r_L)(1-\delta) \\ = 8C(1-r_L)(1-\delta-C) \end{cases}，$$

所以 $3(1-\delta)^2 - 4C(1-r_L) > 0$。因为 $\left[3(1-\delta)^2 - 4C(1-r_L)\right] \dfrac{\partial \delta}{\partial r_L} = 4C(1-\delta) - 8C^2 >$

0，所以 $\dfrac{\partial \delta}{\partial r_L} > 0$。

当 $\dfrac{1-r_L}{8} < C \leqslant \dfrac{1+r_L}{2}$ 时，$r^* = \dfrac{1+r_L}{2}$，$Q^* = \dfrac{2D(1-2C+r_L)}{3+5r_L}$，$\dfrac{\partial r^*}{\partial r_L} = \dfrac{1}{2} > 0$。

当 $0 < C \leqslant \dfrac{1+r_L}{2}$ 时，农产品最优质量分级标准随着最低质量水平 r_L 的提高而提高。

当 $0 < C \leqslant \dfrac{1-r_L}{8}$ 时，$r^* = \delta$，其中 δ 满足以下条件：

$$\begin{cases} (1-\delta)^3 - 4C(1-r_L)(1-\delta) + 8C^2(1-r_L) = 0 \\ r_L < \delta < 1 - 2C \end{cases}$$

由性质 6.2 证明可知：$1-\delta > 2C$，$3(1-\delta)^2 - 4C(1-r_L) > 0$。

因为 $(1-\delta)^3 - 8C^2(1-r_L) = 4C(1-r_L)\left[(1-\delta) - 4C\right]$，$0 < C < \dfrac{1-r_L}{8}$，$\delta > r_L$，

而 $(1-\delta)^3 > (1-r_L)^3$，$0 < 8C^2(1-r_L) < \dfrac{(1-r_L)^3}{8}$，所以 $(1-\delta) > 4C$。

因为 $\left[4C(1-r_L) - 3(1-\delta)^2\right] \dfrac{\partial \delta}{\partial C} = 4(1-r_L)(1-\delta-4C)$，$3(1-\delta)^2 - 4C(1-$

$r_L) > 0$，$(1-\delta) > 4C$，所以 $\dfrac{\partial \delta}{\partial C} < 0$。

当 $\dfrac{1-r_L}{8} < C \leqslant \dfrac{1+r_L}{2}$ 时，$r^* = \dfrac{1+r_L}{2}$，质量分级标准与成本的变化无关。

当 $0 < C \leqslant \dfrac{1-r_L}{8}$ 时，农产品的最优质量分级标准随着成本增加而降低，当 $\dfrac{1-r_L}{8} < C \leqslant \dfrac{1+r_L}{2}$ 时，农产品的最优质量分级标准保持不变。

根据命题 6.2 得到的结果可知：当 $\dfrac{1-r_L}{8} \leqslant C \leqslant \dfrac{1+r_L}{2}$ 时，$\Pi^* = \dfrac{D\left(1-2C+r_L\right)^2}{6+10r_L}$；

分别求利润关于 r_L 和 C 的一阶导，即 $\dfrac{\partial \Pi^*}{\partial r_L} = \dfrac{\left(1-2C+r_L\right)\left(1+5r_L+10C\right)D}{2\left(3+5r_L\right)^2} > 0$，

$\dfrac{\partial \Pi^*}{\partial C} = \dfrac{-4D\left(1-2C+r_L\right)}{6+10r_L} < 0$，因此，零售商获得的最优利润 Π^* 是关于 r_L 的单调增函数，关于 C 的单调减函数。

证毕。

3. 性质 6.3 的证明

证明

(1) 根据命题 6.2 得到的结果可知：当 $0 < C \leqslant \dfrac{1-r_L}{8}$ 时，$r^* = \delta$，$Q^* = \dfrac{(1-\delta)D}{8C}$，

其中 δ 满足以下条件 $\begin{cases} (1-\delta)^3 - 4C(1-r_L)(1-\delta) + 8C^2(1-r_L) = 0 \\ r_L \leqslant \delta \leqslant 1-4C \end{cases}$。

根据性质 6.2 证明可知：$3(1-\delta)^2 - 4C(1 \quad r_L) > 0$，$(1-\delta) > 4C$，因为 $\dfrac{\partial \delta}{\partial C} = $

$\dfrac{4(1-r_L)\left[(1-\delta)-4C\right]}{4(1-r_L)C - 3(1-\delta)^2} < 0$，所以 $\dfrac{\partial Q^*}{\partial C} = \dfrac{-\left[C\dfrac{\partial \delta}{\partial C} + (1-\delta)\right]D}{8C^2} = \dfrac{(1-\delta)^3 D}{8C^2\left[4(1-r_L)C - 3(1-\delta)^2\right]} < 0$。

当 $\dfrac{1-r_L}{8} < C < \dfrac{1+r_L}{2}$ 时，$Q^* = \dfrac{2D(1-2C+r_L)}{3+5r_L}$，$\dfrac{\partial Q^*}{\partial C} = \dfrac{-4D}{3+5r_L} < 0$，当 $C \geqslant \dfrac{1+r_L}{2}$ 时，$Q^* = 0$。综上所述：零售商对农产品最优订货总量 Q^* 是关于采购成本 C 的单调减函数，且当采购成本过高时，零售商则放弃采购农产品。

(2) 根据命题 6.2 得到的结果可知：当 $0 < C \leqslant \dfrac{1-r_L}{8}$ 时，$r^* = \delta$，$Q^* = \dfrac{(1-\delta)D}{8C}$，

其中 δ 满足以下条件 $\begin{cases} (1-\delta)^3 - 4C(1-r_L)(1-\delta) + 8C^2(1-r_L) = 0 \\ r_L \leqslant \delta \leqslant 1-4C \end{cases}$。

根据性质 6.2 证明可知：$3(1-\delta)^2 - 4C(1-r_L) > 0$，$(1-\delta) > 4C$，$\dfrac{\partial \delta}{\partial r_L} > 0$，

因为 $\dfrac{\partial Q^*}{\partial r_L} = \dfrac{-\dfrac{\partial \delta}{\partial r_L} D}{8C}$，所以 $\dfrac{\partial Q^*}{\partial r_L} < 0$，即 $0 < C \leqslant \dfrac{1-r_L}{8}$ 时，农产品的最优订货量是

关于最低质量水平的单调减函数，随着最低质量水平的增加而减少。当 $\dfrac{1-r_L}{8} <$

$C < \dfrac{1+r_L}{2}$ 时，$Q^* = \dfrac{2D(1-2C+r_L)}{3+5r_L}$，则 $\dfrac{\partial Q^*}{\partial r_L} = \dfrac{4D(5C-1)}{(3+5r_L)^2}$，因此，$\dfrac{1-r_L}{8} < C \leqslant \dfrac{1}{5}$

时，$\dfrac{\partial Q^*}{\partial r_L} \leqslant 0$，即农产品最优订货量随着最低质量水平的增加而减少。

(3) $\dfrac{1}{5} < C < \dfrac{1+r_L}{2}$ 时，$\dfrac{\partial Q^*}{\partial r_L} > 0$，即农产品最优订货量随着最低质量水平提高

而增加。

证毕。

第7章　考虑生产者品牌竞争的农产品供应链绿色认证策略

本章以已达到绿色认证标准的生产者为例，加强对绿色认证的讨论。考虑竞争型生产者在品牌价值方面的差异，研究了由一个主导型的零售商和两个不同品牌的生产者构成的供应链。顾客在购买产品时既关心品牌价值，也关心产品安全。通过权衡从绿色标签中获得的利润和额外认证成本，探讨了生产者的绿色认证和批发定价策略，以及零售商的生产者选择和零售定价策略，为农产品生产者分析了绿色认证的利弊。

7.1　概　　述

健康是绿色农产品的主要购买动机之一(Popa et al.，2019；Sazvar et al.，2018)。产品的质量根植于生产过程，而不是在购买产品之前可以体验或直接观察到的任何可衡量的产品质量(Dabbert et al.，2014)。健康动机可能会受到信息缺乏的影响，而企业所采取的营销策略加剧了生产者和消费者之间的信息不对称(Marotta et al.，2014)。由于绿色标签是健康的标志，有绿色标签的食品往往被认为比没有绿色标签的相同食品更健康(Schifferstein and Ophuis，1998；Lee et al.，2013；Ellison et al.，2016)。

对于从事绿色生产的生产者来说，是否认证取决于绿色认证的成本和收益(陈艳莹和刘婧玲，2022)。在中国，许多农产品生产者销售符合绿色认证标准的野生和本土农产品，但很少选择认证自己的产品。然而，如果农户希望在较大的、匿名的市场或国家监管的市场上销售他们的绿色产品，他们必须获得认证(Veldstra et al.，2014)，否则会被认为是一般产品。Hazell 等(2010)也指出，超市已经成为食品市场的主导者，但小农很难满足超市的标准。

零售商经常销售同一种产品的多个品牌(Baltas，2004；Teng et al.，2007)。根据 Luo 等(2016)的研究，大多数人更喜欢在大型商场、超市以及为许多产品提供多种品牌的大卖场购物，而不是在特定品牌的直营店购物。在农产品行业也可以发现类似的现象，品牌在影响农产品消费方面的重要性已被广泛研究(Anselmsson et al.，2014；Sjostrom et al.，2014；林晶和王健，2018)。因此，零售商将决定是从多个生产者采购产品还是只从一个生产者采购产品。此外，零售商还应根据生产者的认证策略来确定产品的零售价格。农产品行业面临激烈的竞争，农产品生产者应如何确定竞争下的认证策略？竞争可能会削弱认证的好处，但是，如果竞争的生产者之一选择不认证该产品，它的产品很可能被认为是传统的(Yu et al.，2022；Fan et al.，2022)。更糟糕的是，它将面临失去市场的风险，尤其是当零售商只选择一个生产者时。本章假设零售商从两个生产者处采购产品，生产者 1 相比于生产者 2 有较高的品牌认可度。两种产品在两个属性上相互竞争，一个是品牌价值(胡韩莉等，2022)，另一个是健康效用，健康效用被定义为消费者认为食用绿色产品对其健康的影响(Howlett et al.，2009)。

过去的研究表明，无论是对环境还是对人类而言，绿色食品都被认为比传统生产的食品更健康(Michaelidou and Hassan，2008)。健康是促使消费者购买绿色食品的主要因素之一(Hsu et al.，2016)。如果一个生产者选择不认证，该产品将被视为一般产品，并失去健康效用。如果生产者选择认证，绿色标签通过确认产品的生产过程中没有使用杀虫剂、生长激素或抗生素，授予产品额外的健康效用，但此时，生产者必须支付认证成本。本章旨在解决以下关键问题：①生产者在什么条件下对产品进行认证以及绿色认证是否总是对生产者有利？②零售商的最优生产者选择策略是什么？③消费者品牌认知和认证的健康效用对零售商与生产者的最优定价政策、利润以及认证策略有何影响？

7.2　问 题 描 述

考虑由两个力量均衡型的竞争型生产者和一个零售商构成的供应链，其中，生产者用 c_1 和 c_2 表示，零售商是领导者，在供应链中起着主导作用，生产者生产一种遵循绿色实践的农产品。零售商如沃尔玛和家乐福(Ertek and Griffin，2002)，可能比上游成员发挥更大的主导作用。采用顾客选择模型来确定需求，使用健康效用来捕捉有和没有绿色标签的产品之间的区别。由于绿色标准的等价性，假设消费者从绿色标签中获得相同的健康效用，而不受品牌的影响。假设顾客评估 c_1 的品牌价值为 v，且均匀分布在 $[0,1]$ (Chiang et al.，2003)，并估计生产者 2 的产品为 θv，其中，θ 表示客户对产品 2 的品牌接受度。θ 反映竞争强度，$\theta \in (0,1)$ 且 θ 越大竞争强度越强(Luo et al.，2017)。例如，哈尔滨的大米比较出名，根据哈尔滨不同地区的生态环境，开发了不同的品牌，特别是在哈尔滨的五常大米中，稻花香这个品牌很出名。$\theta < 1$ 表示消费者相比于稻花香，对其他品牌价值的折扣。由于本章考虑的是两个不同品牌的生产者，因此 $\theta \neq 1$。如果，两个生产者在品牌认知度上没有差异，则认证均衡将是对称的(证明见本章附录 7.5.2)。如果生产者付出成本 F 来认证产品，它可以获得绿色标签，以证明产品是绿色的，否则该产品将被视为一般产品。本章假设顾客关心产品健康，他们将从购买绿色产品中获

得额外的健康效用，记为 Δ ，$\Delta \in (0,1)$ 。零售商确定两种产品的边际利润，记为 $m_n (n=1,2)$ 。生产者批发价为 w_n ，产品销售价为 p_n ，$p_n = m_n + w_n$ 。图 7.1 展示了博弈的顺序。在阶段 1，两个生产者同时决定是否对产品进行认证。在阶段 2，零售商在考虑生产者认证决策的情况下，结合两种产品的批发价格，确定对应产品的单位边际利润，选择同时从两个生产者或其中一个生产者采购产品。在阶段 3，依据给定两种产品的边际利润，生产者同时决定批发价格，其单位生产成本分别为 c_1、c_2 。在阶段 4，顾客根据他们的效用决定购买产品 1 还是产品 2。

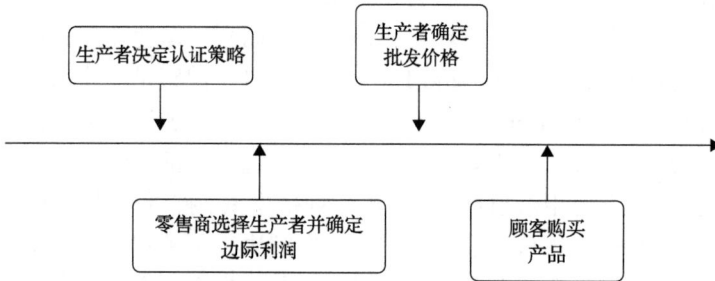

图 7.1 博弈决策顺序

用 ζ_n 表示认证的决策，即 $\zeta_n (n=1,2) = \begin{cases} 1, & 认证 \\ 0, & 不认证 \end{cases}$ ，用 $u_1 = v - p_1 + \zeta_1 \Delta$ 表示顾客从产品 1 处得到的效用，$u_2 = \theta v - p_2 + \zeta_2 \Delta$ 表示顾客从产品 2 处得到的效用。当 $v - p_1 + \zeta_1 \Delta \geqslant \theta v - p_2 + \zeta_2 \Delta$ 和 $v - p_1 + \zeta_1 \Delta \geqslant 0$ 时，顾客将选择购买产品 1。当 $v - p_1 + \zeta_1 \Delta < \theta v - p_2 + \zeta_2 \Delta$ 和 $\theta v - p_2 + \zeta_2 \Delta \geqslant 0$ 时，顾客将从生产者 2 处购买产品。因此，需求函数可以表示为

$$D_1 = \begin{cases} 1 - p_1 + \zeta_1 \Delta, & 0 < \theta < \dfrac{p_2 - \zeta_2 \Delta}{p_1 - \zeta_1 \Delta} \\ 1 - \dfrac{p_1 - p_2 + (\zeta_2 - \zeta_1)\Delta}{1 - \theta}, & \dfrac{p_2 - \zeta_2 \Delta}{p_1 - \zeta_1 \Delta} \leqslant \theta \leqslant 1 - p_1 + p_2 + (\zeta_1 - \zeta_2)\Delta \\ 0, & 1 - p_1 + p_2 + (\zeta_1 - \zeta_2)\Delta < \theta < 1 \end{cases} \tag{7.1}$$

$$D_2 = \begin{cases} 0, & 0 < \theta < \dfrac{p_2 - \zeta_2 \Delta}{p_1 - \zeta_1 \Delta} \\ \dfrac{p_1 - p_2 + (\zeta_2 - \zeta_1)\Delta}{1 - \theta} - \dfrac{p_2 - \zeta_2 \Delta}{\theta}, & \dfrac{p_2 - \zeta_2 \Delta}{p_1 - \zeta_1 \Delta} \leqslant \theta \leqslant 1 - p_1 + p_2 + (\zeta_1 - \zeta_2)\Delta \\ 1 - \dfrac{p_2 - \zeta_2 \Delta}{\theta}, & 1 - p_1 + p_2 + (\zeta_1 - \zeta_2)\Delta < \theta < 1 \end{cases}$$

$$\tag{7.2}$$

用下标 c 和 r 分别表示生产者与零售商，则生产者的利润函数为

$$\pi_{c1} = (w_1 - c_1) D_1 - \zeta_1 F \tag{7.3}$$

$$\pi_{c2} = (w_2 - c_2) D_2 - \zeta_2 F \tag{7.4}$$

零售商的利润函数为

$$\pi_r = m_1 D_1 + m_2 D_2 \tag{7.5}$$

将潜在客户的市场规模归一化，生产者的生产成本归一化为零，为不失一般性，进一步研究了附录 7.5.5 中考虑生产成本的模型，每个客户最多购买 1 单位产品。

7.3　均衡认证策略

采用逆向归纳的方法求解该主从博弈。由于两个生产者在定价上都是跟随者，因此生产者首先假设零售商的边际利润已知，得到其最优响应函数，使其利润最大化。其次，在已知生产者响应函数的情况下，零售商求解利润最大化问题，优化边际利润。在求解了四种不同认证场景下生产者和零售商的定价策略之后，求解了生产者的认证策略和零售商的生产者选择策略。然而，由于认证策略在生产者选择策略之前，对零售商的决策有很大的影响，因此将首先求解零售商的生产者选择策略，其次使用逆向归纳法来确定生产者的认证决策。从附录 7.5.1 所示的证明中，得到了如下的基本解决方案。

当 $0 < \theta < \dfrac{p_2 - \zeta_2 \Delta}{p_1 - \zeta_1 \Delta}$ 时，零售商仅从生产者 1 处采购产品。产品 1 的边际利润、批发价格、销售价格、生产者 1 的利润和零售商的利润为

$$m_1^* = \frac{1 + \zeta_1 \Delta}{2} \tag{7.6}$$

$$w_1^* = \frac{1 + \zeta_1 \Delta}{4} \tag{7.7}$$

$$p_1^* = \frac{3(1 + \zeta_1 \Delta)}{4} \tag{7.8}$$

$$\pi_{c1}^* = \frac{(1 + \zeta_1 \Delta)^2}{16} - \zeta_1 F \tag{7.9}$$

$$\pi_r^* = \frac{(1 + \zeta_1 \Delta)^2}{8} \tag{7.10}$$

当 $\dfrac{p_2 - \zeta_2 \Delta}{p_1 - \zeta_1 \Delta} \leqslant \theta \leqslant 1 - p_1 + p_2 + (\zeta_1 - \zeta_2)\Delta$ 时，零售商同时从生产者 1 和生产者 2 采购产品。两种产品的边际利润、批发价格、销售价格、生产者利润和零售商的利润为

$$m_1^* = \frac{1 + \zeta_1 \Delta}{2} \tag{7.11}$$

$$m_2^* = \frac{1}{2}(\theta + \zeta_2 \Delta) \tag{7.12}$$

$$w_1^* = \frac{2 - 2\theta + (2 - \theta)\zeta_1 \Delta - \zeta_2 \Delta}{2(4 - \theta)} \tag{7.13}$$

$$w_2^* = \frac{\theta(1 - \theta - \zeta_1 \Delta) + (2 - \theta)\zeta_2 \Delta}{2(4 - \theta)} \tag{7.14}$$

$$p_1^* = \frac{6 - 3\theta + 2(3 - \theta)\zeta_1 \Delta - \zeta_2 \Delta}{2(4 - \theta)} \tag{7.15}$$

$$p_2^* = \frac{\theta(5 - 2\theta - \zeta_1 \Delta) + 2(3 - \theta)\zeta_2 \Delta}{2(4 - \theta)} \tag{7.16}$$

$$\pi_{c1}^* = \frac{\left(2 - 2\theta + (2 - \theta)\zeta_1 \Delta - \zeta_2 \Delta\right)^2}{4(4 - \theta)^2(1 - \theta)} - \zeta_1 F \tag{7.17}$$

$$\pi_{c2}^* = \frac{\left(\theta(1 - \theta - \zeta_1 \Delta) + (2 - \theta)\zeta_2 \Delta\right)^2}{4(4 - \theta)^2(1 - \theta)\theta} - \zeta_2 F \tag{7.18}$$

$$\pi_r^* = \frac{\theta(2 - \theta - \theta^2) + \theta\zeta_1 \Delta\left(4(1 - \theta) + (2 - \theta)\zeta_1 \Delta\right) + 2\theta(1 - \theta - \zeta_1 \Delta)\zeta_2 \Delta + (2 - \theta)\zeta_2^2 \Delta^2}{4(4 - \theta)(1 - \theta)\theta}$$

$$\tag{7.19}$$

当 $1 - p_1 + p_2 + (\zeta_1 - \zeta_2)\Delta < \theta < 1$ 时，零售商仅从生产者 2 采购产品。产品 2 的边际利润、批发价格、销售价格、生产者 2 利润和零售商的利润为

$$m_2^* = \frac{1}{2}(\theta + \zeta_2 \Delta) \tag{7.20}$$

$$w_2^* = \frac{1}{4}(\theta + \zeta_2 \Delta) \tag{7.21}$$

$$p_2^* = \frac{3}{4}(\theta + \zeta_2 \Delta) \tag{7.22}$$

$$\pi_{c2}^* = \frac{(\theta + \zeta_2 \Delta)^2}{16\theta} - \zeta_2 F \tag{7.23}$$

$$\pi_r^* = \frac{(\theta + \zeta_2 \Delta)^2}{8\theta} \tag{7.24}$$

7.3.1　给定认证场景的均衡定价决策

根据两个生产者不同的认证策略，形成以下四种场景：①场景 7.1，生产者都采取认证决策，即认证-认证策略；②场景 7.2，认证-不认证策略；③场景 7.3，不认证-认证策略；④场景 7.4，不认证-不认证策略。

引理 7.1　当零售商同时选择两个生产者时，可得出以下结论。

(1) 在四种认证场景下，生产者 1 的批发价格和利润随着 θ 的增大而减小。

(2) 在四种认证场景下，当 $\Delta > \dfrac{4 - 8\theta + \theta^2}{4\zeta_1 + 2\zeta_2}$ 时，生产者 2 的批发价格随着 θ 的增大而减小，否则，当 $\theta < 4 - 2\sqrt{3}$ 时，生产者 2 的批发价格随着 θ 的增大而增大，当 $\theta > 4 - 2\sqrt{3}$ 时，生产者 2 的批发价格随着 θ 的增大而减小。

(3) 在场景 7.1 和场景 7.2 下，当 $\theta > \dfrac{4}{7}$ 时，生产者 2 的利润随着 θ 的增大而减小，否则，当 $\Delta < \dfrac{(1-\theta)\theta(-4+7\theta)}{\theta(-4+\theta(-1+2\theta)) + (-8 + \theta(18 + \theta(-9 + 2\theta)))\zeta_2}$ 时，生产者 2 的利润随着 θ 的增大而增大，当 $\Delta > \dfrac{(1-\theta)\theta(-4+7\theta)}{\theta(-4+\theta(-1+2\theta)) + (-8 + \theta(18 + \theta(-9 + 2\theta)))\zeta_2}$ 时，生产者 2 的利润随着 θ 的增大而减小。

(4) 在场景 7.3 下，当 $\dfrac{4}{7} < \theta < \dfrac{9 - \sqrt{17}}{8}$ 时，生产者 2 的利润随着 θ 的增大而减小；当 $\theta > \dfrac{9 - \sqrt{17}}{8}$ 时，如果 $\Delta (>) < \dfrac{(1-\theta)\theta(-4+7\theta)}{-8 + \theta(18 + \theta(-9 + 2\theta))}$，生产者 2 的利润随着 θ 的增大而（减小）增大；当 $\theta < \dfrac{4}{7}$ 时，如果 $\Delta (>) < \dfrac{(1-\theta)\theta(-4+7\theta)}{-8 + \theta(18 + \theta(-9 + 2\theta))}$，生产者 2 的利润随着 θ 的增大而（减小）增大。在场景 7.4 下，如果 $\theta (>) < \dfrac{4}{7}$，生产者 2 的利润随着 θ 的增大而（减小）增大。

引理 7.1(2)表示当 Δ 和 θ 都较小时，生产者 2 的批发价格才一直随着 θ 的增大而增大。在场景 7.1，$D_1^* - D_2^* = \dfrac{\Delta(-2+\theta)+\theta}{2(4-\theta)\theta}$，保持 Δ 固定，如果 $\theta > \dfrac{2\Delta}{1+\Delta}$，则 $D_1^* > D_2^*$。生产者 2 将降低批发价格鼓励零售商采购产品 2，因此，当 $\theta > \dfrac{4}{7}$ 时，生产者 2 的利润随着 θ 的增大而减小。但是由于生产者 1 的利润随着 θ 的增大而减小，生产者 2 仍然可以通过提高 θ，减小两个产品之间的利润差距。生产者 2 可以通过认证，降低两个产品销售价格的差距（$\dfrac{\partial\left(p_1^* - p_2^*\right)}{\partial\Delta} < 0$）。产品 2 的销售价格总是随着 θ 和 Δ 的增大而增大，较低的健康效用会导致产品 2 较低的销售价格，随着 θ 的增大，较高的销售价格导致的需求降低也会比较弱。当 Δ 和 θ 都较小时，生产者 2 的批发价格才一直随着 θ 的增大而增大。随着 Δ 的增大，上述需求将会迅速降低，因此，当 θ 增大时，生产者 2 将会降低批发价格来刺激需求。

在场景 7.2 中，当 θ 和 Δ 都较小时，产品 2 的批发价格和利润会随着 θ 的增大而增大。由于 $D_2 = \dfrac{p_1 - p_2 - \Delta}{1-\theta} - \dfrac{p_2}{\theta}$，当 Δ 较大时，生产者 1 的认证行为会严重削弱生产者 2 的需求，且这种削弱会随着 θ 的增大而增大（$\dfrac{\partial^2 D_2}{\partial\Delta\partial\theta} < 0$），因此，生产者 2 会在 θ 较大时降低批发价格，这也会损害它的利润。

在场景 7.3 中，只有生产者 2 认证产品，只有当 θ 和 Δ 都很小或者都很大时，生产者 2 的利润才会随着 θ 的增大而增大。当健康效用较低时，生产者 2 不得不在高品牌认知度的情况下降低批发价格，这削弱了生产者 2 的利润。由于 $\dfrac{\partial p_2^*}{\partial\Delta} = \dfrac{3-\theta}{4-\theta} > 0$ 同时 $\dfrac{\partial^2 p_2^*}{\partial\Delta\partial\theta} < 0$，当 θ 较大时，此时销售价格随着 Δ 缓慢地增长，因此，生产者 2 仍然可以提高它的批发价格。但是，当 θ 较小时，销售价格随着 Δ 迅速地增长，降低顾客对产品 2 的需求。在这种情况下，生产者 2 会降低批发价格来刺激需求。因此，当 Δ 较大同时 θ 较小时，生产者 2 的利润将会随着 θ 的增大而减小。

在场景 7.4 中，如果生产者 2 的品牌认可度较高，那么零售商针对产品 2 总是设置一个较高的边际利润。当 θ 较低时，随着 θ 的增加，生产者 2 仍提高批发价格，同时对应的销售价格也会逐渐增大。在 θ 较大时，产品 2 的边际利润持续增大，生产者 2 不得不降低其批发价格，以避免销售价格快速上涨带来的需求损失。因此，当 $\theta > \dfrac{4}{7}$ 时，生产者 2 的利润将会随着 θ 的增大而减小。

定义整个供应链的利润为：$\pi_{sc} = \pi_r + \pi_{c1} + \pi_{c2}$，消费者效用可以表示为

$$E(\text{CS}) = E\left(\int_{\frac{p_1 - p_2 + (\zeta_2 - \zeta_1)\Delta}{1-\theta}}^{1} v - p_1 + \zeta_1 \Delta \mathrm{d}v + \int_{\frac{p_2 - \zeta_2 \Delta}{\theta}}^{\frac{p_1 - p_2 + (\zeta_2 - \zeta_1)\Delta}{1-\theta}} \theta v - p_2 + \zeta_2 \Delta \mathrm{d}v \right).$$

命题 7.1　当两个生产者同时认证产品时，可得出以下结论。

(1) 当 $\theta > \dfrac{2}{13}\left(3\sqrt{3} - 1\right)$ 时，零售商的利润随着 θ 的增大而增大；否则，当 $\Delta < (>) \Delta_r^*$ 时，零售商的利润随着 θ 的增大而增大（减小）。

(2) 当 $\Delta < (>) \Delta_{sc}^*$ 时，供应链的利润随着 θ 的增大而增大（减小）。

(3) 当 $\theta > \theta_{cs}^*$ 时，消费者效用随着 θ 的增大而增大；否则，当 $\Delta < (>) \Delta_{cs}^*$ 时，零售商的利润随着 θ 的增大而增大（减小）。

其中，$\Delta_r^* = \dfrac{6}{-3 + \sqrt{3}(4-\theta)}$，$\Delta_{sc}^* = \dfrac{(4-7\theta)\theta^2 + \theta(4-\theta)\sqrt{60 + 3\theta(-22 + 5\theta)}}{2(24 + \theta(-18 + \theta(5+\theta)))}$，$\Delta_{cs}^* = $

$\dfrac{\theta^2(20+\theta) + \theta(4-\theta)\sqrt{(28 - (2-\theta)\theta)}}{2(2+\theta)(4-5\theta)}$。

命题 7.1(1) 和命题 7.1(3) 显示，零售商和顾客都可以从生产者 2 的高品牌认知度中受益。如果两个生产者同时认证产品，它们在健康效用方面没有差异。当 θ 较大时，两个生产者间竞争激烈，因此定一个较低的价格，吸引更多的顾客。零售商将从更高的需求中获益，消费者剩余将得到提高。然而，如果消费者从绿色标签中获得了相对较高的健康效用，两个生产者仍然可以设置较高的批发价格来获得更多的利润。因此，消费者剩余并不总是随着 θ 的增大而增大，在低竞争强度和高健康效用的环境下，零售商的利润和消费者剩余将会随着 θ 的增大而减小。

命题 7.2　当两个生产者同时对产品进行认证时，两个生产者的利润差距将随着 Δ 的增大而减小；与两个生产者都不认证产品的场景相比，认证获得的好处将随着 θ 的增大而减小。

当两个生产者同时对产品进行认证时，在未优化销售价格的情况下，可得 $D_1 = 1 - \dfrac{p_1 - p_2}{1 - \theta}$，$D_2 = \dfrac{p_1 - p_2}{1-\theta} - \dfrac{p_2 - \Delta}{\theta}$；认证带来的健康效用在产品 1 的需求函数中被抵消，生产者 2 可以通过认证获得更多的需求。在优化销售价格的情况下，

可得 $\dfrac{\partial p_1^* - p_2^*}{\partial \Delta} = \dfrac{-(1-\theta)}{2(4-\theta)} < 0$，$\dfrac{\partial D_1^* - D_2^*}{\partial \Delta} = \dfrac{-(2-\theta)}{2(4-\theta)\theta} < 0$，$\dfrac{\partial w_1^* - w_2^*}{\partial \Delta} = \dfrac{-(1-\theta)}{2(4-\theta)} < 0$；

特别地，当 $\Delta > \dfrac{\theta}{2-\theta}$ 时，$D_2^* > D_1^*$。因此，由于 $\dfrac{\partial D_1^* - D_2^*}{\partial \Delta} < 0$ 和 $\dfrac{\partial w_1^* - w_2^*}{\partial \Delta} < 0$，两个生产者的利润差距随着 Δ 的增大而减小。当保持 Δ 为固定值时，随着 θ 的增加，

两个生产者之间的竞争强度将会增强，这将导致认证带来的好处随着 θ 的增加而减小。

7.3.2 生产者选择策略

通过逆向归纳法，本节在分析完不同认证场景下的定价决策后，首先分析生产者选择策略，并得到以下命题。

命题 7.3 当两个生产者采用非对称认证策略时，零售商倾向于购买带有绿色标签的产品，特别是绿色标签带来的健康效用更高时。

在不考虑生产成本的情况下，当两个生产者采取对称策略时，零售商将同时从两个生产者采购产品。当两个生产者采取认证-不认证策略时，当 $\Delta \leqslant 1-\theta$ 时，零售商将同时采购两种产品，否则，它将只从生产者 1 处采购产品。当两个生产者采用不认证-认证策略时，当 $\Delta \leqslant 2-2\theta$ 时，零售商将同时采购两种产品，否则，它将只从生产者 2 采购产品。当生产者采取非对称认证策略时，与绿色标签相关的健康效用越高，被认证的生产者的批发价和利润就越高，零售商的销售价格和利润也就越高，因此零售商愿意采购带有绿色标签的产品。未被认证的生产者的批发价、销售价、利润下降，甚至被零售商抛弃。

7.3.3 生产者的均衡认证策略

根据生产者在不同认证场景下的利润和零售商的生产者选择策略，研究生产者的均衡认证策略。当 $\Delta \leqslant 1-\theta$ 时，无论生产者是否认证，零售商都会同时从两个生产者处采购产品。最终的认证策略如表 7.1 所示。

表 7.1 当 $\Delta \leqslant 1-\theta$ 时的认证策略

θ	Δ	情形
$\theta \leqslant \dfrac{7-\sqrt{41}}{2}$	$\Delta \leqslant \Delta_{11}$	(7.1)
	$\Delta_{11} < \Delta \leqslant \Delta_{12}$	(7.2)
	$\Delta_{12} < \Delta \leqslant \Delta_{13}$	(7.3)
	$\Delta > \Delta_{13}$	(7.4)
$\dfrac{7-\sqrt{41}}{2} < \theta \leqslant \dfrac{5-\sqrt{17}}{2}$	$\Delta \leqslant \Delta_{11}$	(7.1)
	$\Delta_{11} < \Delta \leqslant \Delta_{12}$	(7.2)
	$\Delta > \Delta_{12}$	(7.3)
$\theta > \dfrac{5-\sqrt{17}}{2}$	$\Delta \leqslant \Delta_{11}$	(7.1)
	$\Delta > \Delta_{11}$	(7.2)

表 7.1 显示，当 F 很小时，两个生产者均采取认证策略，当 F 很大时，两个生产者均不采取认证策略。当 F 适中时，认证策略随着 Δ 和 θ 的变化而变化。当 Δ 很小时（ $\Delta \leqslant \Delta_{11}$ ），如果 $\bar{F}_{11} < F \leqslant \bar{F}_{12}$ ，生产者 2 将依据生产者 1 的认证策略，选择与其相反的认证策略。较小的 Δ 劝退生产者 2 采取认证策略，但命题 7.2 显示，较小的 Δ 将会对生产者 1 更有利，因此，认证是生产者 1 的占优策略，生产者 2 采取相反的策略——不认证。

当 Δ 较大同时 θ 较小时（ $\Delta > \Delta_{12} \cap \theta \leqslant \dfrac{5-\sqrt{17}}{2}$ ），如果 $\bar{F}_{13} < F \leqslant \bar{F}_{11}$ 或 $\bar{F}_{13} < F \leqslant \bar{F}_{14}$ ，因为生产者 2 的品牌认知度低，生产者 1 没有认证产品的动机。此外，已证实，如果两个生产者同时认证产品，两个生产者的利润差距将会随着 Δ 的增加而减少。因此，当 Δ 较大同时 θ 较小时，生产者 1 没有认证产品的动机，它将采取与生产者 2 相反的认证策略。如果 Δ 较大时，生产者 2 可以通过认证缓解其品牌认知度的不足，因此，认证是生产者 2 的主导策略，这使得生产者 1 采取了相反的策略——不认证。但是，情形(7.3)和情形(7.4)仍随着 F 的增加而变化。在情形(7.4)下，在区间 $\Delta > \Delta_{13} \cap \bar{F}_{14} < F \leqslant \bar{F}_{11}$ 内，两个生产者都有占优策略。生产者 1 在当 Δ 较大同时 θ 较小时，没有必要认证产品。此外，相比于区间 $\bar{F}_{13} < F \leqslant \bar{F}_{14}$ ，此时认证成本较高；因此，不认证将成为生产者的占优策略。对于生产者 2，由于较高的健康效用将会弥补其在品牌认知度的不足，当 $\bar{F}_{14} < F \leqslant \bar{F}_{11}$ 时，认证仍是它的占优策略，但随着 F 的增加，在区间 $\bar{F}_{11} < F \leqslant \bar{F}_{12}$ 内，认证不再是占优策略。在情形(7.3)下，当 $\bar{F}_{11} < F \leqslant \bar{F}_{14}$ 时，两个生产者都没有占优策略。

当 θ 较大时（ $\theta > \dfrac{5-\sqrt{17}}{2}$ ），生产者 1 此时意识到来自生产者 2 的竞争威胁，在情形(7.1)当 $\bar{F}_{11} < F \leqslant \bar{F}_{12}$ 时，或在情形(7.2)当 $\bar{F}_{11} < F \leqslant \bar{F}_{13}$ 时，认证是生产者 1 的占优策略。但是，情形(7.1)和情形(7.2)仍随着 F 的增加而变化。在情形(7.2)下，当 $\Delta > \Delta_{11}$ 且 $\bar{F}_{13} < F \leqslant \bar{F}_{12}$ 时，由于 θ 和 Δ 都大，两个生产者都没有占优策略。对于生产者 1，较大的 Δ 并不是足够有利的；虽然生产者 2 有一个相对较高的品牌认知度，但此时认证成本与区间 $\bar{F}_{11} < F \leqslant \bar{F}_{13}$ 相比较高，因此，认证不再是生产者 1 的占优策略。对于生产者 2，因为更大的 Δ 将会对它更有利，不认证也不是它的占优策略。在情形(7.1)，当 $\Delta < \Delta_{11}$ 且 $\bar{F}_{12} < F \leqslant \bar{F}_{13}$ 时，两个生产者都有占优策略。当 θ 较大同时 Δ 较小时，认证仍是生产者 1 的占优策略。对于生产者 2，与区间 $\bar{F}_{11} < F \leqslant \bar{F}_{12}$ 相比，此时认证成本更高，同时 Δ 又小，因此，不认证是生产者 2 的占优策略。

图 7.2 显示两个生产者在 F 很小时都采取认证策略，在 F 很大时都采取不认证策略。图 7.2(a) 和图 7.2(b) 中的阴影区域策略为 1-0，而在图 7.2(c) 中阴影区域策略为 0-1，可解释为：此时生产者 2 的品牌认可度较低，因此随着 Δ 的增加，它将从认证中获益更多。

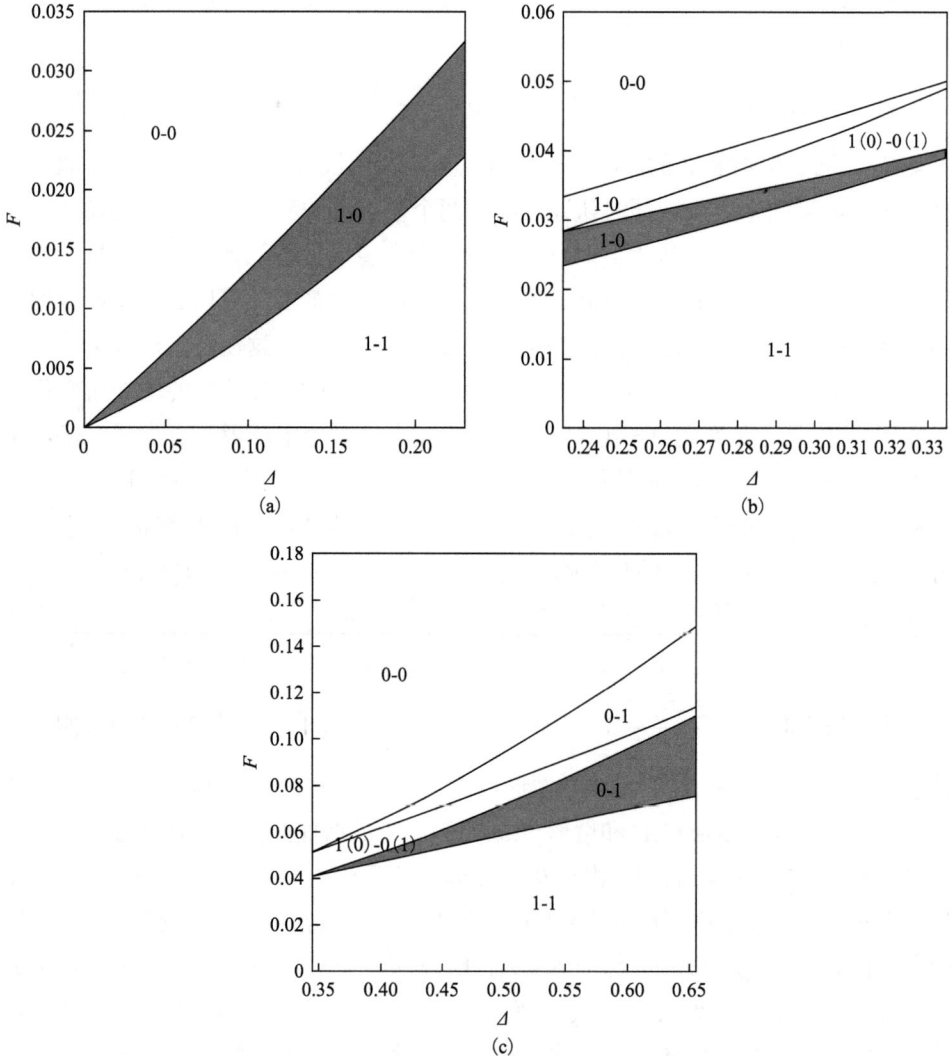

图 7.2　认证策略随 Δ 和 F 的变化（$\theta = 0.3 \cap \Delta \leqslant 1-\theta$）

当 $1-\theta < \Delta \leqslant \min\{2-2\theta, 1\}$ 时，在认证-不认证策略下，零售商只会采购来自生产者 1 的产品。最终的认证策略如表 7.2 所示。

表 7.2　当 $1-\theta<\varDelta\leqslant\min\{2-2\theta,1\}$ 时的认证策略

θ	$\varDelta$	情形
$\theta\leqslant\theta_{23}$		(7.5)
$\theta_{23}<\theta\leqslant\theta_{24}$	$\varDelta\leqslant\varDelta_{23}$	(7.6)
	$\varDelta>\varDelta_{23}$	(7.5)
$\theta_{24}<\theta\leqslant\theta_{21}$		(7.6)
$\theta_{21}<\theta\leqslant\dfrac{5-\sqrt{17}}{2}$	$\varDelta\leqslant\varDelta_{21}$	(7.7)
	$\varDelta>\varDelta_{21}$	(7.6)
$\dfrac{5-\sqrt{17}}{2}<\theta\leqslant\theta_{22}$	$\varDelta\leqslant\varDelta_{22}$	(7.8)
	$\varDelta_{22}<\varDelta\leqslant\varDelta_{21}$	(7.7)
	$\varDelta>\varDelta_{21}$	(7.6)
$\theta_{22}<\theta\leqslant\dfrac{9-\sqrt{17}}{8}$	$\varDelta\leqslant\varDelta_{22}$	(7.8)
	$\varDelta>\varDelta_{22}$	(7.7)
$\theta>\dfrac{9-\sqrt{17}}{8}$		(7.8)

均衡认证策略见本章附录 7.5.4 节。

从本章附录 7.5.4 节的均衡认证策略中,发现除了情形(7.8),当 F 适中时,如果两个生产者有占优策略,将达成 0-1 均衡。比较表 7.2 中的 $\dfrac{5-\sqrt{17}}{2}<\theta\leqslant\dfrac{9-\sqrt{17}}{8}$ 区域和表 7.1 中的 $\theta>\dfrac{5-\sqrt{17}}{2}$ 区域,发现表 7.2 中,只有当 $\varDelta<\varDelta_{22}$ 时,生产者 1 才会急于认证产品,在表 7.1 中,当 $\theta>\dfrac{5-\sqrt{17}}{2}$ 时,生产者 1 总是要认证产品。

在区间 $\dfrac{5-\sqrt{17}}{2}<\theta\leqslant\dfrac{9-\sqrt{17}}{8}\cap\varDelta\leqslant\varDelta_{22}$ 内,较低的健康效用不利于生产者 2,但此时,生产者 1 开始意识到来自生产者 2 的较高的品牌竞争。因此,生产者 1 比生产者 2 更急于认证,此时生产者 1 的占优策略是认证,生产者 2 将采取相反的策略——不认证。如果生产者 2 也认证产品,只能获得负的利润。最终,生产者 2 被零售商拒绝,利润为 0。

比较情形(7.6)和情形(7.7),可得主要的区别在第四部分,即当在情形(7.6)中 $\bar{F}_{22}<F\leqslant\bar{F}_{12}$ 时,和在情形(7.7)中 $\bar{F}_{12}<F\leqslant\bar{F}_{22}$ 时。当 $\varDelta$ 较高 ($\varDelta>\varDelta_{21}$) 同时 $\bar{F}_{22}<F\leqslant\bar{F}_{12}$ 时,不认证是生产者 1 的占优策略。当 $\varDelta$ 较小 ($\varDelta\leqslant\varDelta_{21}$) 同时 $\bar{F}_{12}<F\leqslant\bar{F}_{22}$ 时,不认证不再是生产者 1 的占优策略,但是,由于认证成本高,

认证也不能成为生产者 1 的占优策略。由于认证成本高且健康效用小，不认证将是生产者 2 的占优策略，因此，生产者 1 将采取相反的策略——认证。

在本节中，如果生产者 2 不认证产品，它将面临被零售商拒绝的风险。因此，此时，生产者 2 更急于认证该产品（见图 7.3 中的 0-1 部分）。图 7.3（a）中阴影部分显示了当 Δ 较小时，均衡策略中不存在占优策略，即两个生产者采取与对方相反的策略即可，但是随着 Δ 的增加，均衡策略在图 7.3（b）中将转为 0-1。

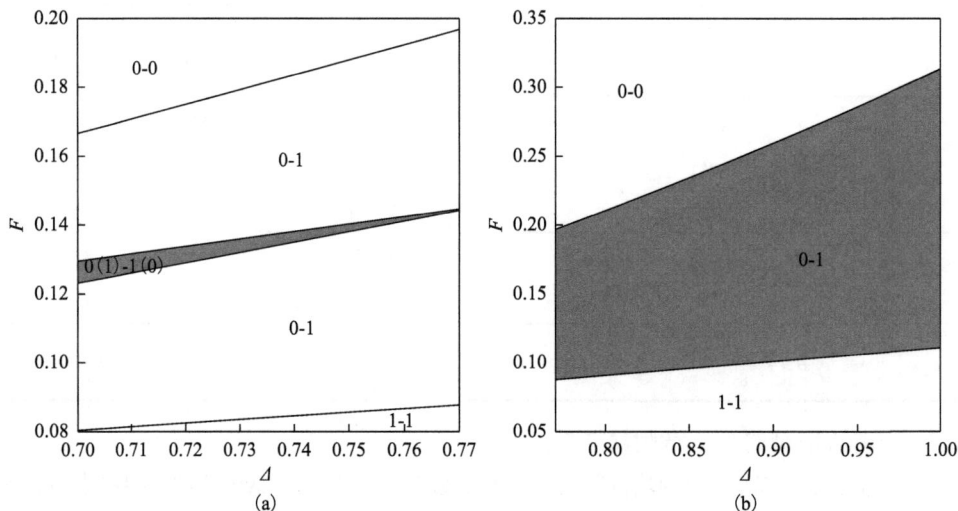

图 7.3　认证策略随 Δ 和 F 的变化（$\theta = 0.3 \cap 1 - \theta < \Delta \leqslant \min\{2 - 2\theta, 1\}$）

当 $2 - 2\theta < \Delta \leqslant 1$ 和 $\theta > 0.5$ 时，如果两个生产者采取不对称的认证策略，零售商只会采购被认证的生产者。最终认证策略如表 7.3 所示。

表 7.3　当 $2 - 2\theta < \Delta \leqslant 1$ 时的认证策略

θ	Δ	情形
$\dfrac{1}{2} < \theta \leqslant \dfrac{9 - \sqrt{17}}{8}$		(7.9)
$\dfrac{9 - \sqrt{17}}{8} < \theta \leqslant 1$	$2 - 2\theta \leqslant \Delta \leqslant \sqrt{\theta}$	(7.10)
	$\Delta > \sqrt{\theta}$	(7.9)

注：均衡认证策略见本章附录 7.5.4 节

当 F 值适中时［见本章附录 7.5.4 节中的情形（7.9）和情形（7.10）］，当 θ 较大，Δ 较小时，两个生产者将达到 1-0 均衡，否则，它们会达到 0-1 平衡。在图 7.4 中，假设 $\Delta = 1$ 和 $2 - 2\theta < \Delta \leqslant 1$，此时，$\Delta$ 和 θ 均较大，尽管生产者 2 品牌认知度较高，其仍采用认证策略（图 7.4 中的阴影区域，其中深色阴影和浅色阴影分别代

表有占优策略与没有占优策略下的均衡)。

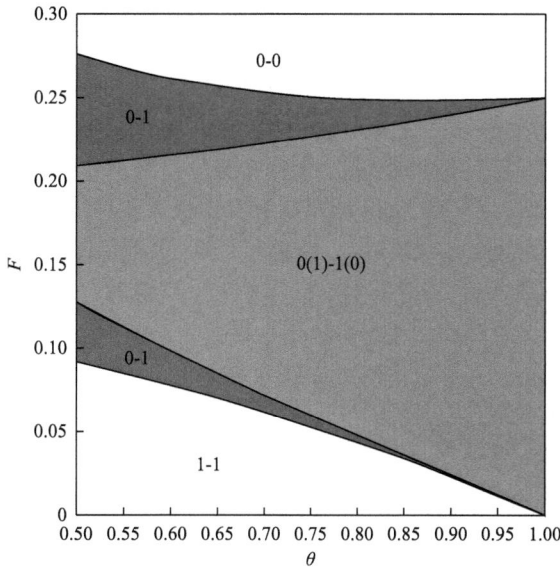

图 7.4　认证策略随 θ 和 F 的变化($\Delta = 1 \cap 2 - 2\theta < \Delta \leqslant 1$)

命题 7.4　当两个生产者都采用认证策略时,如果绿色标签的健康效用低而认证成本高,则会陷入囚徒困境。

当两个生产者都采用认证策略且 $F > \max\left\{\dfrac{\Delta(4+\Delta)(1-\theta)}{4(4-\theta)^2}, \dfrac{\Delta(1-\theta)(\Delta+\theta)}{(4-\theta)^2\theta}\right\}$ 时,生产者都将陷入囚徒困境。本章附录 7.5.3 节可证得以下条件下,两个生产者将陷入囚徒困境:在情形(7.3)~情形(7.7)下,$\dfrac{\Delta(1-\theta)(\Delta+\theta)}{(4-\theta)^2\theta} < F < \overline{F}_{13}$ 且 $\Delta < \dfrac{4(1-\theta)\theta}{4-(4-\theta)(2-\theta)\theta}$;在情形(7.1)和情形(7.2)下,$\dfrac{\Delta(1-\theta)(\Delta+\theta)}{(4-\theta)^2\theta} < F < \overline{F}_{11}$;在情形(7.8)和情形(7.10)下,$\dfrac{\Delta(1-\theta)(\Delta+\theta)}{(4-\theta)^2\theta} < F < \overline{F}_{21}$;在情形(7.9)下,$\dfrac{\Delta(1-\theta)(\Delta+\theta)}{(4-\theta)^2\theta} < F < \overline{F}_{33}$ 且 $\Delta < 2\sqrt{\dfrac{\theta}{4-\theta}}$。因徒困境在认证成本相对昂贵时出现,当认证成本很小时,认证仍将有利于两个生产者。因徒困境的发现与 Beuchelt 和 Zeller(2011)的研究相吻合,他们认为从事绿色贸易的农户比传统生产者更加贫穷。

命题 7.5

(1) 当 F 值很小时，两个生产者都会采取认证策略；当 F 值很大时，两个生产者都会采取不认证策略。

(2) 当 F 值适中时，被零售商拒绝的风险更高时，品牌认可度低的生产者更急于采取认证策略。

随着 F 的增加，每种情形都可以分为五部分，两个生产者将在第一部分达到 1-1 均衡，并在第五部分达到 0-0 均衡（见本章附录 7.5.4 节）。在认证成本适中时，表 7.1～表 7.3 的认证策略是不同的。在表 7.1 中，在情形 (7.3) 和情形 (7.4) 下，两个生产者将达到 0-1 均衡，此时 θ 较小，Δ 较大。在表 7.2 中，两个生产者在情形 (7.5)～情形 (7.7) 下达到 0-1 均衡，显示生产者 2 也会在 θ 和 Δ 较小时认证产品。在表 7.3 中，在情形 (7.9) 下，两个生产者将达到 0-1 均衡。即使当 θ 和 Δ 较大时，生产者 2 也会认证产品 [例如，情形 (7.9) 下 $\frac{9-\sqrt{17}}{8} < \theta \leqslant 1$ 同时 $\Delta > \sqrt{\theta}$]。在表 7.1 中，零售商将不管产品是否被认证，同时从两个生产者采购产品。在表 7.2 中，在 1-0 均衡策略下，零售商将只从生产者 1 处采购商品。在表 7.3 中，如果生产者采用非对称认证策略，零售商将从被认证的生产者处采购产品。在表 7.1～表 7.3 中，竞争强度逐渐增加。比较这三个表，可以得到命题 7.5(2)。

命题 7.6 当零售商不管产品是否被认证，同时从两个生产者采购产品时，如果竞争强度较低，绿色标签的健康效用较高，生产者 2 通过绿色认证可获得比生产者 1 更多的利润。

从本章附录 7.5.3 节的证明中，可发现在表 7.1 中，当两个生产者同时认证产品时，生产者 2 可在以下条件通过绿色认证获得比竞争对手更多的利润：在情形 (7.3) 和情形 (7.4) 下 $\theta < \frac{7-\sqrt{41}}{2}$ 时，在情形 (7.3) 下 $\frac{7-\sqrt{41}}{2} < \theta < \frac{5-\sqrt{17}}{2}$ 时。在表 7.1 中，当两个生产者采取不认证-认证策略时，生产者 2 可在以下条件通过绿色认证获得比竞争对手更多的利润：在情形 (7.3) 和情形 (7.4) 下 $\theta < \frac{7-\sqrt{41}}{2}$ 时，在情形 (7.2) 和情形 (7.3) 下 $\frac{7-\sqrt{41}}{2} < \theta < \frac{5-\sqrt{17}}{2}$ 时，在情形 (7.2) 下 $\frac{5-\sqrt{17}}{2} < \theta < \theta_{31}(\theta_{31} \approx 0.263)$ 时，这些条件均显示了低竞争强度和高健康效用。除上述情况外，生产者 1 总能获得比生产者 2 更多的利润。

7.4 本 章 小 结

本章将绿色农产品的生产策略与认证策略分开，分析了两家不同品牌的生产者在产品已经满足绿色认证标准的情况下的绿色认证策略。生产者必须支付认证费用，以证明产品是绿色的，并获得绿色标签，否则，它们的产品将被视为一般产品，没有额外的健康效用。顾客对品牌价值的估值是异质的，而由于绿色认证标准的统一性，标签带来的健康效用是一样的。本章确定了零售商同时采购两种产品或只采购一种产品的条件，并分析了生产者认证该产品的条件。品牌认可度较低的生产者可以通过绿色认证来改善品牌的不足。当认证成本适中时，如果被零售商拒绝的风险更高，品牌认同度低的生产者会比竞争对手更渴望获得绿色标签。认证可能并不总是有利于生产者，当两个生产者同时采取认证策略时，认证成本较高，而绿色标签的健康效用较低时，可能会陷入囚徒困境。在未来的研究中，将进一步研究产品不符合绿色标准的生产者的生产与认证策略。在这种情况下，生产者必须投入精力，比如使用绿色肥料，以满足绿色认证的要求。是否生产绿色产品的决定以及由此产生的环境影响也将被考虑。也可以考虑消费者的异质性，即绿色标签给消费者带来的健康效用是不同的。

7.5　本　章　附　录

7.5.1　给定认证策略下的均衡定价决策

当零售商同时选择两个生产者时，例如，$\dfrac{p_2 - \zeta_2 \Delta}{p_1 - \zeta_1 \Delta} \leqslant \theta \leqslant 1 - p_1 + p_2 + (\zeta_1 - \zeta_2)\Delta$，此时：$\pi_{c1} = w_1 \left(1 - \dfrac{w_1 + m_1 - (w_2 + m_2) + (\zeta_2 - \zeta_1)\Delta}{1 - \theta} \right) - \zeta_1 F$，$\pi_{c2} = w_2 \left(\dfrac{w_1 + m_1 - (w_2 + m_2) + (\zeta_2 - \zeta_1)\Delta}{1 - \theta} - \dfrac{w_2 + m_2 - \zeta_2 \Delta}{\theta} \right) - \zeta_2 F$，令 $\dfrac{\partial \pi_{c1}}{\partial w_1} = \dfrac{\partial \pi_{c2}}{\partial w_2} = 0$，

可得 $w_1 = \dfrac{2 - 2\theta - (2 - \theta)m_1 + m_2 + (2 - \theta)\zeta_1 \Delta - \zeta_2 \Delta}{4 - \theta}$ 和 $w_2 = \dfrac{\theta m_1 - (2 - \theta)m_2 + \theta(1 - \theta - \zeta_1 \Delta) + (2 - \theta)\zeta_2 \Delta}{4 - \theta}$。

将 w_1 和 w_2 代入式(7.5)，可得：$\pi_r = m_1 \left(\dfrac{2 - 2\theta - (2 - \theta)m_1 + m_2 + (2 - \theta)\zeta_1 \Delta - \zeta_2 \Delta}{(4 - \theta)(1 - \theta)} \right) + m_2 \left(\dfrac{\theta m_1 - (2 - \theta)m_2 + \theta(1 - \theta - \zeta_1 \Delta) + (2 - \theta)\zeta_2 \Delta}{(4 - \theta)(1 - \theta)\theta} \right)$，令 $\dfrac{\partial \pi_r}{\partial m_1} = \dfrac{\partial \pi_r}{\partial m_2} = 0$，可得 $m_2^* = \dfrac{1}{2}(\theta + \zeta_2 \Delta)$，$m_1^* = \dfrac{1}{2}(1 + \zeta_1 \Delta)$，进一步可得 $w_1^* = \dfrac{2 - 2\theta + (2 - \theta)\zeta_1 \Delta - \zeta_2 \Delta}{2(4 - \theta)}$ 和 $w_2^* =$

$$\frac{\theta(1-\theta-\zeta_1\Delta)+(2-\theta)\zeta_2\Delta}{2(4-\theta)}$$，进一步可得式(7.15)～式(7.19)。

7.5.2　品牌认可度相同时的认证策略

当 $\theta=1$ 时，顾客购买产品 n 时的效用可以表示为 $u_n=v-p_n+\zeta_n\Delta$，均衡价格需满足 $p_2-p_1=(\zeta_2-\zeta_1)\Delta$，否则，生产者的需求将是 0，因此生产者将调整批发价格使其满足 $p_2-p_1=(\zeta_2-\zeta_1)\Delta$。当 $u_n\geqslant0$ 时，顾客将购买产品，总需求可表示为 $D=1-p_n+\zeta_n\Delta$，生产者 n 的需求可表示为 $D_n=\dfrac{1-p_n+\zeta_n\Delta}{2}$。通过最大化

$$\pi_{cn}=\left(\frac{1-(w_n+m_n)+\zeta_n\Delta}{2}\right)w_n，$$ 可得 $w_n^*=\dfrac{1}{2}(1-m_n+\Delta\zeta_n)$。将 w_n^* 代入 $\pi_r=$

$\displaystyle\sum_{n=1}^{2}\left(\dfrac{1-(w_n+m_n)+\zeta_n\Delta}{2}\right)m_n$ 并令 $\dfrac{\partial\pi_r}{\partial m_n}=0$，可得 $m_n^*=\dfrac{1}{2}(1+\Delta\zeta_n)$。将 m_n^* 代入 w_n^*，可得 $w_n^*=\dfrac{1}{4}(1+\Delta\zeta_n)$ 和 $p_n^*=\dfrac{3}{4}(1+\Delta\zeta_n)$。将 p_n^* 代入约束条件 $p_2-p_1=(\zeta_2-\zeta_1)\Delta$，可得 $\zeta_1=\zeta_2$。生产者将在 $\pi_{cn}(\zeta_n=1)-\pi_{cn}(\zeta_n=0)>0$ 时认证产品，由此可得，$F<\dfrac{1}{32}\Delta(2+\Delta)$。

7.5.3　引理与命题的证明

1. 引理 7.1 的证明

(1) $\dfrac{\partial w_1^*}{\partial\theta}=-\dfrac{6+2\Delta\zeta_1+\Delta\zeta_2}{2(4-\theta)^2}<0$，

$$\frac{\partial\pi_{c1}^*}{\partial\theta}=\frac{(2-2\theta+\Delta(2-\theta)\zeta_1-\Delta\zeta_2)\left(2(-2+\theta+\theta^2)+\Delta(4-(2-\theta)\theta)\zeta_1-3\Delta(2-\theta)\zeta_2\right)}{4(4-\theta)^3(1-\theta)^2}<0$$

(2) $\dfrac{\partial w_2^*}{\partial\theta}=\dfrac{4-(8-\theta)\theta-2\Delta(2\zeta_1+\zeta_2)}{2(4-\theta)^2}$，当 $\Delta=0$ 时，$\dfrac{\partial w_2^*}{\partial\theta}$ 的最大值为

$\dfrac{4-(8-\theta)\theta}{2(4-\theta)^2}$，因此，当 $\theta>4-2\sqrt{3}$ 时，$\dfrac{\partial w_2^*}{\partial\theta}<0$；当 $\theta<4-2\sqrt{3}$ 时，如果 $\Delta<$

$\dfrac{4-8\theta+\theta^2}{4\zeta_1+2\zeta_2}$，那么 $\dfrac{\partial w_2^*}{\partial\theta}>0$，否则，$\dfrac{\partial w_2^*}{\partial\theta}<0$。

(3) 在场景 7.1 下，$\zeta_1 = \zeta_2 = 1$，将 p_1^* 和 p_2^* 代入 $\dfrac{p_2 - \zeta_2 \Delta}{p_1 - \zeta_1 \Delta} \leqslant \theta \leqslant 1 - p_1 + p_2 + (\zeta_1 - \zeta_2)\Delta$，零售商将同时选择两个生产者。在场景 7.2 下，$\zeta_1 = 1$，$\zeta_2 = 0$，将 p_1^* 和 p_2^* 代入 $\dfrac{p_2 - \zeta_2 \Delta}{p_1 - \zeta_1 \Delta} \leqslant \theta \leqslant 1 - p_1 + p_2 + (\zeta_1 - \zeta_2)\Delta$，可得当 $\Delta \leqslant 1 - \theta$ 时，零售商将会同时采购两种商品，否则，零售商只选择生产者 1。

$$\pi_{c2}^* = \frac{-(2-\theta)\zeta_2\Delta)^2}{4(4-\theta)^2(1-\theta)\theta} - \zeta_2 F \ , \quad \frac{\partial \pi_{c2}^*}{\partial \theta} = \frac{+\Delta(2-\theta)\zeta_2) f_1(\Delta)}{4(4-\theta)^3(1-\theta)^2\theta^2} \ , \quad f_1(\Delta) = 4\theta -$$

$$\overset{(\theta(-1+\theta+\Delta)}{} \qquad\qquad \overset{(\theta(1-\Delta-\theta)}{}$$

$11\theta^2 + 7\theta^3 + \Delta\left(18\theta\zeta_2 + 2\theta^3\zeta_2 + 2\theta^3 - 4\theta - \theta^2 - 9\theta^2\zeta_2 - 8\zeta_2\right)$。

由于 $\dfrac{\partial f_1(\Delta)}{\partial \Delta} < 0$，$f_1(\Delta)$ 将在 $\Delta = 0$ 时取得最大值 $4\theta - 11\theta^2 + 7\theta^3$。场景 7.1 和场景 7.2 下的 $f_1(\Delta)$ 将分别在 $\Delta = 1$ 与 $\Delta = 1 - \theta$ 处取得最小值，且最小值小于 0。因此，当 $\theta > \dfrac{4}{7}$ 时，$f_1(\Delta = 0) < 0$，$\dfrac{\partial \pi_{c2}^*}{\partial \theta} < 0$，当 $\theta < \dfrac{4}{7}$ 时，如果 $\Delta < \dfrac{(1-\theta)\theta(-4+7\theta)}{\theta(-4+\theta(-1+2\theta)) + (-8}$，
$$+\theta(18 + \theta(-9 + 2\theta)))\zeta_2$$

则 $\dfrac{\partial \pi_{c2}^*}{\partial \theta} > 0$；否则，$\dfrac{\partial \pi_{c2}^*}{\partial \theta} < 0$。

在场景 7.1 下，$p_1^* - p_2^* = \dfrac{(1-\theta)(6-\Delta-2\theta)}{2(4-\theta)} > 0$，$\dfrac{\partial p_1^* - p_2^*}{\partial \Delta} = \dfrac{1-\theta}{2(-4+\theta)} < 0$，

$\dfrac{\partial p_1^* - p_2^*}{\partial \theta} = \dfrac{3(2+\Delta) - 2(4-\theta)^2}{2(4-\theta)^2} < 0$。$D_1^* = \dfrac{2+\Delta}{8-2\theta}$，$\dfrac{\partial D_1^*}{\partial \theta} > 0$，$D_2^* = \dfrac{2\Delta+\theta}{8\theta - 2\theta^2}$，如果 $\Delta < \dfrac{\theta^2}{8-4\theta}$，则 $\dfrac{\partial D_2^*}{\partial \theta} > 0$；否则，$\dfrac{\partial D_2^*}{\partial \theta} < 0$。$D_1^* - D_2^* = \dfrac{\Delta(-2+\theta)+\theta}{2(4-\theta)\theta}$，如果 $\theta > \dfrac{2\Delta}{1+\Delta}$，则 $D_1^* > D_2^*$；否则，$D_1^* < D_2^*$，$\dfrac{\partial D_1^* - D_2^*}{\partial \theta} = \dfrac{1}{4}\left(\dfrac{2+\Delta}{(4-\theta)^2} + \dfrac{\Delta}{\theta^2}\right) > 0$。

(4) 在场景 7.3 下，$\zeta_1 = 0$，$\zeta_2 = 1$，$\pi_{c2}^* = \dfrac{(\theta(1-\theta) + (2-\theta)\Delta)^2}{4(4-\theta)^2(1-\theta)\theta} - \zeta_2 F$。将 p_1^* 和 p_2^* 代入约束条件 $\dfrac{p_2 - \zeta_2 \Delta}{p_1 - \zeta_1 \Delta} \leqslant \theta \leqslant 1 - p_1 + p_2 + (\zeta_1 - \zeta_2)\Delta$，可发现零售商将在 $\Delta \leqslant 2 - 2\theta$ 时同时选择两个生产者；否则，它将只选择生产者 2。

$$\frac{\partial \pi_{c2}^*}{\partial \theta} = \frac{\left(\varDelta(2-\theta) + (1-\theta)\theta\right) f_2(\varDelta)}{4(4-\theta)^3 (1-\theta)^2 \theta^2}, \quad f_2(\varDelta) = (1-\theta)\theta(4-7\theta) + \varDelta\big(-8 + \theta\big(18 +$$

$$\theta(-9+2\theta)\big)\big), \quad f_2(\varDelta=0) = (1-\theta)\theta(4-7\theta), \quad \text{如果 } \theta > \frac{4}{7}, \quad \text{则 } f_2(\varDelta=0) < 0 \text{；否则,}$$

$f_2(\varDelta=0) > 0 \text{。} \quad f_2(\varDelta=2-2\theta) = -(4-\theta)(1-\theta)\big(4-\theta(9-4\theta)\big), \quad \text{如果 } \theta > \dfrac{9-\sqrt{17}}{8},$

则 $f_2(\varDelta=2-2\theta) > 0$；否则，$f_2(\varDelta=2-2\theta) < 0$。因此，当 $\theta < \dfrac{4}{7}$ 时，如果 $\varDelta <$

$\dfrac{(1-\theta)\theta(-4+7\theta)}{-8+\theta(18+\theta(-9+2\theta))}$，则 $\dfrac{\partial \pi_{c2}^*}{\partial \theta} > 0$，否则，$\dfrac{\partial \pi_{c2}^*}{\partial \theta} < 0$；当 $\dfrac{4}{7} < \theta < \dfrac{9-\sqrt{17}}{8}$ 时，

$\dfrac{\partial \pi_{c2}^*}{\partial \theta} < 0$；当 $\theta > \dfrac{9-\sqrt{17}}{8}$ 时，如果 $\varDelta < \dfrac{(1-\theta)\theta(-4+7\theta)}{-8+\theta(18+\theta(-9+2\theta))}$，则 $\dfrac{\partial \pi_{c2}^*}{\partial \theta} < 0$，否

则，$\dfrac{\partial \pi_{c2}^*}{\partial \theta} > 0$。在场景 7.3 下，$\zeta_1 = \zeta_2 = 0$，$\dfrac{\partial \pi_{c2}^*}{\partial \theta} = \dfrac{4-7\theta}{4(4-\theta)^3}$，如果 $\theta < \dfrac{4}{7}$，则

$\dfrac{\partial \pi_{c2}^*}{\partial \theta} > 0$；否则，$\dfrac{\partial \pi_{c2}^*}{\partial \theta} < 0$。

2. 命题 7.1 的证明

(1) $\dfrac{\partial \pi_r^*}{\partial \theta} = \dfrac{f_3(\varDelta)}{8(4-\theta)^2 \theta^2}$，$f_3(\varDelta) = \varDelta^2 (8\theta - 16 + 2\theta^2) + 12\varDelta\theta^2 + 12\theta^2$，$f_3(\varDelta =$

$1) = -16 + 8\theta + 26\theta^2$，如果 $\theta > \dfrac{2}{13}(3\sqrt{3}-1)$，则 $f_3(\varDelta=1) > 0$，因此，$\dfrac{\partial \pi_r^*}{\partial \theta} > 0$；如

果 $\theta < \dfrac{2}{13}(3\sqrt{3}-1)$，则 $f_3(\varDelta=1) < 0$，如果 $\varDelta < \varDelta_r^*$，则 $f_3(\varDelta) > 0$，因此，$\dfrac{\partial \pi_r^*}{\partial \theta} > 0$；

如果 $\varDelta > \varDelta_r^*$，则 $\dfrac{\partial \pi_r^*}{\partial \theta} < 0$。

(2) $\dfrac{\partial \pi_{sc}^*}{\partial \theta} = \dfrac{f_4(\varDelta)}{4(4-\theta)^3 \theta^2}$，$f_4(\varDelta) = 2\varDelta\theta^2(4-7\theta) + \theta^2(20-17\theta) + 2\varDelta^2\big(\theta(18-$

$\theta(5+\theta)) - 24\big)$，$f_4(\varDelta=1) = -48 + 3\theta(12 + (6-11\theta)\theta) < 0$，如果 $\varDelta <$

$\dfrac{(4-7\theta)\theta^2 + \theta\sqrt{3(-4+\theta)^2(20-\theta(22-5\theta))}}{2(24+\theta(-18+\theta(5+\theta)))}$，则 $\dfrac{\partial \pi_{sc}^*}{\partial \theta} > 0$，否则，$\dfrac{\partial \pi_{sc}^*}{\partial \theta} < 0$。

(3) $E(\mathrm{CS}) = \dfrac{2\Delta\theta(8+\theta)+(\Delta^2+\theta)(4+5\theta)}{8(4-\theta)^2\theta}$ ，$\dfrac{\partial E(\mathrm{CS})}{\partial\theta} = \dfrac{f_5(\Delta)}{8(4-\theta)^3\theta^2}$ ，$f_5(\Delta) =$

$2\Delta\theta^2(20+\theta)+2\Delta^2(2+\theta)(-4+5\theta)+\theta^2(28+5\theta)$ ，$\quad f_5(\Delta=1)=-16+\theta(12+$

$\theta(78+7\theta))$ ，当 $\theta > \dfrac{4}{5}$ 时，$f_5(\Delta)>0$ ，当 $\theta < \dfrac{4}{5}$ 时，令 $-16+\theta_{\mathrm{cs}}^*\big(12+\theta_{\mathrm{cs}}^*\big(78+$

$7\theta_{\mathrm{cs}}^*\big)\big)=0$ ，如果 $\theta<\theta_{\mathrm{cs}}^*$ ，则 $f_5(\Delta=1)<0$ ，如果 $\theta>\theta_{\mathrm{cs}}^*$ ，则 $f_5(\Delta=1)>0$ 。因此，

可以得到如果 $\theta>\theta_{\mathrm{cs}}^*$ ，则 $\dfrac{\partial E(\mathrm{CS})}{\partial\theta}>0$ ；否则，当 $\Delta<\Delta_{\mathrm{cs}}^*$ 时，$E(\mathrm{CS})$ 随着 θ 的增大

而增大，当 $\Delta>\Delta_{\mathrm{cs}}^*$ 时，$E(\mathrm{CS})$ 随着 θ 的增大而减小。

3. 命题 7.2 的证明

$$D_1^*-D_2^* = \dfrac{\theta-\Delta(2-\theta)}{2(4-\theta)\theta}\text{，如果 }\Delta<\dfrac{\theta}{2-\theta}\text{，则 }D_1^*>D_2^*\text{，否则，}D_1^*<D_2^*\text{，}$$

$$(2+\Delta)(1$$

$\dfrac{\partial D_1^*-D_2^*}{\partial\Delta} = \dfrac{-(2-\theta)}{2(4-\theta)\theta}<0$ ，$\dfrac{\partial D_1^*-D_2^*}{\partial\theta} = \dfrac{1}{4}\left(\dfrac{2+\Delta}{(4-\theta)^2}+\dfrac{\Delta}{\theta^2}\right)>0$ 。$\dfrac{\partial\pi_{\mathrm{c1}}^*}{\partial\Delta} = \dfrac{-\theta)}{2(4-\theta)^2}$

>0 ，$\dfrac{\partial\pi_{\mathrm{c2}}^*}{\partial\Delta} = \dfrac{(1-\theta)(2\Delta+\theta)}{(4-\theta)^2\theta}>0$ ，$\pi_{\mathrm{c1}}^*-\pi_{\mathrm{c2}}^* = \dfrac{(\Delta^2-\theta)(1-\theta)}{4(-4+\theta)\theta}$ ，如果 $\Delta>\sqrt{\theta}$ ，则

$\pi_{\mathrm{c1}}^*<\pi_{\mathrm{c2}}^*$ ，否则，$\pi_{\mathrm{c1}}^*>\pi_{\mathrm{c2}}^*$ 。$\dfrac{\partial\pi_{\mathrm{c1}}^*}{\partial\Delta}-\dfrac{\partial\pi_{\mathrm{c2}}^*}{\partial\Delta} = \dfrac{\Delta(1-\theta)}{2(-4+\theta)\theta}<0$ 。$p_1^*-p_2^* =$

$\dfrac{(1-\theta)(6-\Delta-2\theta)}{2(4-\theta)}>0$ ，$\dfrac{\partial p_1^*-p_2^*}{\partial\Delta} = -\dfrac{(1-\theta)}{2(4-\theta)}<0$ 。

与两者都不认证的情形相比，生产者 1 通过认证增加的利润可表示为 $\pi_{\Delta\mathrm{c1}}^* =$

$\pi_{\mathrm{c1}}^*(\delta_1=\delta_2=1)-\pi_{\mathrm{c1}}^*(\delta_1=\delta_2=0) = \dfrac{\Delta(4+\Delta)(1-\theta)}{4(4-\theta)^2}$ ，生产者 2 通过认证增加的利润

可表示为 $\pi_{\Delta\mathrm{c2}}^* = \pi_{\mathrm{c2}}^*(\delta_1=\delta_2=1)-\pi_{\mathrm{c2}}^*(\delta_1=\delta_2=0) = \dfrac{\Delta(1-\theta)(\Delta+\theta)}{(4-\theta)^2\theta}$ 。$\dfrac{\partial\pi_{\Delta\mathrm{c1}}^*}{\partial\theta} =$

$\dfrac{\Delta(4+\Delta)(2+\theta)}{4(-4+\theta)^3}<0$ ，$\dfrac{\partial\pi_{\Delta\mathrm{c2}}^*}{\partial\theta} = \dfrac{\Delta\big(\theta^2(2+\theta)+\Delta(4-\theta(3-2\theta))\big)}{(-4+\theta)^3\theta^2}<0$ 。

4. 命题 7.3 的证明

当 $\delta_1 = \delta_2 = 1$ 或者 $\delta_1 = \delta_2 = 0$ 时，p_1^* 和 p_2^* 总是满足 $\dfrac{p_2 - \zeta_2 \Delta}{p_1 - \zeta_1 \Delta} \leqslant \theta \leqslant 1 - p_1 + p_2 + (\zeta_1 - \zeta_2)\Delta$；当 $\delta_1 = 1$，$\delta_2 = 0$ 时，如果 $\Delta \leqslant 1 - \theta$，$p_1^*$ 和 p_2^* 总是满足 $\dfrac{p_2 - \zeta_2 \Delta}{p_1 - \zeta_1 \Delta} \leqslant \theta \leqslant 1 - p_1 + p_2 + (\zeta_1 - \zeta_2)\Delta$；当 $\delta_1 = 0$，$\delta_2 = 1$ 时，如果 $\Delta \leqslant 2 - 2\theta$，$p_1^*$ 和 p_2^* 总是满足 $\dfrac{p_2 - \zeta_2 \Delta}{p_1 - \zeta_1 \Delta} \leqslant \theta \leqslant 1 - p_1 + p_2 + (\zeta_1 - \zeta_2)\Delta$。

当 $\delta_1 = \delta_2 = 1$ 时，$\dfrac{\partial w_1^*}{\partial \Delta} = \dfrac{1 - \theta}{2(4 - \theta)} > 0$，$\dfrac{\partial w_2^*}{\partial \Delta} = \dfrac{1 - \theta}{(4 - \theta)} > 0$，$\dfrac{\partial p_1^*}{\partial \Delta} = \dfrac{5 - 2\theta}{2(4 - \theta)} > 0$，

$\dfrac{\partial p_2^*}{\partial \Delta} = \dfrac{6 - 3\theta}{2(4 - \theta)} > 0$，$\dfrac{\partial \pi_{c1}^*}{\partial \Delta} = \dfrac{2 - 2\theta + \Delta - \Delta\theta}{2(-4 + \theta)^2} > 0$，$\dfrac{\partial \pi_{c2}^*}{\partial \Delta} = \dfrac{\Delta(2 - \theta)\theta + \theta(1 - \Delta - \theta)}{(4 - \theta)^2 \theta} > 0$，$\dfrac{\partial \pi_r^*}{\partial \Delta} = $

$\dfrac{\Delta(2 - \theta)\theta + 2\theta(1 - \theta - \Delta) + ((1 - \theta)\theta + \Delta(2 - \theta))}{2(4 - \theta)(1 - \theta)\theta} > 0$；当 $\delta_1 = 1$，$\delta_2 = 0$ 时，$\dfrac{\partial w_1^*}{\partial \Delta} = $

$\dfrac{(2 - \theta)}{2(4 - \theta)} > 0$，$\dfrac{\partial w_2^*}{\partial \Delta} = \dfrac{\theta}{2(-4 + \theta)} < 0$，$\dfrac{\partial p_1^*}{\partial \Delta} = \dfrac{3 - \theta}{4 - \theta} > 0$，$\dfrac{\partial p_2^*}{\partial \Delta} = \dfrac{\theta}{2(-4 + \theta)} < 0$，$\dfrac{\partial \pi_{c1}^*}{\partial \Delta} = $

$\dfrac{(2 - \theta)(2 - 2\theta - \Delta(2 - \theta))}{2(4 - \theta)^2 (1 - \theta)} > 0$，$\dfrac{\partial \pi_{c2}^*}{\partial \Delta} = \dfrac{(\theta(-1 + \theta + \Delta))}{2(4 - \theta)^2 (1 - \theta)} < 0$，$\dfrac{\partial \pi_r^*}{\partial \Delta} = \dfrac{\Delta(2 - \theta)\theta + 2\theta(1 - \theta)}{2(4 - \theta)(1 - \theta)\theta} > 0$；

当 $\delta_1 = 0$，$\delta_2 = 1$ 时，$\dfrac{\partial w_1^*}{\partial \Delta} = \dfrac{1}{2(-4 + \theta)} < 0$，$\dfrac{\partial w_2^*}{\partial \Delta} = \dfrac{2 - \theta}{2(4 - \theta)} > 0$，$\dfrac{\partial p_1^*}{\partial \Delta} = \dfrac{1}{2(-4 + \theta)} < 0$，

$\dfrac{\partial p_2^*}{\partial \Delta} = \dfrac{3 - \theta}{4 - \theta} > 0$，$\dfrac{\partial \pi_{c1}^*}{\partial \Delta} = \dfrac{(2 - \theta)(-2 + 2\theta + \Delta)}{2(4 - \theta)^2 (1 - \theta)} < 0$，$\dfrac{\partial \pi_{c2}^*}{\partial \Delta} = \dfrac{(2 - \theta)(\theta(1 - \theta) + \Delta(2 - \theta))}{2(4 - \theta)^2 (1 - \theta)\theta} > 0$，$\dfrac{\partial \pi_r^*}{\partial \Delta} = $

$\dfrac{\Delta(2 - \theta)\theta + 2\theta(1 - \theta)}{2(4 - \theta)(1 - \theta)\theta} > 0$。

5. 命题 7.4 的证明

当 $\Delta \leqslant 1 - \theta$ 时，无论生产者是否采取认证，零售商都将从两个生产者处采购

产品。为简化说明，用 π^*_{c2yy} 表示在认证-认证场景下生产者 2 的利润，类似的符号可以用来表示两个生产者在不同认证场景下的利润。对于生产者 2，假定生产者 1 采取认证，如果 $\pi^*_{c2yy} > \pi^*_{c2yn}$，则生产者 2 采用认证，否则不采用认证；假定生产者 1 不认证，如果 $\pi^*_{c2ny} > \pi^*_{c2nn}$，则生产者 2 采用认证，否则不采用认证。对于生产者 1，假定生产者 2 采取认证，如果 $\pi^*_{c1yy} > \pi^*_{c1ny}$，则生产者 1 采用认证，否则不采用认证；假定生产者 2 不采取认证，如果 $\pi^*_{c1yn} > \pi^*_{c1nn}$，则生产者 1 采用认证，否则不采用认证。

令 $\pi^*_{c2yy} = \pi^*_{c2yn}$，可得到认证成本阈值 $\bar{F}_{11} = \dfrac{\Delta(2-\theta)\left(2(1-\theta)\theta + \Delta(2-3\theta)\right)}{4(4-\theta)^2(1-\theta)\theta}$；

令 $\pi^*_{c2ny} = \pi^*_{c2nn}$，可得 $\bar{F}_{12} = \dfrac{\Delta(2-\theta)\left(\Delta(2-\theta) + 2(1-\theta)\theta\right)}{4(4-\theta)^2(1-\theta)\theta}$；令 $\pi^*_{c1yy} = \pi^*_{c1ny}$，可得

$$\bar{F}_{13} = \dfrac{\Delta(2-\theta)\left(4-(4+\Delta)\theta\right)}{4(4-\theta)^2(1-\theta)};\quad 令\ \pi^*_{c1yn} = \pi^*_{c1nn}，可得\ \bar{F}_{14} = \dfrac{\Delta(2-\theta)\left(2(2+\Delta) -(4+\Delta)\theta\right)}{4(4-\theta)^2(1-\theta)}。$$

$\dfrac{\bar{F}_{12}}{\bar{F}_{13}} = \dfrac{\Delta(2-\theta) + 2(1-\theta)\theta}{\left(4-(4+\Delta)\theta\right)\theta}$，如果 $\Delta \leqslant \Delta_{11} = -2 + \dfrac{4}{2+(-1+\theta)\theta}$，$\bar{F}_{12} < \bar{F}_{13}$，否则，$\bar{F}_{12} > \bar{F}_{13}$。$\dfrac{\bar{F}_{11}}{\bar{F}_{13}} = \dfrac{\left(2(1-\theta)\theta + \Delta(2-3\theta)\right)}{\theta\left(4-(4+\Delta)\theta\right)}$，当 $\theta > \dfrac{5-\sqrt{17}}{2} \approx 0.438$ 时，$\bar{F}_{11} < \bar{F}_{13}$，当 $\theta < \dfrac{5-\sqrt{17}}{2}$ 时，如果 $\Delta \leqslant \Delta_{12} = \dfrac{2\theta}{2-\theta}$，则 $\bar{F}_{11} < \bar{F}_{13}$，否则，$\bar{F}_{11} > \bar{F}_{13}$。$\dfrac{\bar{F}_{12}}{\bar{F}_{14}} = \dfrac{\Delta(2-\theta) + 2(1-\theta)\theta}{\theta\left(2(2+\Delta) -(4+\Delta)\theta\right)}$，当 $\theta > \dfrac{5-\sqrt{17}}{2}$ 时，$\bar{F}_{12} < \bar{F}_{14}$，当 $\theta \leqslant \dfrac{5-\sqrt{17}}{2}$ 时，如果 $\Delta \leqslant \Delta_{12} = \dfrac{2\theta}{2-\theta}$，则 $\bar{F}_{12} < \bar{F}_{14}$，否则，$\bar{F}_{12} > \bar{F}_{14}$。$\dfrac{\bar{F}_{11}}{\bar{F}_{14}} = \dfrac{\left(2(1-\theta)\theta + \Delta(2-3\theta)\right)}{\theta\left(2(2+\Delta) -(4+\Delta)\theta\right)}$，当 $\theta > \dfrac{7-\sqrt{41}}{2} \approx 0.298$ 时，$\bar{F}_{11} < \bar{F}_{14}$，当 $\theta \leqslant \dfrac{7-\sqrt{41}}{2}$ 时，如果 $\Delta \leqslant \Delta_{13} = \dfrac{2(1-\theta)\theta}{2-(5-\theta)\theta}$，则 $\bar{F}_{11} < \bar{F}_{14}$，否则，$\bar{F}_{11} > \bar{F}_{14}$。综上，可得以下结果。

当 $\theta \leqslant \dfrac{7-\sqrt{41}}{2}$ 时：如果 $\Delta \leqslant \Delta_{11}$，则 $\bar{F}_{11} < \bar{F}_{12} < \bar{F}_{13} < \bar{F}_{14}$；如果 $\Delta_{11} < \Delta \leqslant \Delta_{12}$，则 $\bar{F}_{11} < \bar{F}_{13} < \bar{F}_{12} < \bar{F}_{14}$；如果 $\Delta_{12} < \Delta \leqslant \Delta_{13}$，则 $\bar{F}_{13} < \bar{F}_{11} < \bar{F}_{14} < \bar{F}_{12}$；如果 $\Delta > \Delta_{13}$，则 $\bar{F}_{13} < \bar{F}_{14} < \bar{F}_{11} < \bar{F}_{12}$。

当 $\dfrac{7-\sqrt{41}}{2} < \theta \leqslant \dfrac{5-\sqrt{17}}{2}$ 时：如果 $\Delta \leqslant \Delta_{11}$，则 $\bar{F}_{11} < \bar{F}_{12} < \bar{F}_{13} < \bar{F}_{14}$；如果 $\Delta_{11} < \Delta \leqslant \Delta_{12}$，则 $\bar{F}_{11} < \bar{F}_{13} < \bar{F}_{12} < \bar{F}_{14}$；如果 $\Delta > \Delta_{12}$，则 $\bar{F}_{13} < \bar{F}_{11} < \bar{F}_{14} < \bar{F}_{12}$。

当 $\theta > \dfrac{5-\sqrt{17}}{2}$ 时：如果 $\Delta \leqslant \Delta_{11}$，则 $\bar{F}_{11} < \bar{F}_{12} < \bar{F}_{13} < \bar{F}_{14}$，如果 $\Delta > \Delta_{11}$，则 $\bar{F}_{11} < \bar{F}_{13} < \bar{F}_{12} < \bar{F}_{14}$。

综上，可得表 7.1 的结果。

生产者 1 通过认证增加的利润可表示为 $\pi_{c1}^{*}(\zeta_1 = \zeta_2 = 1) - \pi_{c1}^{*}(\zeta_1 = \zeta_2 = 0) = F_1(\Delta) \triangleq \dfrac{\Delta(4+\Delta)(1-\theta)}{4(4-\theta)^2} - F$。生产者2通过认证增加的利润可表示为 $\pi_{c2}^{*}(\zeta_1 = \zeta_2 = 1) - \pi_{c2}^{*}(\zeta_1 = \zeta_2 = 0) = F_2(\Delta) \triangleq \dfrac{\Delta(1-\theta)(\Delta+\theta)}{(4-\theta)^2 \theta} - F$。在 1-1 策略下，当 $F > \max\left\{\dfrac{\Delta(4+\Delta)(1-\theta)}{4(4-\theta)^2}, \dfrac{\Delta(1-\theta)(\Delta+\theta)}{(4-\theta)^2 \theta}\right\} = \dfrac{\Delta(1-\theta)(\Delta+\theta)}{(4-\theta)^2 \theta}$ 时，两个生产者将陷入囚徒困境。针对情形 (7.3) ～情形 (7.7)，当 $F < \bar{F}_{13}$ 时，两个生产者将同时认证产品。由于 $\bar{F}_{13} - \dfrac{\Delta(1-\theta)(\Delta+\theta)}{(4-\theta)^2 \theta} = \dfrac{\Delta\big(4(1-\theta)\theta + \Delta(-4+(4-\theta)(2-\theta)\theta)\big)}{4(4-\theta)^2(1-\theta)\theta}$，如果 $\Delta < \dfrac{4(1-\theta)\theta}{4-(4-\theta)(2-\theta)\theta}$，在情形 (7.3) ～情形 (7.7) 下，如果两个生产者达成 1-1 均衡，它们将陷入囚徒困境。由于 $\bar{F}_{21} - F_2(\Delta) - F = \dfrac{(1-\theta)\theta}{4(-4+\theta)^2} > 0$，在情形 (7.8) 和情形 (7.10) 下，如果两个生产者达成 1-1 均衡，它们将陷入囚徒困境。在情形 (7.1) 和情形 (7.2) 下，当 $F < \bar{F}_{11}$ 时，两个生产者将同时认证产品，由于 $\bar{F}_{11} - F_2(\Delta) - F = \dfrac{\Delta\theta(2-\Delta-2\theta)}{4(4-\theta)^2(1-\theta)} > 0$，可发现在情形 (7.1) 和情形 (7.2) 下，如果两个生产者达成 1-1 均衡，它们将陷入囚徒困境。

在情形 (7.9) 下，当 $F < \bar{F}_{33}$ 时，两个生产者将认证产品。由于 $\bar{F}_{33} - F_2(\Delta) - F = \dfrac{(1-\theta)\big(\Delta^2(-4+\theta)+4\theta\big)}{4(4-\theta)^2 \theta}$，如果 $\Delta < 2\sqrt{\dfrac{\theta}{4-\theta}}$，在情形 (7.9) 下，如果两个生产者达成 1-1 均衡，它们将陷入囚徒困境。

6. 命题 7.5 的证明

当 $1-\theta < \Delta \leqslant \min\{2-2\theta,1\}$ 时，在认证-无认证场景中，零售商将只从生产者 1 购买产品。令 $\pi_{c2yy}^* = \pi_{c2yn}^*$，可得认证成本阈值 $\bar{F}_{21} = \dfrac{(2\Delta+\theta)^2(1-\theta)}{4(4-\theta)^2\theta}$；令 $\pi_{c2ny}^* =$

π_{c2nn}^*，可得 $\bar{F}_{12} = \dfrac{\Delta(2-\theta)(\Delta(2-\theta)+2(1-\theta)\theta)}{4(-4+\theta)^2(1-\theta)\theta}$；令 $\pi_{c1yy}^* = \pi_{c1ny}^*$，可得 $\bar{F}_{13} =$

$\dfrac{\Delta(2-\theta)(4-(4+\Delta)\theta)}{4(-4+\theta)^2(1-\theta)}$；令 $\pi_{c1yn}^* = \pi_{c1nn}^*$，可得 $\bar{F}_{22} = \dfrac{(1+\Delta)^2}{16} - \dfrac{(1-\theta)}{(4-\theta)^2}$。

当 $1-\theta < \Delta \leqslant \min\{2-2\theta,1\}$ 时，可证以下条件。

$$\bar{F}_{13} - \bar{F}_{22} = \frac{-2\Delta(1-\theta)\theta^2 - (1-\theta)\theta(8+\theta) + \Delta^2(-16+\theta(16+(-5+\theta)\theta))}{16(4-\theta)^2(1-\theta)} < 0 \ ,$$

$$\bar{F}_{21} - \bar{F}_{12} = \frac{\Delta^2(4-3\theta) + 2\Delta(1-\theta)\theta - (1-\theta)^2\theta}{4(4-\theta)^2(-1+\theta)} < 0 \ \text{同时} \ \frac{\bar{F}_{12}}{\bar{F}_{13}} = \frac{\Delta(2-\theta) + 2(1-\theta)\theta}{4\theta - (4+\Delta)\theta^2} > 1 \ .$$

$\dfrac{\bar{F}_{12}}{\bar{F}_{22}} = \dfrac{4\Delta(2-\theta)(\Delta(2-\theta)+2(1-\theta)\theta)}{(1+\Delta)^2(4-\theta)^2(1-\theta)\theta - 16\theta(1-\theta)^2}$，令 $F_{11}(\theta,\Delta) = 4\Delta(2-\theta)(\Delta(2-\theta)+$

$2(1-\theta)\theta) - (1+\Delta)^2(4-\theta)^2(1-\theta)\theta + 16\theta(1-\theta)^2$，$\theta_{21} \approx 0.39$ 并且满足 $F_{11}(\theta_{21},\Delta=$

$1-\theta_{21}) = 0$，$\theta_{22} \approx 0.5803$，$F_{11}(\theta_{22},\Delta=2-2\theta_{22}) = 0$，$F_{11}(\theta,\Delta=1) > 0$，当 $\theta > \theta_{22}$

时，$\bar{F}_{12} < \bar{F}_{22}$，当 $\theta < \theta_{21}$ 时，$\bar{F}_{12} > \bar{F}_{22}$，当 $\theta_{21} < \theta < \theta_{22}$ 时，存在 $F_{11}(\theta,\Delta_{21}) = 0$ 并

且满足 $\Delta_{21} = \dfrac{(1-\theta)\theta(8-(4-\theta)\theta) + 2\sqrt{(4-\theta)(1-\theta)\theta^2(12-(4-\theta)\theta(5-2\theta))}}{16 - (4-\theta)\theta(8-(5-\theta)\theta)}$，如

果 $\Delta < \Delta_{21}$，则 $\bar{F}_{12} < \bar{F}_{22}$，否则，$\bar{F}_{12} > \bar{F}_{22}$。

$\bar{F}_{13} - \bar{F}_{21} = \dfrac{-(1-\theta)^2(2\Delta+\theta)^2 - \Delta(2-\theta)\theta(-4+(4+\Delta)\theta)}{4(4-\theta)^2\theta(1-\theta)}$，令 $F_{12}(\theta,\Delta) = -(1-$

$\theta)^2(2\Delta+\theta)^2 - \Delta(2-\theta)\theta(-4+(4+\Delta)\theta)$，并且满足 $F_{12}\left(\dfrac{5-\sqrt{17}}{2},\Delta=1-\theta\right) = 0$，

$F_{12}\left(\dfrac{9-\sqrt{17}}{8},\Delta=2-2\theta\right) = 0$，当 $\theta > \dfrac{9-\sqrt{17}}{8}$ 时，$\bar{F}_{13} > \bar{F}_{21}$，当 $\theta \leqslant \dfrac{5-\sqrt{17}}{2}$ 时，$\bar{F}_{13} <$

$\bar{F}_{21}$，当 $\dfrac{5-\sqrt{17}}{2} < \theta \leqslant \dfrac{9-\sqrt{17}}{8}$ 时，存在 $\varDelta_{22} = \dfrac{-2(1-\theta)\theta - \sqrt{(4-\theta)(2-\theta)(1-\theta)^2\theta^3}}{-4+(4-\theta)(2-\theta)\theta}$，如果 $\varDelta < \varDelta_{22}$，则 $\bar{F}_{13} > \bar{F}_{21}$，否则，$\bar{F}_{13} < \bar{F}_{21}$。

$$\bar{F}_{21} - \bar{F}_{22} = \frac{4(2\varDelta+\theta)^2(1-\theta) - (4-\theta)^2\theta(1+\varDelta)^2 + 16\theta(1-\theta)}{16(4-\theta)^2\theta}，\quad 令 \ F_{13}(\theta, \varDelta) =$$

$4(2\varDelta+\theta)^2(1-\theta) - (4-\theta)^2\theta(1+\varDelta)^2 + 16\theta(1-\theta)$，$\theta_{23} \approx 0.288$ 并且满足 $F_{13}(\theta_{23},$ $\varDelta=1-\theta_{23})=0$，$\theta_{24} \approx 0.336$ 并且满足 $F_{13}(\theta_{24}, \varDelta=1)=0$，当 $\theta > \theta_{24}$ 时，$\bar{F}_{21} < \bar{F}_{22}$，当 $\theta < \theta_{23}$ 时，$\bar{F}_{21} > \bar{F}_{22}$，当 $\theta_{23} < \theta \leqslant \theta_{24}$ 时，存在 $F_{13}(\theta, \varDelta_{23})=0$ 并且满足 $\varDelta_{23} = -\dfrac{8\theta + \theta^3 + 2\theta\sqrt{(1-\theta)(32 + \theta(20 - (8-\theta)\theta))}}{-16 + \theta(32 - (8-\theta)\theta)}$，如果 $\varDelta \leqslant \varDelta_{23}$，则 $\bar{F}_{21} < \bar{F}_{22}$，否则，$\bar{F}_{21} > \bar{F}_{22}$。

综上，可得表 7.2 的结果。

考虑 $2 - 2\theta < \varDelta \leqslant 1 \cap \theta > \dfrac{1}{2}$ 的条件，则在认证-无认证情况下，零售商只从生产者 1 处采购产品；在无认证-认证场景中，零售商将只从生产者 2 购买产品。

令 $\pi^*_{c2yy} = \pi^*_{c2yn}$，可得认证成本阈值 $\bar{F}_{21} = \dfrac{(2\varDelta+\theta)^2(1-\theta)}{4(4-\theta)^2\theta}$；令 $\pi^*_{c2ny} = \pi^*_{c2nn}$，可得 $\bar{F}_{34} = \dfrac{(\theta+\varDelta)^2}{16\theta} - \dfrac{\theta(1-\theta)}{4(-4+\theta)^2}$；令 $\pi^*_{c1yy} = \pi^*_{c1ny}$，可得 $\bar{F}_{33} = \dfrac{(1-\theta)(\varDelta+2)^2}{4(4-\theta)^2}$；令 $\pi^*_{c1yn} = \pi^*_{c1nn}$，可得 $\bar{F}_{22} = \dfrac{(1+\varDelta)^2}{16} - \dfrac{1-\theta}{(4-\theta)^2}$。因此，可证得 $\bar{F}_{21} - \bar{F}_{34} = \dfrac{-\theta}{16(4-\theta)^2\theta}(8\theta +$

$$16 - 4\varDelta(4+3\varDelta) - 24\theta + 4\varDelta^2\theta$$

$\theta^3 + \varDelta^2(8+\theta) + 2\varDelta(8+\theta^2)) < 0$，$\bar{F}_{33} - \bar{F}_{22} = \dfrac{-(1+\varDelta)^2\theta^2}{16(4-\theta)^2} < 0$。

$\bar{F}_{21} - \bar{F}_{33} = \dfrac{(\varDelta^2-\theta)(4-\theta)(1-\theta)}{4(4-\theta)^2\theta}$，如果 $\varDelta \leqslant \sqrt{\theta}$，则 $\bar{F}_{21} < \bar{F}_{33}$；否则，$\bar{F}_{21} > \bar{F}_{33}$。

$$\bar{F}_{21} - \bar{F}_{22} = \frac{-(1+\varDelta)^2(4-\theta)^2\theta + 16(1-\theta)\theta + 4(1-\theta)(2\varDelta+\theta)^2}{16\theta(4-\theta)^2} < 0，\quad \bar{F}_{34} - \bar{F}_{22} =$$

$\dfrac{(1-\theta)\left(\Delta^2(4-\theta)+\theta^2\right)}{16\theta(4-\theta)}>0$。综上，可得表 7.3 的结果。

7. 命题 7.6 的证明

当两个生产者同时认证产品时，$\pi_{c1}^*-\pi_{c2}^*=\dfrac{(1-\theta)\left(-\Delta^2+\theta\right)}{4(4-\theta)\theta}$，如果 $\Delta\leqslant\sqrt{\theta}$，

则 $\pi_{c1}^*>\pi_{c2}^*$；否则，$\pi_{c1}^*<\pi_{c2}^*$。当生产者都不认证产品时，$\pi_{c1}^*-\pi_{c2}^*=\dfrac{1-\theta}{4(4-\theta)}>0$。

因此，只有当 $\theta<\dfrac{3-\sqrt{5}}{2}$ 且 $\sqrt{\theta}<\Delta\leqslant 1-\theta$ 时，$\pi_{c1}^*<\pi_{c2}^*$。可证得 $\Delta_{11}<\Delta_{12}<\sqrt{\theta}$，

存在 θ_{31} 使得 $\Delta_{13}(\theta_{31})=\sqrt{\theta_{31}}$，$\theta_{31}\approx 0.263$，当 $\theta_{31}<\theta<\dfrac{7-\sqrt{41}}{2}$ 时，$\Delta_{13}>\sqrt{\theta}$。因

此，两个生产者在情形 (7.3) 和情形 (7.4) 下达成 1-1 均衡时，如果 $\theta\leqslant\dfrac{7-\sqrt{41}}{2}$，生

产者 2 可获得比生产者 1 更多的利润，在情形 (7.3) 下，如果 $\dfrac{7-\sqrt{41}}{2}<\theta\leqslant\dfrac{5-\sqrt{17}}{2}$，

生产者 2 可获得比生产者 1 更多的利润。

在情形 (7.2)～情形 (7.4) 下，当 $\overline{F}_{13}<F<\overline{F}_{12}$ 时，两个生产者将达成 0-1 均衡，

$$\pi_{c1}^*-\pi_{c2}^*=F-\dfrac{\Delta^2+2\Delta\theta-\theta(1-\theta)}{4(4-\theta)\theta}$$。令 $f_6(\Delta)=\dfrac{-\theta(1-\theta)}{4(4-\theta)\theta}-\overline{F}_{13}=\dfrac{1}{4(4-\theta)^2(1-\theta)\theta}\Big((-4+$

$\theta)(1-\theta)^2\theta-2\Delta(1-\theta)\theta^2+\Delta^2\left(4-\theta(5-(3-\theta)\theta)\right)\Big)$，如果 $f_6(\Delta)>0$，可证得在 0-1

均衡下，$\pi_{c1}^*<\pi_{c2}^*$。$f_6(\theta_{32},\Delta=1-\theta_{32})=0$，$\theta_{32}\approx 0.484$，如果 $\theta>\theta_{32}$，则

$f_6(\Delta=1-\theta)<0$，因此，$f_6(\Delta)<0$。$f_6(\Delta=\Delta_{11})<0$，$f_6(\theta_{33},\Delta=\Delta_{12})=0$，

$\theta_{33}\approx 0.403$，如果 $\theta>\theta_{33}$，则 $f_6(\Delta=\Delta_{12})>0$，否则，$f_6(\Delta=\Delta_{12})<0$。

$f_6(\theta_{34},\Delta=\Delta_{13})=0$，$\theta_{34}\approx 0.243$，如果 $\theta>\theta_{34}$，则 $f_6(\Delta=\Delta_{13})>0$，否则，

$f_6(\Delta=\Delta_{13})<0$。因此，可证得存在 θ 使得 $\pi_{c1}^*<\pi_{c2}^*$，即在情形 (7.3) 和情形 (7.4)

下且 $\theta\leqslant\dfrac{7-\sqrt{41}}{2}$，在情形 (7.2) 和情形 (7.3) 下且 $\dfrac{7-\sqrt{41}}{2}<\theta\leqslant\dfrac{5-\sqrt{17}}{2}$，在情形

(7.2) 下且 $\dfrac{5-\sqrt{17}}{2}<\theta\leqslant\theta_{32}$。

在情形 (7.1)～情形 (7.3) 下，当 $\overline{F}_{11}<F<\overline{F}_{13}$ 时，两个生产者可达成 1-0 均衡，

$\pi_{c1}^{*} - \pi_{c2}^{*} = \dfrac{(1+\Delta)^2 - \theta}{4(4-\theta)} - F$。由于 $f_7(\Delta) = \bar{F}_{13} - \dfrac{(1+\Delta)^2 - \theta}{4(4-\theta)} = \dfrac{1}{4(4-\theta)^2(-1+\theta)}\Big(\Delta^2(4-$

$3\theta) + (4-\theta)(1-\theta)^2 + 2\Delta(1-\theta)\theta\Big) < 0$，因此，$\pi_{c1}^{*} > \pi_{c2}^{*}$。

7.5.4　均衡认证策略

1. 情形 (7.1) $\bar{F}_{11} < \bar{F}_{12} < \bar{F}_{13} < \bar{F}_{14}$

当 $F \leqslant \bar{F}_{11}$ 时，生产者 1(2) 始终选择认证，不管生产者 2(1) 是否选择认证，从而达到认证–认证纳什均衡，为简化说明，将该均衡策略表示为 1(占优)，1(占优)。当 $\bar{F}_{11} < F \leqslant \bar{F}_{12}$ 时，生产者 1 不管生产者 2 是否选择认证，都会选择认证，如果生产者 1 选择认证，生产者 2 不会选择认证，因此，它们将达到认证–不认证纳什均衡，将均衡策略表示为 1(占优)-0。类似地，当 $\bar{F}_{12} < F \leqslant \bar{F}_{13}$ 时，达成 1(占优)-0(占优)纳什均衡；当 $\bar{F}_{13} < F \leqslant \bar{F}_{14}$ 时，达成 1-0(占优)纳什均衡；当 $F > \bar{F}_{14}$ 时，达成 0(占优)-0(占优)纳什均衡。

2. 情形 (7.2) $\bar{F}_{11} < \bar{F}_{13} < \bar{F}_{12} < \bar{F}_{14}$

当 $F \leqslant \bar{F}_{11}$ 时，达成 1(占优)-1(占优)纳什均衡；当 $\bar{F}_{11} < F \leqslant \bar{F}_{13}$ 时，达成 1(占优)-0 纳什均衡；当 $\bar{F}_{13} < F \leqslant \bar{F}_{12}$ 时，达成 1-0 或 0-1 纳什均衡；当 $\bar{F}_{12} < F \leqslant \bar{F}_{14}$ 时，达成 1-0(占优)纳什均衡；当 $F > \bar{F}_{14}$ 时，达成 0(占优)-0(占优)纳什均衡。

3. 情形 (7.3) $\bar{F}_{13} < \bar{F}_{11} < \bar{F}_{14} < \bar{F}_{12}$

当 $F \leqslant \bar{F}_{13}$ 时，达成 1(占优)-1(占优)纳什均衡；当 $\bar{F}_{13} < F \leqslant \bar{F}_{11}$ 时，达成 0-1(占优)纳什均衡；当 $\bar{F}_{11} < F \leqslant \bar{F}_{14}$ 时，达成 1-0 或者 0-1 纳什均衡；当 $\bar{F}_{14} < F \leqslant \bar{F}_{12}$ 时，达成 0(占优)-1 纳什均衡；当 $F > \bar{F}_{12}$ 时，达成 0(占优)-0(占优)纳什均衡。

4. 情形 (7.4) $\bar{F}_{13} < \bar{F}_{14} < \bar{F}_{11} < \bar{F}_{12}$

当 $F \leqslant \bar{F}_{13}$ 时，达成 1(占优)-1(占优)纳什均衡；当 $\bar{F}_{13} < F \leqslant \bar{F}_{14}$ 时，达成 0-1(占优)纳什均衡；当 $\bar{F}_{14} < F \leqslant \bar{F}_{11}$ 时，达成 0(占优)-1(占优)纳什均衡；当 $\bar{F}_{11} < F \leqslant \bar{F}_{12}$ 时，达成 0(占优)-1 纳什均衡；当 $F > \bar{F}_{12}$ 时，达成 0(占优)-0(占优)纳什均衡。

5. 情形 (7.5) $\bar{F}_{13} < \bar{F}_{22} < \bar{F}_{21} < \bar{F}_{12}$

当 $F \leqslant \bar{F}_{13}$ 时，达成 1(占优)-1(占优)纳什均衡；当 $\bar{F}_{13} < F \leqslant \bar{F}_{22}$ 时，达成 0-1(占优)纳什均衡；当 $\bar{F}_{22} < F \leqslant \bar{F}_{21}$ 时，达成 0(占优)-1(占优)纳什均衡；当 $\bar{F}_{21} < F \leqslant \bar{F}_{12}$

时，达成 0(占优)-1 纳什均衡；当 $F > \bar{F}_{12}$ 时，达成 0(占优)-0(占优)纳什均衡。

6. 情形(7.6) $\bar{F}_{13} < \bar{F}_{21} < \bar{F}_{22} < \bar{F}_{12}$

当 $F \leqslant \bar{F}_{13}$ 时，达成 1(占优)-1(占优)纳什均衡；当 $\bar{F}_{13} < F \leqslant \bar{F}_{21}$ 时，达成 0-1(占优)纳什均衡；当 $\bar{F}_{21} < F \leqslant \bar{F}_{22}$ 时，达成 1-0 或者 0-1 纳什均衡；当 $\bar{F}_{22} < F \leqslant \bar{F}_{12}$ 时，达成 0(占优)-1 纳什均衡；当 $F > \bar{F}_{12}$ 时，达成 0(占优)-0(占优)纳什均衡。

7. 情形(7.7) $\bar{F}_{13} < \bar{F}_{21} < \bar{F}_{12} < \bar{F}_{22}$

当 $F \leqslant \bar{F}_{13}$ 时，达成 1(占优)-1(占优)纳什均衡；当 $\bar{F}_{13} < F \leqslant \bar{F}_{21}$ 时，达成 0-1(占优)纳什均衡；当 $\bar{F}_{21} < F \leqslant \bar{F}_{12}$ 时，达成 1-0 或者 0-1 纳什均衡；当 $\bar{F}_{12} < F \leqslant \bar{F}_{22}$ 时，达成 1-0(占优)纳什均衡；当 $F > \bar{F}_{22}$ 时，达成 0(占优)-0(占优)纳什均衡。

8. 情形(7.8) $\bar{F}_{21} < \bar{F}_{13} < \bar{F}_{12} < \bar{F}_{22}$

当 $F \leqslant \bar{F}_{21}$ ，达成 1(占优)-1(占优)纳什均衡；当 $\bar{F}_{21} < F \leqslant \bar{F}_{13}$ 时，达成 1(占优)-0 纳什均衡；当 $\bar{F}_{13} < F \leqslant \bar{F}_{12}$ 时，达成 1-0 或者 0-1 纳什均衡；当 $\bar{F}_{12} < F \leqslant \bar{F}_{22}$ 时，达成 1-0(占优)纳什均衡；当 $F > \bar{F}_{22}$ 时，达成 0(占优)-0(占优)纳什均衡。

9. 情形(7.9) $\bar{F}_{33} < \bar{F}_{21} < \bar{F}_{22} < \bar{F}_{34}$

当 $F \leqslant \bar{F}_{33}$ 时，达成 1(占优)-1(占优)纳什均衡；当 $\bar{F}_{33} < F \leqslant \bar{F}_{21}$ 时，达成 0-1(占优)纳什均衡；当 $\bar{F}_{21} < F \leqslant \bar{F}_{22}$ 时，达成 1-0 或 0-1 纳什均衡；当 $\bar{F}_{22} < F \leqslant \bar{F}_{34}$ 时，达成 0(占优)-1 纳什均衡；当 $F > \bar{F}_{34}$ 时，达成 0(占优)-0(占优)纳什均衡。

10. 情形(7.10) $\bar{F}_{21} < \bar{F}_{33} < \bar{F}_{22} < \bar{F}_{34}$

当 $F \leqslant \bar{F}_{21}$ 时，达成 1(占优)-1(占优)纳什均衡；当 $\bar{F}_{21} < F \leqslant \bar{F}_{33}$ 时，达成 1(占优)-0 纳什均衡；当 $\bar{F}_{33} < F \leqslant \bar{F}_{22}$ 时，达成 1-0 或 0-1 纳什均衡；当 $\bar{F}_{22} < F \leqslant \bar{F}_{34}$ 时，达成 0(占优)-1 纳什均衡；当 $F > \bar{F}_{34}$ 时，达成 0(占优)-0(占优)纳什均衡。

上述所有情形都可以随着 F 的增长划分为五部分；分别定义五部分为第一部分、第二部分等，直至第五部分，其中，两个生产者将在第一部分达成 1-1 纳什均衡，在第五部分达成 0-0 纳什均衡。

7.5.5　考虑生产成本的认证和定价策略

将生产成本纳入模型中，并分析了均衡认证和定价决策，这里主要针对零售商同时选择两个生产者的情形。

当 $\dfrac{p_2 - \zeta_2 \Delta}{p_1 - \zeta_1 \Delta} \leqslant \theta \leqslant 1 - p_1 + p_2 + (\zeta_1 - \zeta_2)\Delta$ 时，可得最优定价决策如下：

$$m_1^* = \frac{1}{2}\left(1 - c + \Delta\zeta_1\right)$$

$$m_2^* = \frac{1}{2}\left(\theta + \Delta\zeta_2 - c\right)$$

$$w_1^* = \frac{2 + 7c - (2 + c)\theta + \Delta(2 - \theta)\zeta_1 - \Delta\zeta_2}{2(4 - \theta)}$$

$$w_2^* = \frac{6c + (1 - \theta)\theta - \Delta\theta\zeta_1 + \Delta(2 - \theta)\zeta_2}{2(4 - \theta)}$$

$$p_1^* = \frac{6 + 3c - 3\theta + 2\Delta(3 - \theta)\zeta_1 - \Delta\zeta_2}{2(4 - \theta)}$$

$$p_2^* = \frac{c(2 + \theta) + \theta(5 - 2\theta) - \Delta\theta\zeta_1 + 2\Delta(3 - \theta)\zeta_2}{2(4 - \theta)}$$

$$\pi_{c1}^* = \frac{\left((2 - c)(1 - \theta) + \Delta(2 - \theta)\zeta_1 - \Delta\zeta_2\right)^2}{4(4 - \theta)^2(1 - \theta)} - \zeta_1 F$$

$$\pi_{c2}^* = \frac{\left((2c - \theta)(1 - \theta) + \Delta\theta\zeta_1 - \Delta(2 - \theta)\zeta_2\right)^2}{4(4 - \theta)^2(1 - \theta)\theta} - \zeta_2 F$$

$$\pi_r^* = \frac{1}{4(4 - \theta)(1 - \theta)\theta}\Big((1 - \theta)\big((c^2 + \theta)(2 + \theta) - 6c\theta\big) + \Delta^2(2 - \theta)\theta\zeta_1^2$$
$$+ 2\Delta(1 - \theta)(\theta - 2c)\zeta_2 + \Delta^2(2 - \theta)\zeta_2^2 + 2\Delta\theta\zeta_1\big((2 - c)(1 - \theta) - \Delta\zeta_2\big)\Big)$$

将 p_1^* 和 p_2^* 代入约束条件 $\dfrac{p_2 - \zeta_2 \Delta}{p_1 - \zeta_1 \Delta} \leqslant \theta \leqslant 1 - p_1 + p_2 + (\zeta_1 - \zeta_2)\Delta$，可得以下的

条件：在场景 7.1，如果 $c \leqslant \dfrac{2\Delta + \theta}{2}$，零售商将同时选择两个生产者，否则，它只

选择生产者 1；在场景 7.2，如果 $c \leqslant \dfrac{\theta(1 - \Delta - \theta)}{2(1 - \theta)}$，零售商将同时选择两个生产者，

否则，它只选择生产者 1；在场景 7.3，如果 $\Delta \geqslant 1-\theta \cap c \leqslant \dfrac{2(2-\Delta-2\theta)}{2(1-\theta)}$，零售商

将同时选择两个生产者，否则，它只选择生产者 2；如果 $\Delta \leqslant 1-\theta \cap c \leqslant \dfrac{2\Delta+\theta}{-\theta(\Delta+\theta)}\bigg/2(1-\theta)$，

零售商将同时选择两个生产者，否则，它只选择生产者 1；在场景 7.4，如果 $c \leqslant \dfrac{\theta}{2}$，

零售商将同时选择两个生产者，否则，它只选择生产者 1。综上，针对

$\Delta \leqslant 1-\theta-\dfrac{2(1-\theta)c}{\theta}$，然后依据 $1-\theta-\dfrac{2(1-\theta)c}{\theta} \geqslant 0$ 规定 $c \leqslant \dfrac{\theta}{2}$。

　　针对生产者 2，假定生产者 1 采取认证策略，如果 $F \leqslant \bar{F}_{41} = \dfrac{\Delta(2-\theta)\big(\Delta(2-3\theta)+(2\theta-4c)(1-\theta)\big)}{4(4-\theta)^2(1-\theta)\theta}$，

生产者 2 将采取认证策略，否则将采取不认证策略；假定生产者 1 采取不认证策

略，如果 $F \leqslant \bar{F}_{42} = \dfrac{\Delta(2-\theta)\big(\Delta(2-\theta)+(2\theta-4c)(1-\theta)\big)}{4(4-\theta)^2(1-\theta)\theta}$，生产者 2 将采取认证策

略，否则将采取不认证策略。针对生产者 1，假定生产者 2 采取认证策略，如果

$F \leqslant \bar{F}_{43} = \dfrac{\Delta(2-\theta)\big(4-2c(1-\theta)-(4+\Delta)\theta\big)}{4(-4+\theta)^2(1-\theta)}$，生产者 1 将采取认证策略，否则将采

取 不 认 证 策 略 ； 假 定 生 产 者 2 采 取 不 认 证 策 略 ， 如 果 $F \leqslant \bar{F}_{44} =$

$\dfrac{\Delta(2-\theta)\big(2(2+\Delta)-2c(1-\theta)-(4+\Delta)\theta\big)}{4(4-\theta)^2(1-\theta)}$，生产者 1 将采取认证策略，否则将采取

不认证策略。

$\dfrac{\bar{F}_{41}}{\bar{F}_{42}} = \dfrac{\Delta(2-3\theta)+(2\theta-4c)(1-\theta)}{\Delta(2-\theta)+(2\theta-4c)(1-\theta)} < 1$，　$\dfrac{\bar{F}_{43}}{\bar{F}_{44}} = \dfrac{4-2c(1-\theta)-(4+\Delta)\theta}{2(2+\Delta)-2c(1-\theta)-(4+\Delta)\theta} <$

1。$\dfrac{\bar{F}_{41}}{\bar{F}_{44}} = \dfrac{\big(\Delta(2-3\theta)+(2\theta-4c)(1-\theta)\big)}{\theta\big(2(2+\Delta)-2c(1-\theta)-(4+\Delta)\theta\big)}$，令 $F_{41}(\theta,\Delta) = \Delta(2-3\theta)+(2\theta-4c)(1-$

$\theta)-\theta\big(2(2+\Delta)-2c(1-\theta)-(4+\Delta)\theta\big)$，$\dfrac{\bar{F}_{42}}{\bar{F}_{43}} = \dfrac{\Delta(2-\theta)\big(\Delta(2-\theta)+(2\theta-4c)(1-\theta)\big)}{4(4-\theta)^2(1-\theta)\theta}$，令 $F_{42}(\theta,\Delta) =$

$$\varDelta(2-\theta)+(2\theta-4c)(1-\theta)-\theta\big(4-2c(1-\theta)-(4+\varDelta)\theta\big)\text{。}\quad \frac{\overline{F}_{41}}{\overline{F}_{43}}=\frac{\begin{pmatrix}\varDelta(2-3\theta)\\+(2\theta-4c)(1-\theta)\end{pmatrix}}{\theta\begin{pmatrix}4-2c(1-\theta)\\-(4+\varDelta)\theta\end{pmatrix}},$$

$$\frac{\overline{F}_{42}}{\overline{F}_{44}}=\frac{\big(\varDelta(2-\theta)+(2\theta-4c)(1-\theta)\big)}{\theta\big(2(2+\varDelta)-2c(1-\theta)-(4+\varDelta)\theta\big)}\text{，令 }F_{43}(\theta,\varDelta)=\varDelta(2-3\theta)+(2\theta-4c)(1-\theta)\text{，}$$

令 $F_{41}\left(\theta,1-\theta-\dfrac{2(1-\theta)c_1}{\theta}\right)=0$ ，可得 $c_1=\dfrac{\theta\big(\theta^2-7\theta+2\big)}{4-6\theta}$ ；令 $F_{42}\Big(\theta,1-\theta-$

$\dfrac{2(1-\theta)c_2}{\theta}\Big)=0$ ，可得 $c_2=\dfrac{\theta(2-\theta)(1-\theta)}{2(2+\theta)}$ ；令 $F_{43}\left(\theta,1-\theta-\dfrac{2(1-\theta)c_3}{\theta}\right)=0$ ，可得

$c_3=\dfrac{\theta\big(\theta^2-5\theta+2\big)}{2(2-\theta)}$ ；令 $F_{41}(\theta,\varDelta_{41})=0$ ，可得 $\varDelta_{41}=\dfrac{2\big(c(2-\theta)+\theta\big)(1-\theta)}{2-(1-\theta)\theta}$ ；令

$F_{42}(\theta,\varDelta_{42})=0$ ，可得 $\varDelta_{42}=2c+\dfrac{2\theta}{2-\theta}$ ；令 $F_{43}(\theta,\varDelta_{43})=0$ ，可得 $\varDelta_{43}=$

$\dfrac{2\big(c(2-\theta)+\theta\big)(1-\theta)}{2-(5-\theta)\theta}$ ，$\varDelta_{41}<\varDelta_{42}<\varDelta_{43}$ ，然后，可以得到表 7.4 的认证决策。

表 7.4　当 $\varDelta\leqslant 1-\theta-\dfrac{2(1-\theta)c}{\theta}$ 时的认证策略

θ	c	$\varDelta$	情形
$\theta\leqslant\dfrac{2}{3}$	$c\leqslant c_1$	$\varDelta\leqslant\varDelta_{41}$	(7.11)
		$\varDelta_{41}<\varDelta\leqslant\varDelta_{42}$	(7.12)
		$\varDelta>\varDelta_{42}$	(7.13)
	$c_1<c\leqslant c_3$	$\varDelta\leqslant\varDelta_{41}$	(7.11)
		$\varDelta_{41}<\varDelta\leqslant\varDelta_{42}$	(7.12)
		$\varDelta_{42}<\varDelta\leqslant\varDelta_{43}$	(7.13)
		$\varDelta>\varDelta_{43}$	(7.14)
	$c_3<c\leqslant c_2$	$\varDelta\leqslant\varDelta_{41}$	(7.11)
		$\varDelta_{41}<\varDelta\leqslant\varDelta_{43}$	(7.12)
		$\varDelta>\varDelta_{43}$	(7.14)
	$c_2<c\leqslant\dfrac{\theta}{2}$	$\varDelta\leqslant\varDelta_{43}$	(7.11)
		$\varDelta>\varDelta_{43}$	(7.14)

θ	c	Δ	情形
$\theta > \dfrac{2}{3}$	$c \leqslant c_3$	$\Delta \leqslant \Delta_{41}$	(7.11)
		$\Delta_{41} < \Delta \leqslant \Delta_{42}$	(7.12)
		$\Delta > \Delta_{42}$	(7.13)
	$c_3 < c \leqslant c_2$	$\Delta \leqslant \Delta_{41}$	(7.11)
		$\Delta > \Delta_{41}$	(7.12)
	$c_2 < c \leqslant \dfrac{\theta}{2}$		(7.11)

情形(7.11)当 $\bar{F}_{41} < \bar{F}_{42} < \bar{F}_{43} < \bar{F}_{44}$ 时, 认证策略与情形(7.1)类似; 情形(7.12)当 $\bar{F}_{41} < \bar{F}_{43} < \bar{F}_{42} < \bar{F}_{44}$ 时, 认证策略与情形(7.2)类似; 情形(7.13)当 $\bar{F}_{43} < \bar{F}_{41} < \bar{F}_{44} < \bar{F}_{12}$ 时, 认证策略与情形(7.3)类似; 情形(7.14)当 $\bar{F}_{13} < \bar{F}_{14} < \bar{F}_{11} < \bar{F}_{12}$ 时, 认证策略与情形(7.4)类似。

第8章 考虑需求信息披露的农产品供应链绿色认证策略

小规模生产者没有资格参与绿色认证，但是可通过合作社获得认证资格。本章研究了当绿色标签带来的顾客安全感知不确定时，合作社需求信息披露和小规模生产者产品质量信息披露的策略组合，进一步研究了信息披露对消费者剩余和社会福利的影响。

8.1 概 述

自 2015 年以来，食品安全一直是联合国可持续发展目标(United Nations，2019)的关键主题之一。绿色产品以一种环境友好的方式生产,不含农药和化学品,栽培技术对环境和顾客都是安全的(Zakowska-Biemans，2011；Aitken et al.，2020)。作为农业强国建设的重要内容，推动农产品供应链的绿色发展对促进农业绿色转型具有重要意义(魏光兴和宋燕龄，2024)。而近年来，由于对健康和环境的更高关注，消费者越来越多地消费绿色产品(Aitken et al.，2020)。在全球范围内，农户和食品生产者逐渐被要求通过食品安全标准认证。数据技术公司 ReportLinker发现，在新冠疫情危机中，全球食品认证市场预计将增长 36 亿美元[①]。然而，在食品和农业行业中，小型、社区和家庭经营由于成本与准入要求而无法获得认证(González and Nigh，2005；Tovar et al.，2005)。

群体认证可辅助小农户获得绿色认证，从而进入绿色市场。因此，合作社作为不同认证机构和生产者之间的中介机构，在绿色认证过程中发挥着重要的作用，并帮助制定相关的认证决策(Faure et al.，2012；Pinto et al.，2014；Maguire-Rajpaul et al.，2020)。近年来，我国各级政府相继出台补贴政策扶持绿色农产品供应链发展(杨浩雄等，2023)。消费者偏好和习惯的改变也对食品安全提出了新的挑战。感知质量是相对于个人和他人的质量体验对质量的总体主观评价，它驱动偏好和销售(Azimian et al.，2016)。消费者策略性程度也影响着绿色农产品的质量披露，而农产品质量信息的虚假披露会导致价格机制失灵，制约着农产品市场的发展(谭春桥和曾雨晴，2023；胡森森和禄静宜，2023)。许多研究发现，消费者愿意支付溢价，但他们的偏好和支付食品安全属性的意愿不同(Ubilava and Foster，2009；

---

① ReportLinker，https://www.reportlinker.com/p05798616/?utm_source=GNW，2024 年 3 月 28 日。

Thiene et al.，2018；Liu et al.，2020b；Wu et al.，2020）。因此，消费者的安全感知信息是不确定的。农业行业市场信息严重不对称，市场信息的缺乏往往导致市场无效率，进而损害农户收入和生计（Tang et al.，2015）。小规模生产者（生产者 2）从未获得过绿色认证，缺乏相关消费者的安全感知信息。特别是，消费者似乎不需要绿色认证这样的强烈信号，因此，公司应该评估引入绿色认证的预期成本和回报（Fanasch and Frick，2020）。对于生产者 2 来说，在群体认证的潜在利益、合作社进入成本和安全感知信息的不确定性之间进行权衡是至关重要的。特别是，合作社有时不愿意披露需求信息，因为如果生产者 2 也获得了绿色认证，就会削弱生产者 2 与合作社之间的产品差异。对于生产者 2 来说，如果它缺乏安全感知信息，它可能会犹豫是否加入合作社披露产品信息，因为它不清楚群体认证的潜在利益是否超过合作社的进入成本。

本章研究旨在解决以下关键问题：①两种信息披露形式将如何相互影响？②合作社的需求信息披露与生产者 2 的产品质量信息披露是否能使双方共同受益？③合作社的需求信息披露策略和绿色认证如何影响消费者剩余与社会福利？④安全感知、收益共享比例、需求竞争强度等因素如何影响各利益相关者的决策？为了回答上述问题，本章构建了由生产者 2 和在同一个市场上生产销售同一种作物的农村合作社组成的四阶段博弈模型，如图 8.1 所示。

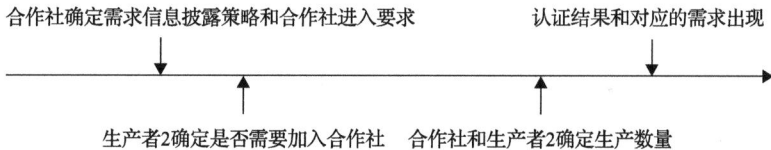

图 8.1　博弈顺序

8.2　问　题　描　述

考虑在共同市场上生产和销售同一种作物的、利润最大化的农村合作社和一个小规模生产者（生产者 2）组成的双寡头模型。生产成本为 cq_i，$i \in \{C,S\}$，其中符号 C 和 S 分别表示合作社与生产者 2，c 是单位生产成本，q_i 是生产数量（决策变量）。由于绿色标签是健康的指标，有绿色标签的产品往往被认为更健康（Lee et al.，2013；Ellison et al.，2016）。合作社的绿色标签安全感知水平为 $\Delta + \varepsilon_2$，ε_2 来捕捉异质性消费者对食品安全感知水平的不确定性。ε_2 服从正态分布，使得 $E(\varepsilon_2) = 0$，$\mathrm{Var}(\varepsilon_2) = \sigma_2^2$。生产者 2 无法获得绿色认证，如果它加入合作社，与 Niu 等（2019）类似，假设生产者 2 以佣金的形式向合作社提供固定的费用 F 和其

总收入的一部分(ϕ)，合作社作为生产者 2 的代理，与生产者 2 一起对产品进行认证。由于合作社之前对该产品进行过认证，则得到关于安全感知水平不确定性的预测信息 $\Gamma_{p2} = \varepsilon_2 + \epsilon_2$，其中 ε_2 表示需求中的不确定性，ϵ_2 表示预测信息的噪声，ϵ_2 越大，噪声越大。假设 ϵ_2 是独立的随机因素，服从均值为 0，方差为 σ_{p2}^2 的正态分布。根据 Mishra 等(2009)、Lai 等(2019a)和 Niu 等(2019)的研究，令 $H_2 = E(\varepsilon_2 | \Gamma_{p2}) = \dfrac{\sigma_2^2 \Gamma_{p2}}{\sigma_{p2}^2 + \sigma_2^2}$，$V_2(\varepsilon_2 | \Gamma_{p2}) = \dfrac{\sigma_2^2 \sigma_{p2}^2}{\sigma_2^2 + \sigma_{p2}^2}$。表 8.1 显示了主要的符号及其定义。

表 8.1　符号和定义

符号	定义
q_i	生产数量，$i \in \{C,S\}$
c	生产成本
Δ	绿色农产品初始安全感知水平
l_i	产品的安全感知水平，$i \in \{C,S\}$，被贴上绿色标签的产品将满足 $l_i = \Delta + \varepsilon_2$ 没有绿色标签的产品将满足 $l_i = 0$
p_i	产品销售价格，$i \in \{C,S\}$
b	需求可替代程度，b 越大，需求竞争越激烈，$b \in (0,1)$
d	安全水平可替代强度，d 越大，安全水平竞争越激烈，$d \in (0,1)$
a	基本市场规模
ε_2	异质性消费者对产品安全感知水平的不确定性，服从均值为 0，方差为 σ_2^2 的正态分布
Γ_{p2}	安全感知水平的预测信息，$\Gamma_{p2} = \varepsilon_2 + \epsilon_2$，$\epsilon_2$ 是独立的随机因素，服从均值为 0，方差为 $\sigma_{p^2}^2$ 的正态分布
K	固定的合作社进入成本
F	固定的认证成本
ϕ	如果生产者 2 加入合作社，支付给合作社的一定比例的生产者 2 的总收入
$E(\pi)$	期望利润
CS	消费者剩余
SW	社会福利

依据 Azimian 等(2016)、Wang 等(2017)和 Niu 等(2019)的研究，在需求和安

全水平竞争下，需求反函数为

$$p_i\left(q_i, q_j\right) = a - q_i - bq_j + l_i - dl_j \qquad (8.1)$$

博弈顺序如图 8.1 所示，在第 1 阶段，合作社确定需求信息披露策略和合作社进入要求。这种信息披露策略的设置在相关文献中被广泛采用，如 Arya 等（2007）。在阶段 2 中，生产者 2 确定是否需要加入该合作社。如果它决定加入合作社，则提供一个固定的费用 F 和总收入的固定比例（ϕ），以佣金的形式给合作社。在第 3 阶段，合作社和生产者 2 确定生产数量。合作社和其他农户之间的同步生产策略设置可以在 An 等（2015）中看到。在阶段 4 中，如果生产者 2 决定加入合作社，则合作社作为生产者 2 的代理，与生产者 2 一起对产品进行认证。如果生产者 2 不加入合作社，生产者 2 就无法获得绿色认证，消费者对其产品的安全感知为零。最后，顾客需求是基于价格和相应的安全感知而出现的。在逆向求解该问题时，首先得到给定信息披露策略组合的所有可能的子博弈生产均衡。其次，推导生产者 2 关于合作社进入决策的均衡策略。最后，研究合作社的需求信息披露决策。

8.3　不同信息披露策略下的生产决策

根据合作社需求信息披露策略与生产者 2 产品信息披露策略的不同组合，分析了阶段 1 到阶段 2 的四种可能情形，即情形 DD，情形 $\overline{\text{D}}$D，情形 D$\overline{\text{D}}$，情形 $\overline{\text{D}}$$\overline{\text{D}}$。例如情形 D$\overline{\text{D}}$ 表示合作社披露需求信息，生产者 2 不披露产品信息；情形 $\overline{\text{D}}$D 表示合作社不披露需求信息，生产者 2 披露产品信息。

8.3.1　不披露产品信息时的生产决策

1. 情形 D$\overline{\text{D}}$

当合作社披露需求信息，生产者 2 不加入合作社时，合作社和生产者 2 的预期利润为

$$E\left(\pi_{\text{C}}^{\text{D}\overline{\text{D}}}\right) = E\left[q_{\text{C}}^{\text{D}\overline{\text{D}}}\left(a - q_{\text{C}}^{\text{D}\overline{\text{D}}} - bq_{\text{S}}^{\text{D}\overline{\text{D}}} + \Delta + \varepsilon_2 - c\right)\Big|\Gamma_{p2} \right] - F \qquad (8.2)$$

$$E\left(\pi_{\text{S}}^{\text{D}\overline{\text{D}}}\right) = E\left[\left(a - q_{\text{S}}^{\text{D}\overline{\text{D}}} - bq_{\text{C}}^{\text{D}\overline{\text{D}}} - d\left(\Delta + \varepsilon_2\right) - c\right)q_{\text{S}}^{\text{D}\overline{\text{D}}}\Big|\Gamma_{p2} \right] \qquad (8.3)$$

当式（8.2）和式（8.3）最大时，合作社和生产者 2 的最优生产数量、价格和期望利润如表 8.2 所示。

表 8.2　　生产者 2 不加入合作社时不同信息披露策略的均衡结果

均衡解	情形 $I\bar{D}(I=\bar{D})$	情形 $I\bar{D}(I=D)$
$q_C^{*I\bar{D}}$	$\dfrac{(2-b)(2a-2c+(2+b)H_2)+2(2+bd)\Delta}{2(4-b^2)}$	$\dfrac{(2-b)(a-c)+(2+bd)(\Delta+H_2)}{4-b^2}$
$q_S^{*I\bar{D}}$	$\dfrac{(2-b)(a-c)-(b+2d)\Delta}{4-b^2}$	$\dfrac{(2-b)(a-c)-(b+2d)(\Delta+H_2)}{4-b^2}$
$p_C^{*I\bar{D}}$	$\dfrac{2(2-b)(a+c+bc)+(4-b^2)H_2+2(2+bd)\Delta}{2(4-b^2)}$	$\dfrac{a(2-b)+(2-b)(1+b)c+(2+bd)(H_2+\Delta)}{4-b^2}$
$p_S^{*I\bar{D}}$	$\dfrac{(2-b)(a+c+bc)-(b+2d)\Delta}{4-b^2}$	$\dfrac{a(2-b)+(2-b)(1+b)c-(b+2d)(H_2+\Delta)}{4-b^2}$
$E\left(\pi_C^{*I\bar{D}}\right)$	$\dfrac{\left((2-b)(a-c)+(2+bd)\Delta\right)^2}{\left(4-b^2\right)^2}+\dfrac{l}{4}-F$	$\dfrac{\left((2-b)(a-c)+(2+bd)\Delta\right)^2}{\left(4-b^2\right)^2}+\dfrac{(2+bd)^2 l}{\left(4-b^2\right)^2}-F$
$E\left(\pi_S^{*I\bar{D}}\right)$	$\dfrac{\left((2-b)(a-c)-(b+2d)\Delta\right)^2}{\left(4-b^2\right)^2}$	$\dfrac{\left((2-b)(a-c)-(b+2d)\Delta\right)^2}{\left(4-b^2\right)^2}+\dfrac{(b+2d)^2 l}{\left(4-b^2\right)^2}$

2. 情形 $\bar{D}\bar{D}$

当合作社不披露需求信息且生产者 2 不加入合作社时，合作社和生产者 2 的预期利润为

$$E\left(\pi_C^{\bar{D}\bar{D}}\right)=E\left[\left.q_C^{\bar{D}\bar{D}}\left(a-q_C^{\bar{D}\bar{D}}-bq_S^{\bar{D}\bar{D}}+\Delta+\varepsilon_2-c\right)\right|\Gamma_{p2}\right]-F \tag{8.4}$$

$$E\left(\pi_S^{\bar{D}\bar{D}}\right)=E\left[\left(a-q_S^{\bar{D}\bar{D}}-bq_C^{\bar{D}\bar{D}}-d(\Delta+\varepsilon_2)-c\right)q_S^{\bar{D}\bar{D}}\right] \tag{8.5}$$

当式(8.4)和式(8.5)最大化时，合作社和生产者 2 的最优生产数量、价格和期望利润如表 8.2 所示。

命题 8.1　当生产者 2 不加入合作社时，有需求信息披露和没有需求信息披露的最优决策的比较结果如下。

1）数量

当 $\varepsilon_2+\epsilon_2>0$ 时，$q_C^{*D\bar{D}}>q_C^{*\bar{D}\bar{D}}$，否则，$q_C^{*D\bar{D}}<q_C^{*\bar{D}\bar{D}}$。

当 $\varepsilon_2+\epsilon_2>0$ 时，$q_S^{*D\bar{D}}<q_S^{*\bar{D}\bar{D}}$，否则，$q_S^{*D\bar{D}}>q_S^{*\bar{D}\bar{D}}$。

2）价格

当 $\varepsilon_2+\epsilon_2>0$ 时，$p_C^{*D\bar{D}}>p_C^{*\bar{D}\bar{D}}$，否则，$p_C^{*D\bar{D}}<p_C^{*\bar{D}\bar{D}}$。

当 $\varepsilon_2+\epsilon_2>0$ 时，$p_S^{*D\bar{D}}<p_S^{*\bar{D}\bar{D}}$，否则，$p_S^{*D\bar{D}}>p_S^{*\bar{D}\bar{D}}$。

3）利润

$$E\left(\pi_{\mathrm{C}}^{*\mathrm{D}\overline{\mathrm{D}}}\right) > E\left(\pi_{\mathrm{C}}^{*\overline{\mathrm{D}}\overline{\mathrm{D}}}\right); \quad E\left(\pi_{\mathrm{S}}^{*\mathrm{D}\overline{\mathrm{D}}}\right) > E\left(\pi_{\mathrm{S}}^{*\overline{\mathrm{D}}\overline{\mathrm{D}}}\right)。$$

如果生产者 2 不加入合作社，当信息反映了较大的安全感知且合作社披露需求信息时（$\varepsilon_2 + \epsilon_2 > 0$），生产者 2 可能会比没有披露需求信息时生产更少，价格更低。这可以解释为生产者 2 失去了绿色标签的优势，而这一劣势将随着安全意识的提高而增强。因此，生产者 2 必须降低价格，以减少更高安全感知带来的需求损失。同样，合作社的趋势是相反的。随着安全意识的增强，合作社的绿色标签的价值将会更强。因此，如果信息暗示更高的安全感知，合作社可能比没有信息披露时，会生产更多，定价更高。合作社和生产者 2 都将从需求信息披露中受益，这意味着当生产者 2 不能获得绿色标签时，合作社应该披露安全感知信息。

8.3.2　披露产品信息时的生产决策

1. 情形 DD

当合作社披露需求信息，生产者 2 加入该合作社时，合作社和生产者 2 的预期利润为

$$E\left(\pi_{\mathrm{C}}^{\mathrm{DD}}\right) = E\left[\begin{array}{l} q_{\mathrm{C}}^{\mathrm{DD}}\left(a - q_{\mathrm{C}}^{\mathrm{DD}} - bq_{\mathrm{S}}^{\mathrm{DD}} + (1-d)(\Delta + \varepsilon_2) - c\right) \\ + \phi\left(a - q_{\mathrm{S}}^{\mathrm{DD}} - bq_{\mathrm{C}}^{\mathrm{DD}} + (1-d)(\Delta + \varepsilon_2) - c\right)q_{\mathrm{S}}^{\mathrm{DD}} \end{array}\middle| \Gamma_{p2}\right] - F + K \quad (8.6)$$

$$E\left(\pi_{\mathrm{S}}^{\mathrm{DD}}\right) = E\left[(1-\phi)\left(a - q_{\mathrm{S}}^{\mathrm{DD}} - bq_{\mathrm{C}}^{\mathrm{DD}} + (1-d)(\Delta + \varepsilon_2) - c\right)q_{\mathrm{S}}^{\mathrm{DD}}\middle| \Gamma_{p2}\right] - K \quad (8.7)$$

合作社的收入包括销售收入、一定比例的生产者总收入（ϕ）和一个固定的进入合作社的成本（K），但合作社必须支付额外的认证费用（F）。在这种情况下，合作社首先在博弈的第一阶段决策是否披露顾客需求信息。因此，合作社和生产者 2 都是基于预测信息 Γ_{p2} 最大化它们的预期利润。当式（8.6）和式（8.7）最大时，合作社和生产者 2 的最优生产数量、价格和期望利润如表 8.3 所示。

表 8.3　生产者 2 加入合作社时不同信息披露策略下的均衡结果

均衡解	情形 ID$\left(I = \overline{D}\right)$	情形 ID$\left(I = D\right)$
$q_{\mathrm{C}}^{*\mathrm{ID}}$	$\dfrac{1}{2}\left(a - c + (1-d)(H_2 + \Delta) - \dfrac{(2-b)b(a - c + \Delta - d\Delta)(1+\phi)}{4 - b^2(1+\phi)}\right)$	$\dfrac{(2 - b - b\phi)(a - c + (1-d)(\Delta + H_2))}{4 - b^2(1+\phi)}$
$q_{\mathrm{S}}^{*\mathrm{ID}}$	$\dfrac{(2-b)(a - c + \Delta - d\Delta)}{4 - b^2(1+\phi)}$	$\dfrac{(2-b)(a - c + (1-d)(\Delta + H_2))}{4 - b^2(1+\phi)}$

均衡解	情形 ID$(I=\bar{D})$	情形 ID$(I=D)$
$p_C^{*\mathrm{ID}}$	$\dfrac{\left(\begin{array}{c}2c\big(2+b(1-b-\phi)\big)+H_2(1-d)\big(4-b^2(1+\phi)\big)\\+\big(2a+2\varDelta(1-d)\big)\big(2-b+(1-b)b\phi\big)\end{array}\right)}{2\big(4-b^2(1+\phi)\big)}$	$\dfrac{\left(\begin{array}{c}\big(a+(1-d)(H_2+\varDelta)\big)\big(2-b+(1-b)b\phi\big)\\+c\big(2+b(1-b-\phi)\big)\end{array}\right)}{4-b^2(1+\phi)}$
$p_S^{*\mathrm{ID}}$	$\dfrac{(-2+b)(a+c+bc+\varDelta-d\varDelta)+b^2c\phi}{-4+b^2(1+\phi)}$	$\dfrac{(-2+b)\big(a+(1+b)c+(1-d)(H_2+\varDelta)\big)+b^2c\phi}{-4+b^2(1+\phi)}$
$E\left(\pi_C^{*\mathrm{ID}}\right)$	$eh+\dfrac{\phi e}{(1-\phi)}+\dfrac{l(1-d)^2}{4}-F+K$	$K-F+\dfrac{\phi(e+f)}{(1-\phi)}+(e+f)h$
$E\left(\pi_S^{*\mathrm{ID}}\right)$	$e-K$	$e+f-K$

注：$e=\dfrac{(2-b)^2(1-\phi)\big(a-c+(1-d)\varDelta\big)^2}{\big(4-b^2(1+\phi)\big)^2}$，$f=\dfrac{l(2-b)^2(1-\phi)(1-d)^2}{\big(4-b^2(1+\phi)\big)^2}$，$g=\dfrac{\big(a(2-b)-2c\big)^2}{\big(4-b^2\big)^2}$，$h=\dfrac{(2-b-b\phi)\big(2-b+(1-b)b\phi\big)}{(2-b)^2(1-\phi)}$，$l=\dfrac{\sigma_2^4}{\sigma_2^2+\sigma_{p2}^2}$。

2. 情形 $\bar{D}D$

当合作社不披露需求信息，生产者 2 加入合作社时，合作社和生产者 2 的期望利润为

$$E\left(\pi_C^{\bar{D}D}\right)=E\left[\begin{array}{c}q_C^{\bar{D}D}\left(a-q_C^{\bar{D}D}-bq_S^{\bar{D}D}+(1-d)(\varDelta+\varepsilon_2)-c\right)\\+\phi\left(a-q_S^{\bar{D}D}-bq_C^{\bar{D}D}+(1-d)(\varDelta+\varepsilon_2)-c\right)q_S^{\bar{D}D}\end{array}\bigg|\varGamma_{p2}\right]-F+K \qquad (8.8)$$

$$E\left(\pi_S^{\bar{D}D}\right)=E\left[(1-\phi)\left(a-q_S^{\bar{D}D}-bq_C^{\bar{D}D}+(1-d)(\varDelta+\varepsilon_2)-c\right)q_S^{\bar{D}D}\right]-K \qquad (8.9)$$

在这种情况下，合作社不会向生产者 2 披露它的顾客信息。合作社将充分利用信息，而生产者 2 的安全感知不确定性仍是 ε_2，服从均值为 0，方差为 σ_2^2 的正态分布。当式 (8.8) 和式 (8.9) 最大时，合作社和生产者 2 的最优生产数量、价格和期望利润如表 8.3 所示。

命题 8.2 当生产者 2 加入合作社时，有需求信息披露和没有需求信息披露的最优决策的比较结果如下。

1) 数量

当 $\varepsilon_2+\epsilon_2>0$ 时，$q_C^{*\mathrm{DD}}<q_C^{*\bar{D}D}$，否则，$q_C^{*\mathrm{DD}}>q_C^{*\bar{D}D}$。

当 $\varepsilon_2 + \epsilon_2 > 0$ 时，$q_S^{*\mathrm{DD}} > q_S^{*\overline{\mathrm{D}}\mathrm{D}}$，否则，$q_S^{*\mathrm{DD}} < q_S^{*\overline{\mathrm{D}}\mathrm{D}}$。

2）价格

当 $\varepsilon_2 + \epsilon_2 > 0$ 时，$p_C^{*\mathrm{DD}} < p_C^{*\overline{\mathrm{D}}\mathrm{D}}$，否则，$p_C^{*\mathrm{DD}} > p_C^{*\overline{\mathrm{D}}\mathrm{D}}$。

当 $\varepsilon_2 + \epsilon_2 > 0$ 时，$p_S^{*\mathrm{DD}} > p_S^{*\overline{\mathrm{D}}\mathrm{D}}$，否则，$p_S^{*\mathrm{DD}} < p_S^{*\overline{\mathrm{D}}\mathrm{D}}$。

3）利润

当 $\phi < \phi_1^*$ 时，$E\left(\pi_C^{*\mathrm{DD}}\right) < E\left(\pi_C^{*\overline{\mathrm{D}}\mathrm{D}}\right)$，否则，$E\left(\pi_C^{*\mathrm{DD}}\right) > E\left(\pi_C^{*\overline{\mathrm{D}}\mathrm{D}}\right)$；$E\left(\pi_S^{*\mathrm{DD}}\right) > E\left(\pi_S^{*\overline{\mathrm{D}}\mathrm{D}}\right)$。

如果生产者 2 加入合作社，当需求信息反映出较大的安全感知且合作社披露信息时（$\varepsilon_2 + \epsilon_2 > 0$），生产者 2 可能会比没有披露信息时生产更多，定价更高。然而，合作社的趋势却相反。当生产者 2 获得绿色认证时，两种产品之间的安全感知差异变小，合作社的产品来自绿色标签的价值会减弱，当安全感知越高时，该价值会越弱。因此，如果信息暗示了更高的安全感知，合作社可能会比没有信息披露的情况下生产更少，价格更低。如果 ϕ 较大（$\phi > \phi_1^*$），合作社信息披露的价值就会产生，否则群体认证弱化了合作社绿色标签的价值，将会导致合作社亏损，较小的 ϕ 进一步损害合作社利益。这验证了之前的研究结果，即群体认证可能会被企业视为不利于实现私人利益，因为它会削弱企业的竞争优势（Chkanikova and Sroufe，2021）。然而，生产者 2 总是会从合作社的需求信息披露中受益。

命题 8.3

（1）$\dfrac{\partial p_C^{*\mathrm{ID}}}{\partial \phi} > 0$，$\dfrac{\partial p_S^{*\mathrm{ID}}}{\partial \phi} > 0$，$\dfrac{\partial p_C^{*\mathrm{ID}}}{\partial \phi} > 0$。

（2）$\dfrac{\partial q_C^{*\mathrm{ID}}}{\partial \phi} < 0$，$\dfrac{\partial q_S^{*\mathrm{ID}}}{\partial \phi} > 0$，$\left|\dfrac{\partial q_C^{*\mathrm{ID}}}{\partial \phi}\right| > \dfrac{\partial q_S^{*\mathrm{ID}}}{\partial \phi}$。

（3）$\dfrac{\partial E\left(\pi_C^{*\mathrm{ID}}\right)}{\partial \phi} > 0$，$\dfrac{\partial E\left(\pi_S^{*\mathrm{ID}}\right)}{\partial \phi} < 0$。

当合作社设置更高的收入共享比例时，生产者 2 将生产更多的产品，定价更高，以缓解由合作社进入成本高而造成的利润损失。但随着 ϕ 的增加，合作社会获得更多额外收益，因此它的产量会减少，价格会升高。当 ϕ 增加时，虽然生产者 2 的产量高于合作社，但合作社价格高于生产者 2，后者要强于前者，合作社的利润随着 ϕ 的增大而增大，生产者 2 的利润随着 ϕ 的增大而减小。

命题 8.4　给定合作社的信息披露策略，比较合作社和生产者 2 的最优价格。

（1）如果生产者 2 不加入合作社，则合作社将比生产者 2 生产更多、定价更高。

（2）如果生产者 2 加入合作社，则合作社将比生产者 2 生产更少、定价更高。

命题 8.4 表明，合作社的最优价格高于生产者 2 的最优价格。当生产者 2 不加入合作社时，顾客对合作社产品的安全感知会因为绿色标签而得到改善。因此，合作社可以通过使用绿色标签来设定比生产者 2 更高的价格。当生产者 2 加入合作社时，尽管合作社和生产者 2 的产品在绿色标签上没有差异，但是生产者 2 会生产比合作社更多的产品来充分利用群体认证，使其产品比合作社价格更低。

8.4　合作社进入和需求信息披露决策

8.4.1　小规模生产者的合作社进入决策

通过逆向归纳法，首先研究生产者 2 的合作社进入决策，比较在不同合作社进入决策下生产者 2 的期望利润，其次得到引理 8.1。

引理 8.1

(1) 合作社披露需求信息时，如果 $K \leqslant K_{11}$，则生产者 2 加入合作社。

(2) 合作社不披露需求信息时，如果 $K \leqslant K_{12}$，则生产者 2 加入合作社。

(3) $\dfrac{\partial K_{11}}{\partial \phi} < 0$，$\dfrac{\partial K_{12}}{\partial \phi} < 0$。

(4) $\dfrac{\partial K_{11}}{\partial \Delta} > 0$，$\dfrac{\partial K_{12}}{\partial \Delta} > 0$。

其中，$K_{11} = \dfrac{(2-b)^2(1-d)^2 l(1-\phi)}{\left(4-b^2(1+\phi)\right)^2} + \dfrac{(2-b)^2(a-c+\Delta-d\Delta)^2(1-\phi)}{\left(4-b^2(1+\phi)\right)^2} - \dfrac{(b+2d)^2 l}{\left(4-b^2\right)^2} -$

$\dfrac{\left((2-b)(a-c)-(b+2d)\Delta\right)^2}{\left(4-b^2\right)^2}$，$K_{12} = \dfrac{(2-b)^2(a-c+\Delta-d\Delta)^2(1-\phi)}{\left(4-b^2(1+\phi)\right)^2} - \dfrac{\left((2-b)(a-c)-(b+2d)\Delta\right)^2}{\left(4-b^2\right)^2}$。

生产者 2 的合作社进入决策的阈值 K_{11} 或 K_{12} 随着 ϕ 的增大而减小。当 ϕ 增加时，生产者 2 披露产品质量信息的效益降低，因为生产者 2 的利润随着 ϕ 的增大而减少。因此，当 ϕ 较高时，生产者 2 披露产品信息的意愿较低。这意味着合作社应设定合理的收益共享比例，ϕ 过高会损害生产者 2 的利润，ϕ 过低则会损害合作社利润。随着 Δ 的增加，生产者 2 可以通过绿色认证获得更多的利润，这使得 K_{11} 或 K_{12} 随着 Δ 的增加而增加。带有绿色标签的产品的价格随着 Δ 的增加而增加，也就是说，价格溢价是小农户采取认证方案的重要激励因素，这验证了 Furumo 等（2020）的研究。

依据引理 8.1 所示的生产者 2 的合作社进入决策，生产者 2 的期望利润可以表示为

$$E\left(\pi_C^{*D}\right) = \begin{cases} e + f - K, & K < K_{11} \\ \dfrac{\left((2-b)(a-c)-(b+2d)\varDelta\right)^2}{\left(4-b^2\right)^2} + \dfrac{(b+2d)^2 l}{\left(4-b^2\right)^2}, & K \geqslant K_{11} \end{cases} \tag{8.10}$$

$$E\left(\pi_S^{*\overline{D}}\right) = \begin{cases} e - K, & K < K_{12} \\ \dfrac{\left((2-b)(a-c)-(b+2d)\varDelta\right)^2}{\left(4-b^2\right)^2}, & K \geqslant K_{12} \end{cases} \tag{8.11}$$

8.4.2　合作社的信息披露决策

依据引理 8.1，合作社披露或者不披露需求信息时的预期利润分别为

$$E\left(\pi_C^{*D}\right) = \begin{cases} (e+f)\left(\dfrac{\phi}{(1-\phi)}+h\right)+K-F, & K < K_{11} \\ \dfrac{\left((2-b)(a-c)+(2+bd)\varDelta\right)^2}{\left(4-b^2\right)^2} + \dfrac{(2+bd)^2 l}{\left(4-b^2\right)^2} - F, & K \geqslant K_{11} \end{cases} \tag{8.12}$$

$$E\left(\pi_C^{*\overline{D}}\right) = \begin{cases} eh + \dfrac{\phi e}{(1-\phi)} + \dfrac{l(1-d)^2}{4} + K - F, & K < K_{12} \\ \dfrac{\left((2-b)(a-c)+(2+bd)\varDelta\right)^2}{\left(4-b^2\right)^2} + \dfrac{l}{4} - F, & K \geqslant K_{12} \end{cases} \tag{8.13}$$

根据合作社的预期利润，最终形成命题 8.5 所示的不同信息披露的最终策略组合。

命题 8.5

如果 $\dfrac{(2-b)^2(1-d)^2(1-\phi)}{\left(4-b^2(1+\phi)\right)^2} < \dfrac{(b+2d)^2}{\left(4-b^2\right)^2}$，则得出以下结论。

(1) 当 $\left(K_{11} < K < K_1^*\right) \cup K > K_{12}$ 时，合作社披露需求信息，生产者 2 不披露产品信息。

(2) 当 $K < K_{11} \cap \phi > \phi_1^*$ 时，合作社披露需求信息，生产者 2 披露产品信息。

(3)当 $\left(K < K_{11} \cap \phi < \phi_1^*\right) \cup \left(K_1^* < K < K_{12}\right)$ 时，合作社不披露需求信息，生产者 2 披露产品信息。

如果 $\dfrac{(2-b)^2(1-d)^2(1-\phi)}{\left(4-b^2(1+\phi)\right)^2} > \dfrac{(b+2d)^2}{\left(4-b^2\right)^2}$，则得出以下结论。

(4)当 $K > K_{11}$ 时，合作社披露需求信息，生产者 2 不披露产品信息。

(5)当 $K < K_{12} \cap \phi > \phi_1^* \cup \left(K_2^* < K < K_{11}\right)$ 时，合作社披露需求信息，生产者 2 披露产品信息。

(6)当 $K < K_{12} \cap \phi < \phi_1^*$ 时，合作社不披露需求信息，生产者 2 披露产品信息。

(7)当 $K_{12} < K < K_2^*$ 时，合作社不披露需求信息，生产者 2 不披露产品信息。

当合作社进入成本 K 足够低时 $\left[K < \min(K_{12}, K_{11})\right]$，生产者 2 总是加入合作社，当合作社进入成本 K 足够高时 $\left[K > \max(K_{12}, K_{11})\right]$，生产者 2 总是不加入合作社。当合作社进入成本 K 适中时 $\left[\min(K_{12}, K_{11}) < K < \max(K_{12}, K_{11})\right]$，生产者 2 的合作社进入决策取决于其他参数，如收入共享的比例、安全感知和需求竞争强度。

在给定的 K 下，当需求竞争激烈时，即 b 相对较大时，合作社有更多的动机阻止生产者 2 加入合作社，合作社披露需求信息的动机将被削弱$\left(\dfrac{\partial \phi_1^*}{\partial b} > 0\right)$。然而，合作社需求信息披露的策略并不能直接激励生产者 2 加入合作社，生产者 2 会根据自己的利润来决定进入合作社的策略，在不同的合作社进入决策之间进行权衡。

在序贯博弈中，存在后发优势，可从以下两个方面解释。

一方面可从命题 8.5(7)发现，合作社作为一个先行者，会因为需求信息披露遭受利润损失。命题 8.2(3)表明，如果生产者 2 不加入合作社，合作社总是从需求信息披露中受益。因此，如果合作社观察到生产者 2 没有加入合作社，它必须披露需求信息。而在命题 8.5(7)中，合作社作为一个先行者，选择隐藏需求信息，生产者 2 作为一个先行者选择加入该合作社。生产者 2 从合作社进入中获益，而合作社由于隐藏需求信息获得较少的利润。另一方面从生产者 2 的策略可以看出，一旦合作社确定了信息披露策略，生产者 2 总是可以选择对自己有利的策略。

在图 8.2～图 8.4 中，假设 $a = 200$，$d = 0.8$，$c = 5$，$\Delta = 20$，$l = 1.5$，$\phi = 0.5$，$K = 10$，$F = 5$。图 8.2 和图 8.3 分别显示了 b 对合作社与生产者 2 预期利润的影响，随着需求竞争强度的增加，策略组合由(披露、不披露)转变为(披露、披露)，再演变为(不披露、披露)。图 8.2 和图 8.3 显示，随着 b 的增加，合作社倾向于隐藏需求信息,而生产者 2 倾向于披露产品信息,这验证了命题 8.5。需求竞争强度对两个成员利润的影响取决于不同的策略组合。合作社的利润随 b 的增加而减少。图 8.3 显示,当 b 相对较小时,生产者 2 的预期利润随 b 的增大而减少,当 b 较大时,生产者 2 的预期利润随 b 的增加而增加。图 8.2(a) 和图 8.2(b) 显示,生产者 2 加入合作社后,合作社的预期利润从 7288.26 增加到 7496.29,图 8.2(b) 中,(D,D) 是两个成员的双赢策略。

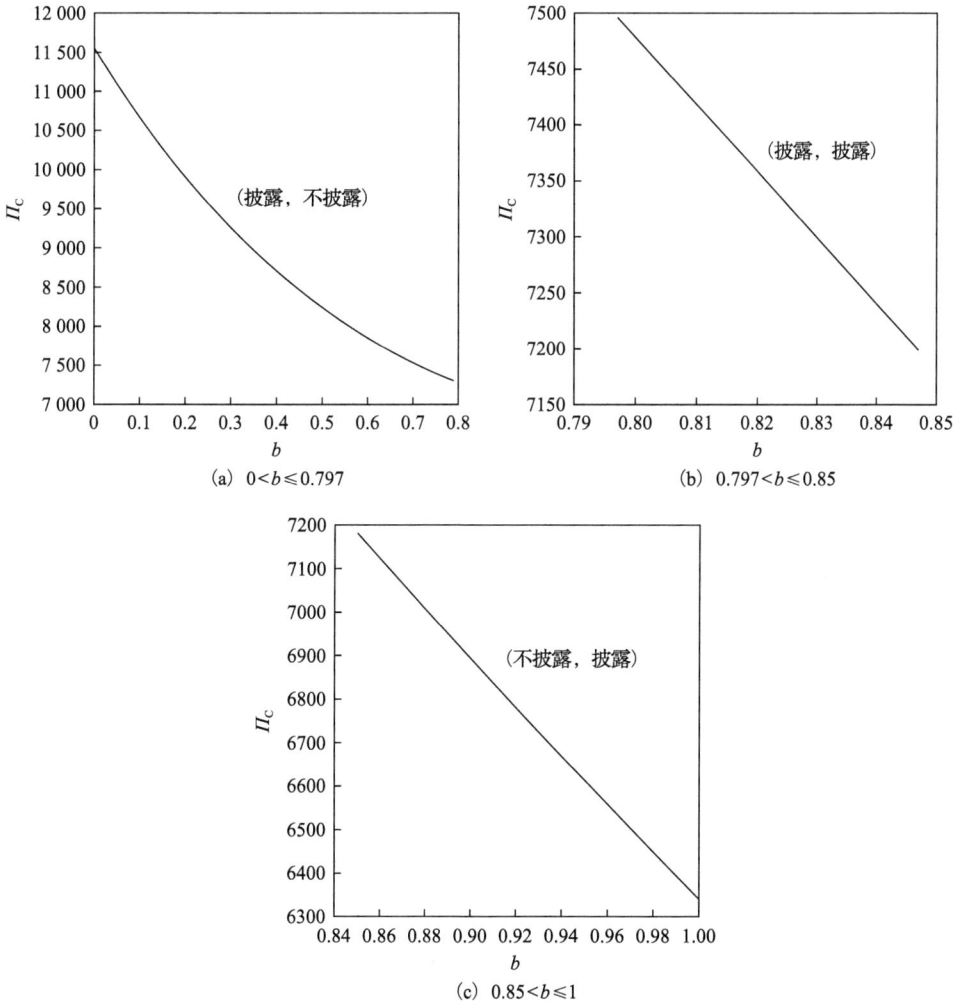

(a)　$0 < b \leqslant 0.797$

(b)　$0.797 < b \leqslant 0.85$

(c)　$0.85 < b \leqslant 1$

图 8.2　合作社的预期利润随 b 的变化

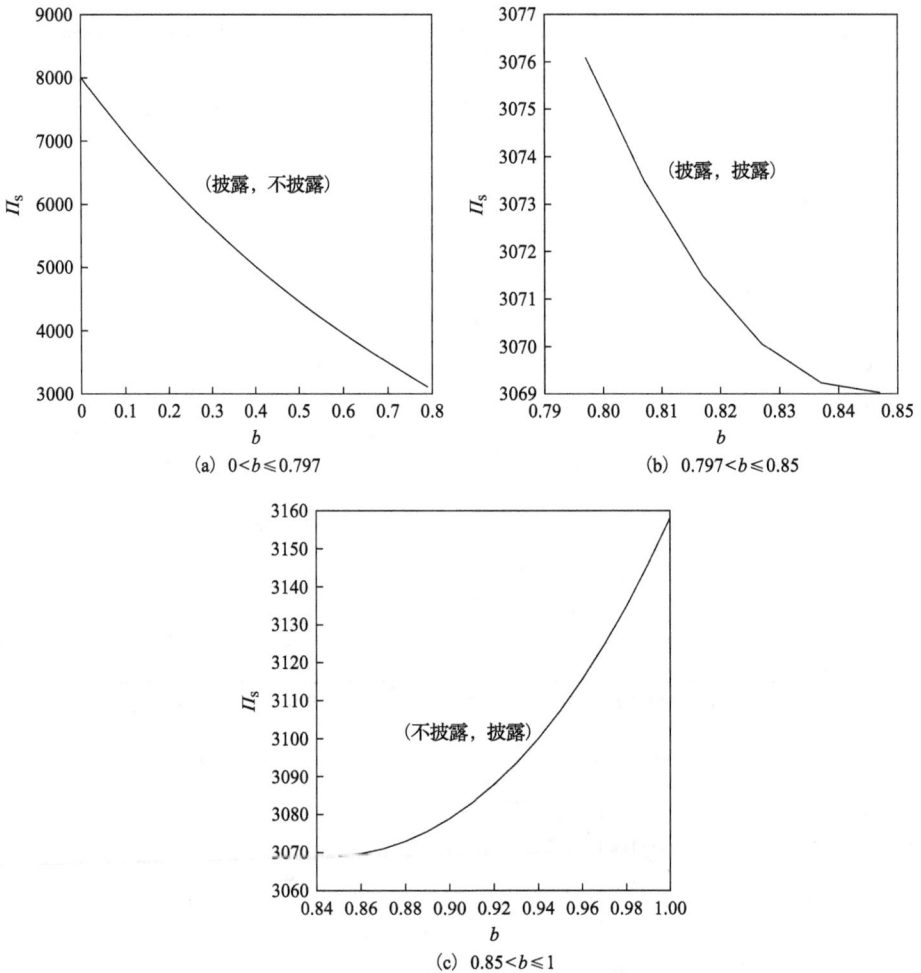

(a) 0<b≤0.797

(b) 0.797<b≤0.85

(c) 0.85<b≤1

图 8.3　生产者 2 的预期利润随 b 的变化

　　为了进一步说明不同参数对两个成员最终决策的影响，在表 8.4 中对相关参数进行了数值研究。在本算例中，发现 a 的增加并不能直接激励生产者 2 披露产品信息。当 a 从 100 转变为 200 时，群体认证将是两个成员的双赢策略。然而，当 a 进一步增加到 300 时，生产者 2 将不会加入该合作社。随着需求或安全水平竞争强度的增加，生产者 2 更倾向于披露产品信息。但随着需求竞争强度的增加，合作社披露安全感知信息的意愿有所降低。随着 Δ 的增加，生产者 2 倾向于披露产品信息，而合作社将失去产品在绿色标签差异上的优势。因此，当 Δ 由 10 变为 20 时，生产者 2 将披露产品信息，群体认证将同时惠及两名成员。然而，当 Δ 从 20 变为 30 时，群体认证仍然有利于生产者 2，而合作社将遭受利润损失，因此，群体认证并不总是两个成员的双赢策略。

(a) $0 < b \leqslant 0.797$

(b) $0.797 < b \leqslant 0.85$

(c) $0.85 < b \leqslant 1$

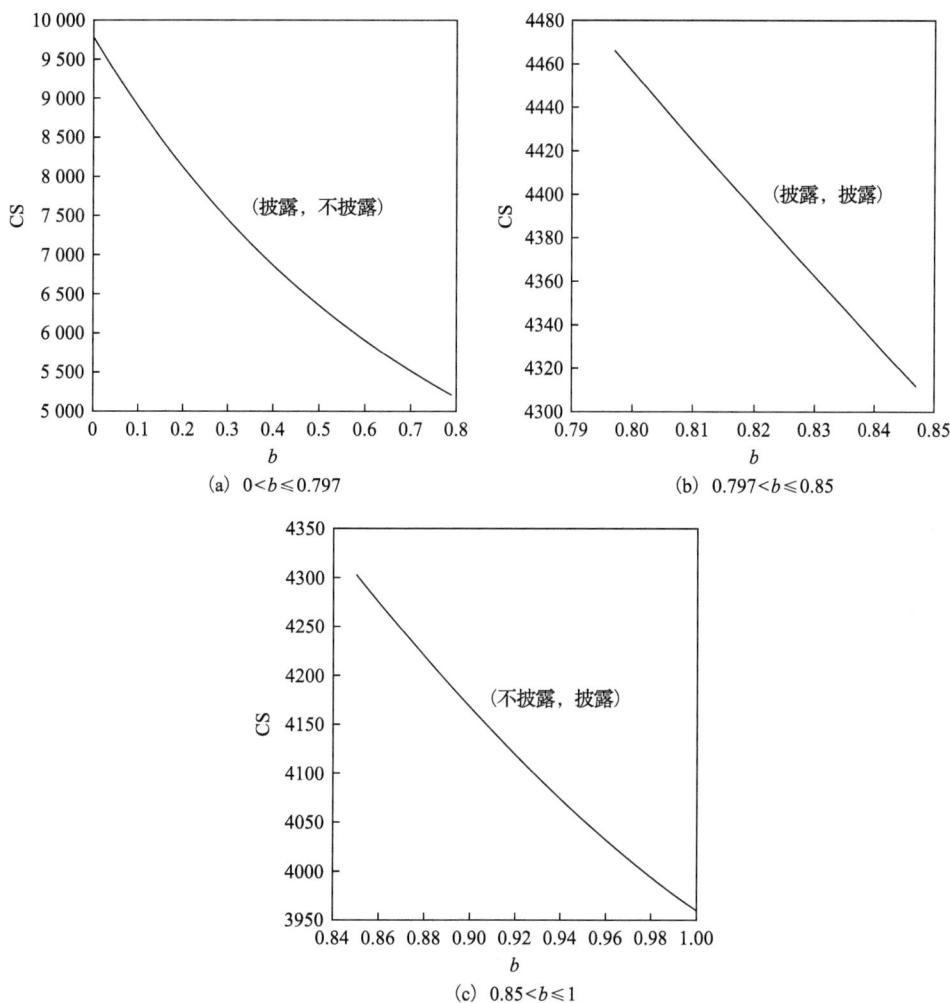

图 8.4　消费者剩余随 b 的变化

表 8.4　不同参数下的策略组合

a	b	d	c	Δ	l	ϕ	K	策略组合	是否双赢
100	0.8	0.8	5	20	1.5	0.5	10	(D, D)	×
200	0.8	0.8	5	20	1.5	0.5	10	(D, D)	√
300	0.8	0.8	5	20	1.5	0.5	10	$(D, \bar{D})$	×
200	0.7	0.8	5	20	1.5	0.5	10	$(D, \bar{D})$	×
200	0.9	0.8	5	20	1.5	0.5	10	$(\bar{D}, D)$	×

a	b	d	c	Δ	l	ϕ	K	策略组合	是否双赢
200	0.8	0.6	5	20	1.5	0.5	10	$(D, \bar{D})$	×
200	0.8	0.9	5	20	1.5	0.5	10	(D, D)	×
200	0.8	0.8	5	20	1.5	0.5	10	$(\bar{D}, D)$	×
200	0.8	0.8	10	20	1.5	0.5	10	(D, D)	√
200	0.8	0.8	20	20	1.5	0.5	10	(D, D)	×
200	0.8	0.8	5	10	1.5	0.5	10	$(D, \bar{D})$	×
200	0.8	0.8	5	30	1.5	0.5	10	(D, D)	×
200	0.8	0.8	5	20	1.0	0.5	10	(D, D)	√
200	0.8	0.8	5	20	0.5	0.5	10	(D, D)	√
200	0.8	0.8	5	20	1.5	0.4	10	(D, D)	×
200	0.8	0.8	5	20	1.5	0.6	10	$(D, \bar{D})$	×
200	0.8	0.8	5	20	1.5	0.5	30	$(D, \bar{D})$	×
200	0.8	0.8	5	20	1.5	0.5	20	(D, D)	√

表 8.4 显示，合作社应设置合适的 ϕ，使群体认证成为两个成员双赢的策略。当 ϕ 较低时，如 $\phi = 0.4$，生产者 2 有加入合作社的动机，而同一绿色标签造成的合作社的损失超过来自生产者 2 佣金的收益，导致群体认证损害合作社的收益。ϕ 从 0.4 转换到 0.5 的时候，生产者 2 仍然加入该合作社，来自生产者 2 佣金的收益超过同一绿色标签造成的合作社的损失，这使得合作社获得更多的利润，群体认证使得两个成员双赢。当 ϕ 增加到 0.6 时，生产者 2 因佣金过高退出合作社。

K 对最终决策的影响也是直观的，相对低的 K 会激励生产者 2 加入合作社，而相对高的 K 会阻碍生产者 2 加入合作社，这验证了命题 8.5。

8.5　不同信息披露策略的社会影响

本节中，社会影响主要包含消费者剩余和社会福利两部分。依据 Zhou 和 Zhu(2010)，在古诺竞争中，消费者剩余(CS)可以表示为

$$\mathrm{CS} = \sum_{i=1}^{2}\left[\int_0^{q_i}\left(a - q_i - bq_j + l_i - dl_j\right)\mathrm{d}q_i - \left(a - q_i - bq_j + l_i - dl_j\right)q_i\right]$$
$$= \frac{1}{2}\left(\left(q_1\right)^2 + \left(q_2\right)^2\right) \tag{8.14}$$

不同场景下的最优期望的消费者剩余，如表 8.5 所示。

表 8.5　不同场景下的最优期望的消费者剩余

情形	消费者剩余
$\mathrm{CS}^{*\overline{\mathrm{D}}\mathrm{D}}$	$\dfrac{1}{2}\left(\dfrac{(2-b)^2\left(a-c+\varDelta-d\varDelta\right)^2}{\left(4-b^2(1+\phi)\right)^2} + \dfrac{1}{4}\left(a-c+(1-d)\varDelta - \dfrac{(2-b)b(a-c+\varDelta-d\varDelta)(1+\phi)}{4-b^2(1+\phi)}\right)^2\right) + \dfrac{1}{8}(1-d)^2$
$\mathrm{CS}^{*\mathrm{DD}}$	$\dfrac{\left(a-c+(1-d)\varDelta\right)^2\left((2-b)^2 + (2-b-b\phi)^2\right)}{2\left(4-b^2(1+\phi)\right)^2} + \dfrac{(1-d)^2 l\left((-2+b)^2 + (-2+b+b\phi)^2\right)}{2\left(4-b^2(1+\phi)\right)^2}$
$\mathrm{CS}^{*\overline{\mathrm{D}}\mathrm{D}}$	$\dfrac{\left((-2+b)(a-c)+(b+2d)\varDelta\right)^2 + \left((-2+b)(a-c)-(2+bd)\varDelta\right)^2}{2\left(4-b^2\right)^2} + \dfrac{l}{8}$
$\mathrm{CS}^{*\mathrm{D}\overline{\mathrm{D}}}$	$\dfrac{\left((-2+b)(a-c)+(b+2d)\varDelta\right)^2 + \left((-2+b)(a-c)-(2+bd)\varDelta\right)^2}{2\left(4-b^2\right)^2} + \dfrac{l}{2\left(4-b^2\right)^2}\left((b+2d)^2 + (2+bd)^2\right)$

命题 8.6

(1) 如果生产者 2 加入合作社，当 $b > 2\left(\sqrt{2}-1\right)$ 时，消费者剩余会因为需求信息披露降低；当 $b < \dfrac{1}{2}\left(\sqrt{17}-3\right)$ 时，消费者剩余会因为需求信息披露提高；当 $\dfrac{1}{2}\left(\sqrt{17}-3\right) \leqslant b \leqslant 2\left(\sqrt{2}-1\right)$ 时，如果 $\phi < \dfrac{2}{b} - \dfrac{4}{2+b} - 1$，消费者剩余会因为需求信息披露提高，否则，消费者剩余会因为需求信息披露降低。

(2) 如果生产者 2 不加入合作社，消费者剩余会因为需求信息披露提高。

(3) 如果生产者 2 加入合作社，当 $b < 3 - \sqrt{5}$ 时，消费者剩余随着 ϕ 的增大而减小；当 $b > 3 - \sqrt{5}$ 时，如果 $\phi < \dfrac{(-2+b)^2}{2b}$，消费者剩余随着 ϕ 的增大而减小，否则，消费者剩余随着 ϕ 的增大而增大。

(4) 消费者剩余随着 $\varDelta$ 的增大而增大。

命题 8.6 研究表明，生产者 2 的产品信息披露和合作社的需求信息披露都会影响消费者剩余。$E\left(\mathrm{CS}^{*\mathrm{DD}}\right) - E\left(\mathrm{CS}^{*\overline{\mathrm{D}}\mathrm{D}}\right) = \dfrac{1}{2}\left(\mathrm{var}\left(q_{\mathrm{S}}^{*\mathrm{DD}}\right) + \mathrm{var}\left(q_{\mathrm{C}}^{*\mathrm{DD}}\right)\right) -$

$\dfrac{1}{2}\left(\operatorname{var}\left(q_{\mathrm{S}}^{*\bar{\mathrm{D}}\mathrm{D}}\right)+\operatorname{var}\left(q_{\mathrm{C}}^{*\bar{\mathrm{D}}\mathrm{D}}\right)\right)$。如果生产者 2 加入合作社，$\operatorname{var}\left(q_{\mathrm{C}}^{*\bar{\mathrm{D}}\mathrm{D}}\right)=\dfrac{(1-d)^2 l}{4}$，

$\operatorname{var}\left(q_{\mathrm{S}}^{*\bar{\mathrm{D}}\mathrm{D}}\right)=0$，$\operatorname{var}\left(q_{\mathrm{C}}^{*\mathrm{DD}}\right)=\dfrac{(2-b-b\phi)^2(1-d)^2 l}{\left(4-b^2(1+\phi)\right)^2}$，$\operatorname{var}\left(q_{\mathrm{S}}^{*\mathrm{DD}}\right)=\dfrac{(2-b)^2(1-d)^2 l}{\left(4-b^2(1+\phi)\right)^2}$，

合作社的需求信息披露增加了生产者 2 的数量方差，然而，减少了合作社的数量

方差。当 $b<\dfrac{1}{2}\left(\sqrt{17}-3\right)$ 时，或当 $\dfrac{1}{2}\left(\sqrt{17}-3\right)\leqslant b\leqslant 2\left(\sqrt{2}-1\right)$ 和 $\phi<\dfrac{2}{b}-\dfrac{4}{2+b}-1$ 时，

生产者 2 的数量方差的增加，大于合作社数量方差的减少，这最终提高了消费

者剩余。然而，在其他情况下，合作社的需求信息披露会损害消费者剩余，这

意味着一个更加透明的市场对顾客来说不一定是可取的。这一结论与 Zhou 和

Zhu（2010）一致。

$$E\left(\mathrm{CS}^{*\mathrm{D}\bar{\mathrm{D}}}\right)-E\left(\mathrm{CS}^{*\bar{\mathrm{D}}\bar{\mathrm{D}}}\right)=\frac{1}{2}\left(\operatorname{var}\left(q_{\mathrm{S}}^{*\mathrm{D}\bar{\mathrm{D}}}\right)+\operatorname{var}\left(q_{\mathrm{C}}^{*\mathrm{D}\bar{\mathrm{D}}}\right)\right)-\frac{1}{2}\left(\operatorname{var}\left(q_{\mathrm{S}}^{*\bar{\mathrm{D}}\bar{\mathrm{D}}}\right)+\operatorname{var}\left(q_{\mathrm{C}}^{*\bar{\mathrm{D}}\bar{\mathrm{D}}}\right)\right)$$。

如果生产者 2 不加入合作社，$\operatorname{var}\left(q_{\mathrm{C}}^{*\bar{\mathrm{D}}\bar{\mathrm{D}}}\right)=\dfrac{l}{4}$，$\operatorname{var}\left(q_{\mathrm{S}}^{*\bar{\mathrm{D}}\bar{\mathrm{D}}}\right)=0$，$\operatorname{var}\left(q_{\mathrm{C}}^{*\mathrm{D}\bar{\mathrm{D}}}\right)=$

$\dfrac{(2+bd)^2 l}{\left(4-b^2\right)^2}$，$\operatorname{var}\left(q_{\mathrm{S}}^{*\mathrm{D}\bar{\mathrm{D}}}\right)=\dfrac{(b+2d)^2 l}{\left(4-b^2\right)^2}$，合作社的需求信息披露增加了合作社和生

产者 2 的数量差异，从而进一步提高了消费者剩余。因此，随着合作社的需求信

息的披露，消费者剩余往往会得到改善。

如果生产者 2 加入合作社，消费者剩余可以表示为：$E\left(\mathrm{CS}^{*\mathrm{ID}}\right)=$

$\dfrac{1}{2}\left(\left(E\left(q_{\mathrm{C}}^{*\mathrm{ID}}\right)\right)^2+\operatorname{var}\left(q_{\mathrm{C}}^{*\mathrm{ID}}\right)+\left(E\left(q_{\mathrm{S}}^{*\mathrm{ID}}\right)\right)^2+\operatorname{var}\left(q_{\mathrm{S}}^{*\mathrm{ID}}\right)\right)$，$\mathrm{I}=\bar{\mathrm{D}},\mathrm{D}$。当合作社披露信息

时，$\dfrac{\partial\operatorname{var}\left(q_{\mathrm{C}}^{*\mathrm{DD}}\right)}{\partial\phi}+\dfrac{\partial\operatorname{var}\left(q_{\mathrm{S}}^{*\mathrm{DD}}\right)}{\partial\phi}=\dfrac{-2(2-b)b(1-d)^2 l\left(4+b^2-2b(2+\phi)\right)}{\left(4-b^2(1+\phi)\right)^3}$，当 $b>3-$

$\sqrt{5}$ 且 $\phi>\dfrac{(2-b)^2}{2b}$ 时，$\operatorname{var}\left(q_{\mathrm{C}}^{*\mathrm{DD}}\right)+\operatorname{var}\left(q_{\mathrm{S}}^{*\mathrm{DD}}\right)$ 随着 ϕ 的增大而增大，否则，随着 ϕ

的增大而减小。$\dfrac{\partial\left(E\left(q_{\mathrm{C}}^{*\mathrm{ID}}\right)\right)^2}{\partial\phi}=2E\left(q_{\mathrm{C}}^{*\mathrm{ID}}\right)\dfrac{\partial E\left(q_{\mathrm{C}}^{*\mathrm{ID}}\right)}{\partial\phi}$，命题 8.3（2）显示 $\dfrac{\partial q_{\mathrm{C}}^{*\mathrm{ID}}}{\partial\phi}<0$，

$\dfrac{\partial q_{\mathrm{S}}^{*\mathrm{ID}}}{\partial\phi}>0$，$\left|\dfrac{\partial q_{\mathrm{C}}^{*\mathrm{ID}}}{\partial\phi}\right|>\dfrac{\partial q_{\mathrm{S}}^{*\mathrm{ID}}}{\partial\phi}$，命题 8.4（2）显示 $q_{\mathrm{C}}^{*\mathrm{ID}}<q_{\mathrm{S}}^{*\mathrm{ID}}$，当 $b>3-\sqrt{5}$ 且 $\phi>$

$\dfrac{(2-b)^2}{2b}$ 时，生产者 2 对消费者剩余的影响大于合作社对消费者剩余的影响，因

此，当 $b > 3 - \sqrt{5}$ 且 $\phi > \dfrac{(2-b)^2}{2b}$ 时，消费者剩余随着 ϕ 的增大而增大。命题 8.6(3) 显示，消费者剩余随着 Δ 的增大而增大。这意味着来自更有说服力的认证机构提供的绿色认证可以提高消费者剩余。图 8.4 显示了不同需求竞争强度和信息披露策略组合下的消费者剩余，显示消费者剩余随着需求竞争强度 b 的增大而减小。图 8.4 还表明，如果两个成员依据自身的预期利润采用相应的策略，有时不利于消费者剩余。例如，命题 8.6(1) 显示，当 $b > 2\left(\sqrt{2} - 1\right)$ 时，如果生产者 2 加入合作社，合作社的需求信息披露会损害消费者剩余。但是，图 8.4(b) 显示，如果 $2\left(\sqrt{2} - 1\right) < b \leqslant 0.85$，合作社将会采取信息披露决策，损害消费者效用。

为了研究信息披露对社会福利的影响，构建社会福利函数 SW。社会福利函数包括两个部分

(1) 消费者剩余 $\mathrm{CS}(\Delta)$。

(2) 供应链成员利润，包含合作社和生产者 2 的利润。

结合 (1) 和 (2)，得到不同场景下的最优期望社会福利，如表 8.6 所示。

表 8.6 不同场景下的最优期望社会福利

情形	社会福利
$\mathrm{SW}^{*\bar{\mathrm{D}}\mathrm{D}}$	$-F + \dfrac{3}{8}(1-d)^2 l + \dfrac{(-2+b)^2(a-c+\Delta-d\Delta)^2}{\left(-4+b^2(1+\phi)\right)^2} + \dfrac{(a-c+\Delta-d\Delta)^2(-2+b+b\phi)(-2+b+(-1+b)b\phi)}{\left(-4+b^2(1+\phi)\right)^2}$ $+ \dfrac{(a-c+\Delta-d\Delta)^2\left(8-4b(2+\phi)+b^2(2+\phi(2+\phi))\right)}{2\left(-4+b^2(1+\phi)\right)^2}$
$\mathrm{SW}^{*\mathrm{DD}}$	$\left(\dfrac{(a-c+(1-d)\Delta)^2+(1-d)^2 l}{\left(4-b^2(1+\phi)\right)^2}\right)\left(\dfrac{(2-b)^2+(2-b-b\phi)^2}{2} + (2-b)^2 + (2-b-b\phi)(2-b+(1-b)b\phi)\right)$ $-F$
$\mathrm{SW}^{*\bar{\mathrm{D}}\bar{\mathrm{D}}}$	$\dfrac{3l}{8} + \dfrac{3((2-b)(a-c)+(2+bd)\Delta)^2}{2\left(4-b^2\right)^2} - F + \dfrac{3((2-b)(a-c)-(b+2d)\Delta)^2}{2\left(4-b^2\right)^2}$
$\mathrm{SW}^{*\mathrm{D}\bar{\mathrm{D}}}$	$\dfrac{3((2-b)(a-c)+(2+bd)\Delta)^2}{2\left(4-b^2\right)^2} + \dfrac{3(2+bd)^2 l}{2\left(4-b^2\right)^2} - F + \dfrac{3((2-b)(a-c)-(b+2d)\Delta)^2}{2\left(4-b^2\right)^2} + \dfrac{3(b+2d)^2 l}{2\left(4-b^2\right)^2}$

命题 8.7

(1) 如果生产者 2 加入合作社，当 $b > 2\left(\sqrt{2} - 1\right)$ 时，社会福利会因为需求信息披露降低；当 $b < \dfrac{1}{6}\left(\sqrt{97} - 5\right)$ 时，社会福利会因为需求信息披露提高，当

$\frac{1}{6}\left(\sqrt{97}-5\right)\leqslant b\leqslant 2\left(\sqrt{2}-1\right)$ 时，如果 $\phi<-1-\frac{6}{b}+\frac{4}{-2+3b}$，社会福利会因为需求信息披露提高，否则，社会福利会因为需求信息披露降低。

(2) 如果生产者 2 不加入合作社，社会福利会因为需求信息披露提高。

(3) 如果生产者 2 加入合作社，当 $b<\frac{1}{2}\left(1-3^{1/3}+3^{2/3}\right)$ 时，消费者剩余随着 ϕ 的增大而减小；当 $b>\frac{1}{2}\left(1-3^{1/3}+3^{2/3}\right)$ 时，如果 $\phi<\frac{(2-b)^2(1-b)}{b(-2+b(2+b))}$，消费者剩余随着 ϕ 的增大而减小，否则，消费者剩余随着 ϕ 的增大而增大。

(4) 社会福利随着 Δ 的增大而增大。

比较命题 8.6 与命题 8.7，发现信息披露对社会福利的影响与对消费者剩余的影响是相同的，这进一步说明了一个更加透明的市场有时会损害社会福利，而更高的安全感知会提高社会福利。当信息噪声越大，即 σ_1^2 越大时，供应链成员的期望利润、消费者剩余和社会福利都会降低。

8.6　本　章　小　结

农产品质量安全一直是公众和政府机构关注的焦点。合作社作为小型绿色生产者的代理机构，帮助小型绿色生产者获得绿色标签，而小型绿色生产者必须支付一定的费用才能加入合作社，它们对顾客的安全感知信息并不清楚，而已被认证过的合作社拥有安全感知信息。因此，本章研究了合作社的需求信息披露策略和小规模生产者的产品信息披露策略。本章探讨由一个合作社和一个小规模生产者(生产者2)组成的绿色农产品供应链，探讨两个生产者的生产和定价决策，以及关于不同形式的信息披露的策略组合。综上所述，从以下几个角度强调了研究结果中的管理观点。

(1) 合作社的需求信息披露并不能激励生产者 2 加入合作社，绿色标签的安全感知、竞争强度、收益共享比例共同影响生产者 2 的合作社进入决策。更高的绿色标签的安全感知、更低的合作社进入费用和更低的收入共享比例将促使生产者披露质量信息。随着需求竞争的加剧，合作社不愿意披露需求信息。

(2) 如果生产者 2 加入合作社，而收入共享比例相对较低，则信息披露会使合作社遭受利润损失。生产者 2 总是从合作社的需求信息披露中受益。合作社作为先行者，可能会遭受利润损失，而生产者 2 作为后行者，总是可以采取最优策略。

(3) 适当的收益共享比例，可以使群体认证成为两个成员的双赢策略。

(4) 更透明的需求市场并不一定有利于消费者，来自更有说服力的认证机构的绿色认证可以改善消费者剩余。

未来在这一领域的研究是丰富的,可以考虑认证机构的策略来扩展这个模型,本章证实了生产者的信息披露决策可能会损害消费者剩余,而以社会福利最大化为目标的认证机构则会结合消费者剩余,考虑安全感知水平提升策略,也可以将零售商纳入农产品供应链,研究不同成员的权力对合作社需求信息披露和生产者 2 的加入合作社的策略的影响。

8.7　本章附录

8.7.1　均衡解的推导

以情形 $D\bar{D}$ 和情形 $\bar{D}\bar{D}$ 作为代表来说明均衡解的推导。针对情形 $D\bar{D}$,令

$$\frac{\partial E\left(\pi_C^{D\bar{D}}\right)}{\partial q_C^{D\bar{D}}}=0 \text{ , 可 得 } q_C^{*D\bar{D}}=\frac{1}{2}\left(a-c+H_2+\Delta-bq_S^{D\bar{D}}\right) \text{ , } \text{ 令 } \frac{\partial E\left(\pi_S^{D\bar{D}}\right)}{\partial q_S^{D\bar{D}}}=0 \text{ , 可 得}$$

$$q_S^{*D\bar{D}}=\frac{1}{2}\left(a-c-d\left(H_2+\Delta\right)-bq_C^{D\bar{D}}\right)\text{。 结 合 } q_C^{*D\bar{D}} \text{ 和 } q_S^{*D\bar{D}} \text{ , 可 得 } q_C^{*D\bar{D}}=$$

$$\frac{(2-b)(a-c)+(2+bd)(\Delta+H_2)}{4-b^2} \text{ , } q_S^{*D\bar{D}}=\frac{1}{4-b^2}\left((2-b)(a-c)-(b+2d)(\Delta+H_2)\right)\text{。}$$

通过把 $q_C^{*D\bar{D}}$ 和 $q_S^{*D\bar{D}}$ 代入 $E\left(\pi_C^{D\bar{D}}\right)$ 与 $E\left(\pi_S^{D\bar{D}}\right)$,可得

$$E\left(\pi_C^{*D\bar{D}}\right)=\frac{\left((-2+b)(a-c)-(2+bd)(\Delta+H_2)\right)^2}{\left(4-b^2\right)^2}-F$$

$$=\frac{\left((-2+b)(a-c)-(2+bd)\Delta\right)^2}{\left(4-b^2\right)^2}+\frac{(2+bd)^2 l}{\left(4-b^2\right)^2}-F$$

$$E\left(\pi_S^{*D\bar{D}}\right)=\frac{\left((-2+b)(a-c)+(b+2d)(\Delta+H_2)\right)}{\left(4-b^2\right)^2}$$

$$=\frac{\left((-2+b)(a-c)+(b+2d)\Delta\right)^2}{\left(4-b^2\right)^2}+\frac{(b+2d)^2 l}{\left(4-b^2\right)^2}$$

针对情形 $\bar{D}\bar{D}$,令 $\frac{\partial E\left(\pi_C^{\bar{D}\bar{D}}\right)}{\partial q_C^{\bar{D}\bar{D}}}=0$,可得 $q_C^{*\bar{D}\bar{D}}=\frac{1}{2}\left(a-c+H_2+\Delta-bq_S^{\bar{D}\bar{D}}\right)$,令

$$\frac{\partial E\left(\pi_S^{\bar{D}\bar{D}}\right)}{\partial q_S^{\bar{D}\bar{D}}}=0 \text{，可得 } q_S^{*\bar{D}\bar{D}}=\frac{1}{2}\left(a-c-d\Delta-bE\left(q_C^{\bar{D}\bar{D}}\right)\right)\text{。结合 } q_C^{*\bar{D}\bar{D}} \text{ 和 } q_S^{*\bar{D}\bar{D}}\text{，可得}$$

$$q_C^{*\bar{D}\bar{D}}=\frac{(-2+b)\left(2a-2c+(2+b)H_2\right)-2(2+bd)\Delta}{2\left(-4+b^2\right)}\text{，} \quad q_S^{*\bar{D}\bar{D}}=\frac{\begin{array}{c}(-2+b)(a-c)\\+(b+2d)\Delta\end{array}}{-4+b^2}\text{。}$$

将 $q_C^{*\bar{D}\bar{D}}$ 和 $q_S^{*\bar{D}\bar{D}}$ 代入 $E\left(\pi_C^{\bar{D}\bar{D}}\right)$ 与 $E\left(\pi_S^{\bar{D}\bar{D}}\right)$，可得

$$E\left(\pi_C^{\bar{D}\bar{D}}\right)=\frac{\left((-2+b)\left(2a-2c+(2+b)H_2\right)-2(2+bd)\Delta\right)^2}{4\left(4-b^2\right)^2}-F$$

$$=\frac{\left((-2+b)(a-c)-(2+bd)\Delta\right)^2}{\left(4-b^2\right)^2}+\frac{l}{4}-F$$

$$E\left(\pi_S^{\bar{D}\bar{D}}\right)=\frac{\left((-2+b)(a-c)+(b+2d)\Delta\right)^2}{\left(4-b^2\right)^2}$$

8.7.2 引理与命题的证明

1. 命题 8.1 的证明

(1) $q_C^{*D\bar{D}}-q_C^{*\bar{D}\bar{D}}=\frac{b(b+2d)H_2}{2\left(4-b^2\right)}$，当 $\varepsilon_2+\epsilon_2>0$ 时， $q_C^{*D\bar{D}}>q_C^{*\bar{D}\bar{D}}$；

$q_S^{*D\bar{D}}-q_S^{*\bar{D}\bar{D}}=\frac{(b+2d)H_2}{-4+b^2}$，当 $\varepsilon_2+\epsilon_2>0$ 时，$q_S^{*D\bar{D}}<q_S^{*\bar{D}\bar{D}}$。

(2) $p_C^{*D\bar{D}}-p_C^{*\bar{D}\bar{D}}=\frac{b(b+2d)H_2}{2\left(4-b^2\right)}$，当 $\varepsilon_2+\epsilon_2>0$ 时， $p_C^{*D\bar{D}}>p_C^{*\bar{D}\bar{D}}$；

$p_S^{*D\bar{D}}-p_S^{*\bar{D}\bar{D}}=\frac{(b+2d)H_2}{-4+b^2}$，当 $\varepsilon_2+\epsilon_2>0$ 时，$p_S^{*D\bar{D}}<p_S^{*\bar{D}\bar{D}}$。

(3) $E\left(\pi_C^{*D\bar{D}}\right)-E\left(\pi_C^{*\bar{D}\bar{D}}\right)=\frac{(2+bd)^2l}{\left(4-b^2\right)^2}-\frac{l}{4}>0$；$E\left(\pi_S^{*D\bar{D}}\right)-E\left(\pi_S^{*\bar{D}\bar{D}}\right)=\frac{(b+2d)^2l}{\left(4-b^2\right)^2}$

>0。

2. 命题 8.2 的证明

(1) $q_C^{*\mathrm{DD}} - q_C^{*\bar{\mathrm{D}}\mathrm{D}} = \dfrac{(2-b)b(1-d)H_2(1+\phi)}{2\left(-4+b^2(1+\phi)\right)}$，当 $\varepsilon_2 + \epsilon_2 > 0$ 时，$q_C^{*\mathrm{DD}} < q_C^{*\bar{\mathrm{D}}\mathrm{D}}$。

$q_S^{*\mathrm{DD}} - q_S^{*\bar{\mathrm{D}}\mathrm{D}} = \dfrac{(2-b)(1-d)H_2}{4-b^2(1+\phi)}$，当 $\varepsilon_2 + \epsilon_2 > 0$ 时，$q_S^{*\mathrm{DD}} > q_S^{*\bar{\mathrm{D}}\mathrm{D}}$。

(2) $p_C^{*\mathrm{DD}} - p_C^{*\bar{\mathrm{D}}\mathrm{D}} = \dfrac{(2-b)b(1-d)H_2(1-\phi)}{2\left(-4+b^2(1+\phi)\right)}$，当 $\varepsilon_2 + \epsilon_2 > 0$ 时，$p_C^{*\mathrm{DD}} < p_C^{*\bar{\mathrm{D}}\mathrm{D}}$。

$p_S^{*\mathrm{DD}} - p_S^{*\bar{\mathrm{D}}\mathrm{D}} = \dfrac{(2-b)(-1+d)H_2}{-4+b^2(1+\phi)}$，当 $\varepsilon_2 + \epsilon_2 > 0$ 时，$p_S^{*\mathrm{DD}} > p_S^{*\bar{\mathrm{D}}\mathrm{D}}$。

(3) $E\left(\pi_C^{*\mathrm{DD}}\right) - E\left(\pi_C^{*\bar{\mathrm{D}}\mathrm{D}}\right) = \dfrac{(2-b)(1-d)^2 lf_1(\phi)}{4\left(4-b^2(1+\phi)\right)^2}$，$f_1(\phi) = \big(8\phi + b\big(-4(2+\phi) + b(1+$

$\phi)(2+b+(-2+b)\phi)\big)\big)$，存在 $\phi_1^* = \dfrac{-4+2b-b^3 + 2\sqrt{4+b\left(-4+b\left(1+2(-1+b)b\right)\right)}}{(-2+b)b^2}$，当 $\phi < (>)\phi_1^*$

时，$f_1(\phi) < (>)0$，$E\left(\pi_C^{*\mathrm{DD}}\right) < (>)E\left(\pi_C^{*\bar{\mathrm{D}}\mathrm{D}}\right)$。$\dfrac{\partial \phi_1^*}{\partial b} = \dfrac{2f_2(b)}{(2-b)^2 b^3 \sqrt{4+b\left(-4+b\left(1+2(-1+b)b\right)\right)}} > 0$，

$f_2(b) = 8\left(2 - \sqrt{4+b\left(-4+b\left(1-2(1-b)b\right)\right)}\right) + b\left((2-b)b\left(6+b+2b^2 - \sqrt{4+b\left(-4+b(1-2(1-b)b)\right)}\right) + 8\left(-3 + \sqrt{4+b\left(-4+b(1-2(1-b)b)\right)}\right)\right)$。$E\left(\pi_S^{*\mathrm{DD}}\right) - E\left(\pi_S^{*\bar{\mathrm{D}}\mathrm{D}}\right) = \dfrac{l(2-b)^2(1-\phi)(1-d)^2}{\left(4-b^2(1+\phi)\right)^2} > 0$。

3. 命题 8.3 的证明

(1) $\dfrac{\partial p_C^{*\mathrm{DD}}}{\partial \phi} = \dfrac{(2-b)b\left(2-b^2\right)\left(a-c+(1-d)(H_2+\Delta)\right)}{\left(4-b^2(1+\phi)\right)^2} > 0$，$\dfrac{\partial p_S^{*\mathrm{DD}}}{\partial \phi} = \dfrac{(2-b)b^2\left(a-c+(1-d)(H_2+\Delta)\right)}{\left(4-b^2(1+\phi)\right)^2} > 0$，

$$\frac{\partial p_C^{*DD}}{\partial \phi} - \frac{\partial p_S^{*DD}}{\partial \phi} = \frac{(2-b)b\left(2-b-b^2\right)\left(a-c+(1-d)(H_2+\Delta)\right)}{\left(4-b^2(1+\phi)\right)^2} > 0 \quad ; \quad \frac{\partial p_C^{*\bar{D}D}}{\partial \phi} = \frac{(2-b)b\left(2-b^2\right)\left(a-c+\Delta-d\Delta\right)}{\left(-4+b^2(1+\phi)\right)^2} > 0 \quad ,$$

$$\frac{\partial p_S^{*\bar{D}D}}{\partial \phi} = \frac{(2-b)b^2\left(a-c+\Delta-d\Delta\right)}{\left(-4+b^2(1+\phi)\right)^2} > 0 , \quad \frac{\partial p_C^{*\bar{D}D}}{\partial \phi} - \frac{\partial p_S^{*\bar{D}D}}{\partial \phi} = \frac{(2-b)(1-b)b(2+b)\left(a-c+\Delta-d\Delta\right)}{\left(4-b^2(1+\phi)\right)^2} > 0 \text{。}$$

$$(2) \quad \frac{\partial q_C^{*DD}}{\partial \phi} = \frac{2(-2+b)b\left(a-c-(-1+d)(H_2+\Delta)\right)}{\left(-4+b^2(1+\phi)\right)^2} < 0 , \quad \frac{\partial q_S^{*DD}}{\partial \phi} = \frac{(2-b)b^2\left(a-c-(-1+d)(H_2+\Delta)\right)}{\left(-4+b^2(1+\phi)\right)^2} > 0 ,$$

$$\left|\frac{\partial q_C^{*DD}}{\partial \phi}\right| - \frac{\partial q_S^{*DD}}{\partial \phi} = \frac{(2-b)^2 b\left(a-c-(-1+d)(H_2+\Delta)\right)}{\left(4-b^2(1+\phi)\right)^2} > 0 \quad ; \quad \frac{\partial q_C^{*\bar{D}D}}{\partial \phi} = \frac{2(-2+b)b\left(a-c+\Delta-d\Delta\right)}{\left(-4+b^2(1+\phi)\right)^2} < 0 \quad ,$$

$$\frac{\partial q_S^{*\bar{D}D}}{\partial \phi} = \frac{(2-b)b^2\left(a-c+\Delta-d\Delta\right)}{\left(-4+b^2(1+\phi)\right)^2} > 0 , \quad \left|\frac{\partial q_C^{*\bar{D}D}}{\partial \phi}\right| - \frac{\partial q_S^{*\bar{D}D}}{\partial \phi} = \frac{(2-b)^2 b(a-c+\Delta-d\Delta)}{\left(4-b^2(1+\phi)\right)^2} > 0 \text{。}$$

$$(3) \quad \frac{\partial E\left(\pi_C^{*DD}\right)}{\partial \phi} = \frac{(2-b)f_3(\phi)\left((1-d)^2 l + (a-c+\Delta-d\Delta)^2\right)}{\left(4-b^2(1+\phi)\right)^3} \quad , \quad f_3(\phi) = b\left(b\left(b(b\phi+b+\phi-1)-2(\phi+1)\right)-4\right)+8 ,$$

当 $\phi=1$ 时， $f_3(\phi)\min = 2\left(4+b\left(-2-2b+b^3\right)\right) > 0$ ，因此，

$$\frac{\partial \pi_C^{*DD}}{\partial \phi} > 0 \text{。} \quad \frac{\partial E\left(\pi_S^{*DD}\right)}{\partial \phi} = \frac{(2-b)^2\left((1-d)^2 l + (a-c+\Delta-d\Delta)^2\right)\left(4+b^2(-3+\phi)\right)}{\left(-4+b^2(1+\phi)\right)^3} < 0 , \quad \frac{\partial E\left(\pi_C^{*\bar{D}D}\right)}{\partial \phi} =$$

$$\frac{(2-b)(a-c+\Delta-d\Delta)^2\left(8+b\left(-4+b\left(-2(1+\phi)+b(-1+b+\phi+b\phi)\right)\right)\right)}{\left(4-b^2(1+\phi)\right)^3} > 0 , \quad \frac{\partial E\left(\pi_S^{*\bar{D}D}\right)}{\partial \phi} = \frac{(2-b)^2\left(a-c+\Delta-d\Delta\right)^2\left(4+b^2(-3+\phi)\right)}{\left(-4+b^2(1+\phi)\right)^3} < 0 \text{。}$$

4. 命题 8.4 的证明

(1) $\quad E\left(p_{\mathrm{C}}^{*\overline{\mathrm{D}}\overline{\mathrm{D}}}-p_{\mathrm{S}}^{*\overline{\mathrm{D}}\overline{\mathrm{D}}}\right)=E\left(p_{\mathrm{C}}^{*\mathrm{D}\overline{\mathrm{D}}}-p_{\mathrm{S}}^{*\mathrm{D}\overline{\mathrm{D}}}\right)=\dfrac{(1+d)\varDelta}{2-b}>0 \quad , \quad E\left(q_{\mathrm{C}}^{*\overline{\mathrm{D}}\overline{\mathrm{D}}}-q_{\mathrm{S}}^{*\overline{\mathrm{D}}\overline{\mathrm{D}}}\right)=$

$E\left(q_{\mathrm{C}}^{*\mathrm{D}\overline{\mathrm{D}}}-q_{\mathrm{S}}^{*\mathrm{D}\overline{\mathrm{D}}}\right)=\dfrac{(1+d)\varDelta}{2-b}>0$ 。

(2) $E\left(p_{\mathrm{C}}^{*\overline{\mathrm{D}}\mathrm{D}}-p_{\mathrm{S}}^{*\overline{\mathrm{D}}\mathrm{D}}\right)=E\left(p_{\mathrm{C}}^{*\mathrm{D}\mathrm{D}}-p_{\mathrm{S}}^{*\mathrm{D}\mathrm{D}}\right)=\dfrac{(1-b)b\big(a-c+(1-d)\varDelta\big)\phi}{4-b^2(1+\phi)}>0$, $E\left(q_{\mathrm{C}}^{*\overline{\mathrm{D}}\mathrm{D}}-\right.$

$\left.q_{\mathrm{S}}^{*\overline{\mathrm{D}}\mathrm{D}}\right)=E\left(q_{\mathrm{C}}^{*\mathrm{D}\mathrm{D}}-q_{\mathrm{S}}^{*\mathrm{D}\mathrm{D}}\right)=\dfrac{b\big(a-c+(1-d)\varDelta\big)\phi}{-4+b^2(1+\phi)}<0$ 。

5. 引理 8.1 的证明

(1) 当合作社披露需求信息时，生产者 2 当且仅当 $E\left(\pi_{\mathrm{S}}^{*\mathrm{D}\mathrm{D}}\right)\geqslant E\left(\pi_{\mathrm{S}}^{*\mathrm{D}\overline{\mathrm{D}}}\right)$ 时，选

择加入合作社，此时 $K\leqslant K_{11}=\dfrac{(2-b)^2(1-d)^2 l(1-\phi)}{\left(4-b^2(1+\phi)\right)^2}+\dfrac{(2-b)^2\big(a-c+\varDelta-d\varDelta\big)^2(1-\phi)}{\left(4-b^2(1+\phi)\right)^2}-$

$\dfrac{(b+2d)^2 l}{\left(4-b^2\right)^2}-\dfrac{\big((2-b)(a-c)-(b+2d)\varDelta\big)^2}{\left(4-b^2\right)^2}$ 。

(2) 当合作社不披露需求信息时，生产者 2 当且仅当 $E\left(\pi_{\mathrm{S}}^{*\overline{\mathrm{D}}\mathrm{D}}\right)\geqslant E\left(\pi_{\mathrm{S}}^{*\overline{\mathrm{D}}\overline{\mathrm{D}}}\right)$ 时，

选择加入合作社，此时 $K\leqslant K_{12}=\dfrac{(2-b)^2\big((2-b)(a-c)+\varDelta-d\varDelta\big)^2(1-\phi)}{\left(4-b^2(1+\phi)\right)^2}-\dfrac{-(b+2d)\varDelta)^2}{\left(4-b^2\right)^2}$ 。

(3) $\dfrac{\partial K_{11}}{\partial\phi}=\dfrac{(2-b)^2\big((1-d)^2 l+(a-c+\varDelta-d\varDelta)^2\big)\big(4-b^2(3-\phi)\big)}{-\left(4-b^2(1+\phi)\right)^3}<0$, $\dfrac{\partial K_{12}}{\partial\phi}=$

$\dfrac{(2-b)^2(a-c+\varDelta-d\varDelta)^2\big(4+b^2(-3+\phi)\big)}{\left(-4+b^2(1+\phi)\right)^3}<0$ 。

$$2(b+2d)((2-b)(a-c)\quad 2(2-b)^2(1-d)(a-c+\Delta$$

(4) $\dfrac{\partial K_{11}}{\partial \Delta} = \dfrac{-(b+2d)\Delta)}{\left(4-b^2\right)^2} + \dfrac{-d\Delta)(1-\phi)}{\left(4-b^2(1+\phi)\right)^2} > 0$, $\quad \dfrac{\partial K_{12}}{\partial \Delta} =$

$$2(b+2d)((2-b)(a-c)$$

$$\dfrac{-(b+2d)\Delta)}{\left(4-b^2\right)^2} + \dfrac{2(-2+b)^2(1-d)(a-c+\Delta-d\Delta)(1-\phi)}{\left(4-b^2(1+\phi)\right)^2} > 0 \text{。}$$

6. 命题 8.5 的证明

$$K_{11}-K_{12} = \dfrac{(2-b)^2(1-d)^2 l(1-\phi)}{\left(4-b^2(1+\phi)\right)^2} - \dfrac{(b+2d)^2 l}{\left(4-b^2\right)^2} \text{ , 当 } \dfrac{(2-b)^2(1-d)^2(1-\phi)}{\left(4-b^2(1+\phi)\right)^2} <$$

$(>) \dfrac{(b+2d)^2}{\left(4-b^2\right)^2}$ 时，$K_{11}<(>)K_{12}$ 。

当 $\dfrac{(2-b)^2(1-d)^2(1-\phi)}{\left(4-b^2(1+\phi)\right)^2} < \dfrac{(b+2d)^2}{\left(4-b^2\right)^2}$ 时，$K_{11}<K_{12}$ 。

(1) 如果 $K < K_{11}$ ， $E\left(\pi_C^{*D}\right) = (e+f)\left(\dfrac{\phi}{(1-\phi)} + h\right) + K - F$ ， $E\left(\pi_C^{*\bar{D}}\right) = eh +$

$\dfrac{\phi e}{(1-\phi)} + \dfrac{l(1-d)^2}{4} + K - F$ ， $E\left(\pi_C^{*D}\right) - E\left(\pi_C^{*\bar{D}}\right) = \dfrac{(2-b)(1-d)^2 lf_1(\phi)}{4\left(4-b^2(1+\phi)\right)^2}$ ，当 $\phi<(>)\phi_1^*$

时，$E\left(\pi_C^{*D}\right) < (>) E\left(\pi_C^{*\bar{D}}\right)$ 。见命题 8.1 (3) 。

$$((2-b)(a-c)$$

(2) 如果 $K_{11} < K < K_{12}$ ， $E\left(\pi_C^{*D}\right) = \dfrac{+(2+bd)\Delta)^2}{\left(4-b^2\right)^2} + \dfrac{(2+bd)^2 l}{\left(4-b^2\right)^2} - F$ ， $E\left(\pi_C^{*\bar{D}}\right) =$

$$((2-b)(a-c)$$

$eh + \dfrac{\phi e}{(1-\phi)} + \dfrac{l(1-d)^2}{4} + K - F$ ， $E\left(\pi_C^{*D}\right) - E\left(\pi_C^{*\bar{D}}\right) = \dfrac{(2+bd)^2 l}{\left(4-b^2\right)^2} + \dfrac{+(2+bd)\Delta)^2}{\left(4-b^2\right)^2} -$

$$\dfrac{(2-b)^2(a-c+\Delta-d\Delta)^2\phi}{\left(4-b^2(1+\phi)\right)^2} - \dfrac{(a-c+\Delta-d\Delta)^2(2-b-b\phi)(2-b+(1-b)b\phi)}{\left(4-b^2(1+\phi)\right)^2} - K -$$

$$\frac{1}{4}(1-d)^2 l，当 K > K_1^* = \frac{\left(\begin{array}{c}(2-b)(a-c)\\+(2+bd)\varDelta\end{array}\right)^2}{\left(4-b^2\right)^2} + \frac{(2+bd)^2 l}{\left(4-b^2\right)^2} - \frac{(2-b)^2 \left(a-c+\varDelta-d\varDelta\right)^2 \phi}{\left(4-b^2\left(1+\phi\right)\right)^2} -$$

$$\frac{\left(a-c+\varDelta-d\varDelta\right)^2 \left(2-b-b\phi\right)\left(2-b+(1-b)b\phi\right)}{\left(4-b^2\left(1+\phi\right)\right)^2} - \frac{1}{4}(1-d)^2 l 时，\ E\left(\pi_C^{*D}\right) < E\left(\pi_C^{*\overline{D}}\right)，$$

否则，$E\left(\pi_C^{*D}\right) > E\left(\pi_C^{*\overline{D}}\right)$。

(3) 如果 $K > K_{12}$，$E\left(\pi_C^{*D}\right) = \dfrac{\left((2-b)(a-c)+(2+bd)\varDelta\right)^2}{\left(4-b^2\right)^2} + \dfrac{(2+bd)^2 l}{\left(4-b^2\right)^2} - F$，

$$E\left(\pi_C^{*\overline{D}}\right) = \frac{\left(\begin{array}{c}(2-b)(a-c)\\+(2+bd)\varDelta\end{array}\right)^2}{\left(4-b^2\right)^2} + \frac{l}{4} - F，\ \ E\left(\pi_C^{*D}\right) - E\left(\pi_C^{*\overline{D}}\right) = \frac{(2+bd)^2 l}{\left(4-b^2\right)^2} - \frac{l}{4} > 0。$$

当 $\dfrac{(2-b)^2 (1-d)^2 (1-\phi)}{\left(4-b^2\left(1+\phi\right)\right)^2} > \dfrac{(b+2d)^2}{\left(4-b^2\right)^2}$ 时，$K_{11} > K_{12}$。

(4) 如果 $K < K_{12}$，与 (1) 类似。

(5) 如果 $K_{12} < K < K_{11}$，$E\left(\pi_C^{*D}\right) = (e+f)\left(\dfrac{\phi}{(1-\phi)} + h\right) + K - F$，$E\left(\pi_C^{*\overline{D}}\right) =$

$$\frac{\left(\begin{array}{c}(2-b)(a-c)\\+(2+bd)\varDelta\end{array}\right)^2}{\left(4-b^2\right)^2} + \frac{l}{4} - F，\ E\left(\pi_C^{*D}\right) - E\left(\pi_C^{*\overline{D}}\right) = K - \frac{l}{4} - \frac{\left((2-b)(a-c)+(2+bd)\varDelta\right)^2}{\left(4-b^2\right)^2} +$$

$$\frac{\left((1-d)^2 l + (a-c+\varDelta-d\varDelta)^2\right)}{\left(4-b^2\left(1+\phi\right)\right)^2}\left((2-b)^2 + (2-b)(1-b)(2+b)\phi - (1-b)b^2\phi^2\right)，\ \ 如果$$

$$K > K_2^* = \frac{l}{4} + \frac{\left(\begin{array}{c}(2-b)(a-c)\\+(2+bd)\varDelta\end{array}\right)^2}{\left(4-b^2\right)^2} - \frac{\left((1-d)^2 l + (a-c+\varDelta-d\varDelta)^2\right)}{\left(4-b^2\left(1+\phi\right)\right)^2}\left((2-b)^2 + (2-b)(1-\right.$$

$b)(2+b)\phi - (1-b)b^2\phi^2\big)$，$E\left(\pi_C^{*D}\right) > E\left(\pi_C^{*\overline{D}}\right)$，否则，$E\left(\pi_C^{*D}\right) < E\left(\pi_C^{*\overline{D}}\right)$。

(6) 如果 $K > K_{11}$，与 (3) 类似。

7. 命题 8.6 的证明

(1) $CS^{*DD} - CS^{*\bar{D}D} = \dfrac{(2-b)(1-d)^2(2-b-b\phi)lf_4(\phi)}{8(4-b^2(1+\phi))^2}$ ， $f_4(\phi) = 4 - b(4+b+$

$(2+b)\phi)$， $f_4(\phi=0) = 4 - b(4+b)$，如果 $b > 2(-1+\sqrt{2})$， $f_4(\phi=0) < 0$，否则，

$f_4(\phi=0) > 0$ 。 $f_4(\phi=1) = 4 - b(4+b+(2+b)\phi)$， 如果 $b > \dfrac{1}{2}(-3+\sqrt{17})$，

$f_4(\phi=1) < 0$，否则， $f_4(\phi=1) > 0$。因此，可得当 $b > 2(-1+\sqrt{2})$ 时， $CS^{*DD} <$

$CS^{*\bar{D}D}$；当 $b \leqslant \dfrac{1}{2}(\sqrt{17}-3)$ 时，$CS^{*DD} > CS^{*\bar{D}D}$；当 $\dfrac{1}{2}(-3+\sqrt{17}) < b \leqslant 2(-1+\sqrt{2})$ 时，

如果 $\phi < -1 + \dfrac{2}{b} - \dfrac{4}{2+b}$， $CS^{*DD} > CS^{*\bar{D}D}$，否则， $CS^{*DD} < CS^{*\bar{D}D}$ 。

(2) $CS^{*D\bar{D}} - CS^{*\bar{D}D} = \dfrac{(b+2d)(b(12-b^2)+2(4+b^2)d)l}{8(4-b^2)^2} > 0$ 。

(3) $\dfrac{\partial CS^{*\bar{D}D}}{\partial \phi} = \dfrac{(2-b)b(a-c+\Delta-d\Delta)^2 f_5(\phi)}{(-4+b^2(1+\phi))^3}$ ； $f_5(\phi) = 4 + b^2 - 2b(2+\phi)$， $f_5(\phi=$

$0) = 4 + b^2 - 4b > 0$， $f_5(\phi=1) = 4 + b^2 - 6b$，如果 $b > 3 - \sqrt{5}$， $f_5(\phi=1) < 0$，否则，

$f_5(\phi=1) > 0$。因此，可得，当 $b \leqslant 3 - \sqrt{5}$ 时， $\dfrac{\partial CS^{*\bar{D}D}}{\partial \phi} < 0$；当 $b > 3 - \sqrt{5}$ 时，如果

$\phi < \dfrac{(-2+b)^2}{2b}$， $\dfrac{\partial CS^{*\bar{D}D}}{\partial \phi} < 0$，否则， $\dfrac{\partial CS^{*\bar{D}D}}{\partial \phi} > 0$； $\dfrac{\partial CS^{*DD}}{\partial \phi} = \dfrac{-(2-b)bf_5(\phi)\left((a-c\right.\\+\Delta-d\Delta)^2+(1-d)^2l\right)}{(4-b^2(1+\phi))^3}$ ；

当 $b \leqslant 3 - \sqrt{5}$ 时， $\dfrac{\partial CS^{*DD}}{\partial \phi} < 0$；当 $b > 3 - \sqrt{5}$ 时，如果 $\phi < \dfrac{(-2+b)^2}{2b}$， $\dfrac{\partial CS^{*DD}}{\partial \phi} < 0$，

否则， $\dfrac{\partial CS^{*DD}}{\partial \phi} > 0$ 。

(4) $\dfrac{\partial CS^{*\bar{D}D}}{\partial \Delta} = \dfrac{(1-d)(a-c+(1-d)\Delta)f_6(\phi)}{(-4+b^2(1+\phi))^2}$ ， $f_6(\phi) = 8 - 4b(2+\phi) + b^2(2+$

$\phi(2+\phi))$， $f_6(\phi)\min = f_6(\phi=1) = 8 + b(-12+5b) > 0$ ， $\dfrac{\partial CS^{*\bar{D}D}}{\partial \Delta} > 0$ ； $\dfrac{\partial CS^{*DD}}{\partial \Delta} =$

$$\frac{2(1-d)\big(a-c+(1-d)\varDelta\big)\Big((2-b)^2+(2-b-b\phi)^2\Big)}{2\big(4-b^2(1+\phi)\big)^2}>0\,,\quad \frac{\partial \mathrm{CS}^{*\overline{\mathrm{D}}\overline{\mathrm{D}}}}{\partial \varDelta}=\frac{(2-b)^2(a-c)(1-d)+\big(4+b^2+8bd+(4+b^2)d^2\big)\varDelta}{\big(4-b^2\big)^2}>$$

$$0\,,\quad \frac{\partial \mathrm{CS}^{*\mathrm{D}\overline{\mathrm{D}}}}{\partial \varDelta}=\frac{(2-b)^2(a-c)(1-d)+\big(4+b^2+8bd+(4+b^2)d^2\big)\varDelta}{\big(4-b^2\big)^2}>0\,\text{。}$$

8. 命题 8.7 的证明

(1) $\mathrm{SW}^{*\mathrm{DD}}-\mathrm{SW}^{*\overline{\mathrm{D}}\overline{\mathrm{D}}}=\dfrac{(2-b)(1-d)^2l(2-b-b\phi)f_7(\phi)}{8\big(4-b^2(1+\phi)\big)^2}$ ，　$f_7(\phi)=12-2b(6-\phi)-3b^2(1+\phi)$ ，

$f_7(\phi=0)=3\big(4-b(4+b)\big)$ ，如果 $b>2(\sqrt{2}-1)$ ，$f_7(\phi=0)<0$ ，否则，$f_7(\phi=0)>0$ 。

$f_7(\phi=1)=2\big(6-b(5+3b)\big)$ ，　如果 $b>\dfrac{1}{6}\big(\sqrt{97}-5\big)$ ，　$f_7(\phi=1)<0$ ，　否则，

$f_7(\phi=1)>0$ 。因此可得，当 $b>2(\sqrt{2}-1)$ 时，$\mathrm{SW}^{*\mathrm{DD}}<\mathrm{SW}^{*\overline{\mathrm{D}}\overline{\mathrm{D}}}$ ；当 $b\leqslant\dfrac{1}{6}\big(\sqrt{97}-5\big)$

时，$\mathrm{SW}^{*\mathrm{DD}}>\mathrm{SW}^{*\overline{\mathrm{D}}\overline{\mathrm{D}}}$ ；否则，如果 $\phi<-1-\dfrac{6}{b}+\dfrac{4}{-2+3b}$ ，$\mathrm{SW}^{*\mathrm{DD}}>\mathrm{SW}^{*\overline{\mathrm{D}}\overline{\mathrm{D}}}$ ，否则，

$\mathrm{SW}^{*\mathrm{DD}}<\mathrm{SW}^{*\overline{\mathrm{D}}\overline{\mathrm{D}}}$ 。

(2) $\mathrm{SW}^{*\mathrm{D}\overline{\mathrm{D}}}-\mathrm{SW}^{*\overline{\mathrm{D}}\overline{\mathrm{D}}}=\dfrac{3(b+2d)\big(b(12-b^2)+2(4+b^2)d\big)l}{8\big(4-b^2\big)^2}>0\,\text{。}$

(3) $\dfrac{\partial \mathrm{SW}^{*\overline{\mathrm{D}}\overline{\mathrm{D}}}}{\partial \phi}=\dfrac{(2-b)b(a-c+\varDelta-d\varDelta)^2 f_8(\phi)}{\big(4-b^2(1+\phi)\big)^3}$ ，　$f_8(\phi)=-4+b\big(8-2\phi+b(-5+b+(2+$

$b)\phi)\big)$ ，$f_8(\phi=1)=-4+b\big(6+b(-3+2b)\big)$ ，如果 $b>\dfrac{1}{2}\big(1-3^{1/3}+3^{2/3}\big)$ ，$f_8(\phi=1)>0$ ，

否则，$f_8(\phi=1)<0$ ；$f_8(\phi=0)=(2-b)^2(-1+b)<0$ 。因此，当 $b\leqslant\dfrac{1}{2}\big(1-3^{1/3}+3^{2/3}\big)$

时，$\dfrac{\partial \mathrm{SW}^{*\overline{\mathrm{D}}\overline{\mathrm{D}}}}{\partial \phi}<0$ ；当 $b>\dfrac{1}{2}\big(1-3^{1/3}+3^{2/3}\big)$ 时，如果 $\phi<(>)\dfrac{(2-b)^2(1-b)}{b(-2+b(2+b))}$ ，

$$\frac{\partial \mathrm{SW}^{*\overline{\mathrm{D}}\mathrm{D}}}{\partial \phi} < (>)0 \,。\ \frac{\partial \mathrm{SW}^{*\mathrm{DD}}}{\partial \phi} = \frac{(2-b)b\Big((1-d)^2 l + (a-c+\Delta-d\Delta)^2\Big)f_8(\phi)}{\Big(4-b^2(1+\phi)\Big)^3} \,，\ 当\, b \leqslant \frac{1}{2}\Big(1-3^{1/3}+3^{2/3}\Big)\, 时，$$

$$\frac{\partial \mathrm{SW}^{*\mathrm{DD}}}{\partial \phi} < 0 \,；\ 当\, b > \frac{1}{2}\Big(1-3^{1/3}+3^{2/3}\Big)\, 时，如果\, \phi < \frac{(2-b)^2(1-b)}{b(-2+b(2+b))} \,，\ \frac{\partial \mathrm{SW}^{*\mathrm{DD}}}{\partial \phi} < 0 \,，$$

否则， $\dfrac{\partial \mathrm{SW}^{*\mathrm{DD}}}{\partial \phi} > 0$ 。

(4) $\dfrac{\partial \mathrm{SW}^{*\overline{\mathrm{D}}\mathrm{D}}}{\partial \Delta} = \dfrac{(1-d)\big(a-c+(1-d)\Delta\big)f_9(\phi)}{\Big(4-b^2(1+\phi)\Big)^2}$ ， $f_9(\phi) = 24 + b\big(-4(6+\phi)+$

$b(6+\phi(-2-\phi+2b(1+\phi)))$ ， $f_9(\phi=1) = 24 + b\big(-28+b(3+4b)\big) > 0$ ， $f_9(\phi=0) =$

$6(-2+b)^2 > 0$ ，因此， $\dfrac{\partial \mathrm{SW}^{*\overline{\mathrm{D}}\mathrm{D}}}{\partial \Delta} > 0$ 。 $\dfrac{\partial \mathrm{SW}^{*\mathrm{DD}}}{\partial \Delta} = \dfrac{(1-d)\big(a-c+(1-d)\Delta\big)f_9(\phi)}{\Big(4-b^2(1+\phi)\Big)^2} > 0$ ；

$$\frac{\partial \mathrm{SW}^{*\overline{\mathrm{D}}\overline{\mathrm{D}}}}{\partial \Delta} = \frac{3(2-b)^2(a-c)(1-d)+3\big(4+b^2+8bd+(4+b^2)d^2\big)\Delta}{\big(4-b^2\big)^2} > 0 \,；\ \frac{\partial \mathrm{SW}^{*\mathrm{D}\overline{\mathrm{D}}}}{\partial \Delta} =$$

$$\frac{3(2-b)^2(a-c)(1-d)+3\big(4+b^2+8bd+(4+b^2)d^2\big)\Delta}{\big(4-b^2\big)^2} > 0 \,。$$

参 考 文 献

白世贞, 贾雪莲. 2022. 资金约束型生鲜农产品双渠道供应链运营策略研究. [2024-10-31]. https://link.cnki.net/doi/10.16381/j.cnki.issn1003-207x.2022.2691. DOI: 10.16381/j.cnki.issn1003-207x.2022.2691.

曹院平. 2020. 基于生态足迹模型的广西农业可持续发展评价. 中国农业资源与区划, 41(5): 35-42.

陈厚基. 1994. 当代世界"持续农业"和农村发展的理论与实践. 地域研究与开发, (2): 10-14.

陈军, 曹群辉, 但斌. 2022. 考虑代销商保鲜努力的农产品委托代销策略研究. 中国管理科学, 30(1): 230-240.

陈柔, 何艳秋, 朱思宇, 等. 2020. 我国农业碳排放双重性及其与经济发展的协调性研究. 软科学, 34(1): 132-138.

陈艳莹, 刘婧玲. 2022. 政府补贴会让绿色认证机制更有效吗? ——基于市场演化的视角. 管理工程学报, 36(6): 274-282.

程莉, 周芳雅, 王琴. 2021. 农业与服务业融合发展及其农户增收效应研究: 以长江上游地区为例. 西安财经大学学报, 34(3): 81-91.

但斌, 陈军. 2008. 基于价值损耗的生鲜农产品供应链协调. 中国管理科学, (5): 42-49.

丁文广, 刘兴德, 耿怡颖, 等. 2019. 甘肃省农业可持续发展评价及耦合协调性分析. 中国农业资源与区划, 40(3): 61-69, 129.

董跃民. 2021. 农业现代化背景下我国农业可持续发展的现实困境与法律应对. 农业经济, (6): 20-22.

杜建国, 蒲天峰, 朱晓雯. 2021. 产需双重不确定情形下绿色农产品供应链的协调研究. 生态经济, (1): 103-110.

段彩泉, 姚锋敏, 夏莹, 等. 2022. 不同秸秆回收补贴制度下可持续农产品供应链网络均衡. [2024-10-31]. https://link.cnki.net/doi/10.16381/j.cnki.issn1003-207x.2021.2117. DOI: 10.16381/j.cnki.issn1003-207x.2021.2117.

方典昌. 2023. 顺应人口流动趋势推进农业人口转移. 中国乡村发现, (3): 118-121.

方世敏, 王海艳. 2018. 基于系统论的农业与旅游产业融合: 一种粘性的观点. 经济地理, 38(12): 211-218.

符礼建, 曹玉华. 2002. 农业可持续发展探讨. 上海交通大学学报(哲学社会科学版), 10(4): 30-33.

付豪. 2020. 农产品供应链治理优化: 以区块链技术嵌入为视角. 郑州: 河南农业大学.

傅琳琳, 毛小报, 毛晓红, 等. 2020. 浙江农业可持续发展水平与区域差异综合评价: 基于高质量发展视角. 浙江农业学报, 32(10): 1880-1889.

高鹏, 刘燕妮. 2011. 中国农业可持续发展能力区域评价. 中国软科学, (S1): 163-169.

公茂刚, 张云. 2023. 资本逐利性与农业发展可持续性: 从冲突到共生. 农林经济管理学报, 22 (5): 574-581.

管克江. 2023-08-02. 约旦积极发展可持续农业. 人民日报, (015).

胡韩莉, 曹裕, 李青松. 2022. 强弱品牌竞争下企业的区块链技术采纳策略研究. [2024-10-31]. https://doi.org/10.16381/j.cnki.issn1003-207x.2021.0607. DOI: 10.16381/j.cnki.issn1003-207x.2021. 0607.

胡森森, 禄静宜. 2023. 基于区块链技术的农产品质量信息披露策略分析. 系统科学与数学, 44(10): 2951-2972.

胡欣. 2020. 大数据统筹下区域农业经济精准发展模式的创新策略. 农业经济, (10): 10-11.

胡钰, 王莉. 2020. 中国可持续农业发展模式的区域比较和启示. 中国农业资源与区划, 41(1): 8-14.

贾新平, 唐玲, 梅雪莹, 等. 2021. 基于SWOT-PEST分析的江苏省休闲农业可持续发展研究. 中国农学通报, 37(12): 151-157.

江东芳. 2018. 河南省农业生态旅游产业可持续发展评价研究. 中国农业资源与区划, 39(7): 231-236.

姜永常, 刘畅, 白世贞, 等. 2023. 应用区块链的生鲜农产品双渠道供应链最优决策. 系统工程, 41(1): 63-72.

李琳, 范体军. 2015. 零售商主导下生鲜农产品供应链的定价策略对比研究. 中国管理科学, 23(12): 113-123.

李营营, 陈诚, 曹辉, 等. 2023. 长三角乡村生态产品商品化格局及影响因素分析. 自然资源学报, 38(12): 2986-3002.

李周. 2023. 中国农业绿色发展: 创新与演化. 中国农村经济, (2): 2-16.

林海丽. 2016. 英国农业休闲旅游发展的经验与启示. 世界农业, (4): 130-134.

林晶, 王健. 2018. 异质品双渠道供应链下制造商的渠道决策研究. 中国管理科学, 26(6): 72-84.

林晓刚, 黄海玲, 李文卓, 等. 2023. 混合销售模式下农产品电商的区块链提供策略研究. [2024-06-27]. https://link.cnki.net/doi/10.16381/j.cnki.issn1003-207x.2023.0117. DOI: 10.16381/ j.cnki.issn1003-207x.2023.0117.

刘军, 盛姣. 2013. 湖南省创意休闲农业可持续发展能力评价与发展对策研究. 中国人口·资源与环境, 23(S2): 212-215.

刘康, 徐凤婕. 2023. 新农村发展背景下农业经济的可持续发展分析. 河南农业, (20): 10-12.

刘爽, 刘畅. 2024. 中国农业减污降碳协同效应及其影响机制研究. 中国生态农业学报(中英文), 32(7): 1109-1121.

刘伟华, 刘秉镰, 任政旭. 2009. 绿色农产品供应链成本控制研究: 以订单农业模式为背景. 西南交通大学学报（社会科学版）, 10(4): 114-119.

刘晓琼, 张瑜洋, 赵新正, 等. 2021. 可持续农业和农村发展研究进展与展望: 基于1990-2020年 WoS 核心合集的文献计量分析. 人文地理, 36(2): 91-101.

刘旭旺, 王骏嘉, 齐微, 等. 2024. 基于决策敏感特征的在线产品两阶段定价策略. http://kns.cnki.net/kcms/detail/43.1115.N.20240416.1312.002.html[2024-06-27].

刘一健. 2019. 需求不确定下农产品供应链决策研究. 秦皇岛: 燕山大学.

罗锡文, 廖娟, 胡炼, 等. 2016. 提高农业机械化水平促进农业可持续发展. 农业工程学报, 32(1): 1-11.

马斌斌, 陈兴鹏, 马凯凯, 等. 2020. 中国乡村旅游重点村空间分布、类型结构及影响因素. 经济地理, 40(7): 190-199.

马雪丽, 王淑云, 金辉, 等. 2018. 考虑保鲜努力与数量/质量弹性的农产品三级供应链协调优化. 中国管理科学, 26(2): 175-185.

毛小报, 傅琳琳, 毛晓红, 等. 2019. 浙江省农业可持续发展水平评价. 浙江农业学报, 31(11): 1926-1934.

牛若峰. 2002. 当代农业产业一体化经营. 南昌: 江西人民出版社.

牛胜强. 2014. 转型过程中我国农业可持续发展问题探析. 理论月刊, (1): 165-169.

彭红军, 庞涛. 2020. 农业补贴政策下订单农业供应链融资与运作策略研究. 管理工程学报, 34(5): 155-163.

史保阳, 史保莉. 2019. 考虑努力水平与损耗的农超对接生鲜产品供应链协调. 工业工程与管理, 24(5): 43-48, 55.

孙梅, 张敏新, 李广水. 2020. "农户 + 餐饮企业"有机农产品供应链模式构建研究. 中国管理科学, 28(9): 98-105.

孙炜琳, 王瑞波, 黄圣男, 等. 2017. 供给侧结构性改革视角下的农业可持续发展评价研究. 中国农业资源与区划, 38(8): 1-7.

谭春桥, 曾雨晴. 2023. 基于区块链技术的O2O生鲜农产品供应链两阶段定价策略研究. 管理学报, 20(6): 904-915.

唐立, 邹彤, 罗霞, 等. 2018. 基于混合 Logit 模型的网约车选择行为研究. 交通运输系统工程与信息, 18(1): 108-114.

田彩红, 李琳, 廖斌. 2024. 农村一二三产业融合能否促进农业绿色发展? ——以长江经济带579个县域为例. 自然资源学报, 39(3): 601-619.

王聪, 郎坤, 朱雷, 等. 2020. "公司+农户"订单农业供应链信息共享决策研究. 工业工程与管理, 25(6): 191-198.

王凯, 等. 2004. 中国农业产业链管理的理论与实践研究. 北京: 中国农业出版社: 12-19.

魏光兴, 宋燕龄. 2024. 农产品供应链绿色发展困境及对策研究. 农业经济, (4): 130-132.

谢家平, 刘丹. 2023. "农业社会企业 + 农户"模式下政府补贴方式选择: 目标价格相对于面积补贴. 管理工程学报, 37(1): 89-97.

辛岭, 胡志全. 2015. 中国农业可持续发展水平评价. 中国农业科技导报, 17(4): 135-142.

熊峰, 方剑宇, 袁俊, 等. 2019. 盟员行为偏好下生鲜农产品供应链生鲜努力激励机制与协调研究. 中国管理科学, 27(4): 115-126.

徐畅, 范体军, 徐若芬, 等. 2022. 检查制度下可追溯食品供应链安全努力决策. 管理工程学报, 36(3): 245-253.

徐璞, 李善伟, 吴林海, 等. 2022. 上海市休闲农业发展现状、主要问题与对策研究. 中国农业资源与区划, 43(1): 232-238.

杨浩雄, 杨阔, 陈欣冉. 2023. 绿色生鲜电商供应链定价决策及协调机制探讨. 价格理论与实践, (12): 189-193, 211.

姚锋敏, 鞠佳洋, 李玥, 等. 2023. 政府补贴下考虑利他偏好的可追溯农产品供应链定价策略. 管理学报, 20(5): 759-768.

叶俊, 顾波军, 付雨芳. 2023. 不同贸易模式下生鲜农产品供应链冷链物流服务与定价决策. 中国管理科学, 31(2): 95-107.

阴玥, 徐衍. 2022. 可持续发展背景下农业循环经济发展模式优化研究. 农业经济, (8): 12-14.

余星, 张卫国, 刘勇军. 2020. 基于相对浮动价和政府补贴的订单农业协调机制研究. 管理工程学报, 34(3): 134-141.

余云龙, 冯颖. 2021. 不同冷链服务模式下生鲜农产品供应链决策. 中国管理科学, 29(9): 135-143.

袁久和, 祁春节. 2013. 基于熵值法的湖南省农业可持续发展能力动态评价. 长江流域资源与环境, 22(2): 152-157.

曾宪宇, 刘淇, 赵洪科, 等. 2016. 用户在线购买预测：一种基于用户操作序列和选择模型的方法. 计算机研究与发展, 53(8): 1673-1683.

张利国, 鲍丙飞, 杨胜苏. 2019. 我国农业可持续发展空间探索性分析. 经济地理, 39(11): 159-164.

张临涛. 2020. 探究台湾"沉浸式"休闲农业产业的融合发展路径. 新西部, (3): 71-74.

张兴旺, 孟丽, 杜绍明, 等. 2019. 关于信息化影响农业市场化问题研究. 农业经济问题, (4): 39-45.

赵博, 张巍朋, 苑严伟, 等. 2023. 农业装备运维与作业服务管理信息化技术研究进展. 农业机械学报, 54(12): 1-26.

赵坤. 2019. 改革开放以来我国农业可持续发展历程. 农业与技术, 39(2): 161-164.

赵梅. 2016. 江西省莲花县农业可持续发展研究. 南昌: 江西农业大学.

周子英, 向昌盛, 米振华. 2019. 长株潭城市群都市农业可持续发展综合评价. 水土保持通报, 39(5): 278-284.

Abbas I, Liu J Z, Faheem M, et al. 2020. Different sensor based intelligent spraying systems in agriculture. Sensors and Actuators A: Physical, 316: 112265.

Adenso-Díaz B, Lozano S, Palacio A. 2017. Effects of dynamic pricing of perishable products on revenue and waste. Applied Mathematical Modelling, 45: 148-164.

Adnan N, Nordin S M, Rahman I, et al. 2018. The effects of knowledge transfer on farmers decision making toward sustainable agriculture practices: in view of green fertilizer technology. World Journal of Science, Technology and Sustainable Development, 15 (1): 98-115.

Aitken R, Watkins L, Williams J, et al. 2020. The positive role of labelling on consumers' perceived behavioural control and intention to purchase organic food. Journal of Cleaner Production, 255: 120334.

An J, Cho S H, Tang C S. 2015. Aggregating smallholder farmers in emerging economies. Production and Operations Management, 24 (9): 1414-1429.

Anselmsson J, Bondesson N V, Johansson U. 2014. Brand image and customers' willingness to pay a price premium for food brands. Journal of Product & Brand Management, 23 (2): 90-102.

Arya A, Mittendorf B, Sappington D E M. 2007. The bright side of supplier encroachment. Marketing Science, 26 (5): 651-659.

Assefa T T, Kuiper W E, Meuwissen M P M. 2014. The effect of farmer market power on the degree of farm retail price transmission: a simulation model with an application to the Dutch ware potato supply chain. Agribusiness, 30 (4): 424-437.

Azimian A, Kilgour D M, Noori H. 2016. Mitigating contagion risk by investing in the safety of rivals. European Journal of Operational Research, 254 (3): 935-945.

Balezentis T, Zickiene A, Volkov A, et al. 2023. Probabilistic model for assessing the effects of the disruptive events on the viability of the agri-food supply chains: the case of Lithuania. IEEE Transactions on Engineering Management: 9679-9690.

Baltas G. 2004. A model for multiple brand choice. European Journal of Operational Research, 154 (1): 144-149.

Barth H, Melin M. 2018. A green lean approach to global competition and climate change in the agricultural sector: a Swedish case study. Journal of Cleaner Production, 204: 183-192.

Bello M, Abdulai A. 2018. The use of a hybrid latent class approach to identify consumer segments and market potential for organic products in Nigeria. Agribusiness, 34 (2): 190-203.

Beuchelt T D, Zeller M. 2011. Profits and poverty: certification's troubled link for Nicaragua's organic and fairtrade coffee producers. Ecological Economics, 70 (7): 1316-1324.

Bilali H E, Allahyari M S. 2018. Transition towards sustainability in agriculture and food systems: role of information and communication technologies. Information Processing in Agriculture, 5 (4): 456-464.

Björklund J C. 2018. Barriers to sustainable business model innovation in Swedish agriculture. Journal of Entrepreneurship, Management and Innovation, 14 (1): 65-90.

Blackburn J, Scudder G. 2009. Supply chain strategies for perishable products: the case of fresh produce. Production and Operations Management, 18(2): 129-137.

Bravo-Monroy L, Potts S G, Tzanopoulos J. 2016. Drivers influencing farmer decisions for adopting organic or conventional coffee management practices. Food Policy, 58: 49-61.

Cai X Q, Chen J, Xiao Y B, et al. 2010. Optimization and coordination of fresh product supply chains with freshness-keeping effort. Production and Operations Management, 19(3): 261-278.

Cai X Q, Chen J, Xiao Y B, et al. 2013. Fresh-product supply chain management with logistics outsourcing. Omega, 41(4): 752-765.

Cao Y, Tao L, Wu K, et al. 2020. Coordinating joint greening efforts in an agri-food supply chain with environmentally sensitive demand. Journal of Cleaner Production, 277: 123883.

Chen F Z, Hu Y H. 2021. Agricultural and rural ecological management system based on big data in complex system. Environmental Technology & Innovation, 22: 101390.

Chen J Y, Dimitrov S, Pun H. 2019a. The impact of government subsidy on supply chains' sustainability innovation. Omega, 86: 42-58.

Chen X, Wang X J, Zhou M M. 2019b. Firms' green R&D cooperation behaviour in a supply chain: technological spillover, power and coordination. International Journal of Production Economics, 218: 118-134.

Chen Y, Ding S, Zheng H D, et al. 2018. Exploring diffusion strategies for mHealth promotion using evolutionary game model. Applied Mathematics and Computation, 336: 148-161.

Chen Y H, Wen X W, Wang B, et al. 2017. Agricultural pollution and regulation: how to subsidize agriculture?. Journal of Cleaner Production, 164: 258-264.

Chen Y J, George S J, Max S Z J. 2013. Training, production, and channel separation in ITC's E-choupal network. Production and Operations Management, 22(2): 348-364.

Chen Y J, Tang C S. 2015. The economic value of market information for farmers in developing economies. Production and Operations Management, 24(9): 1441-1452.

Chiang W Y K, Chhajed D, Hess J D. 2003. Direct marketing, indirect profits: a strategic analysis of dual-channel supply-chain design. Management Science, 49(1): 1-20.

Chkanikova O, Sroufe R. 2021. Third-party sustainability certifications in food retailing: certification design from a sustainable supply chain management perspective. Journal of Cleaner Production, 282: 124344.

Cirillo C, Bastin F, Hetrakul P. 2018. Dynamic discrete choice model for railway ticket cancellation and exchange decisions. Transportation Research Part E: Logistics and Transportation Review, 110: 137-146.

Clark P, Martínez L. 2016. Local alternatives to private agricultural certification in Ecuador: broadening access to 'new markets'?. Journal of Rural Studies, 45: 292-302.

Coteur I, Marchand F, Debruyne L, et al. 2018. Participatory tuning agricultural sustainability assessment tools to Flemish farmer and sector needs. Environmental Impact Assessment Review, 69: 70-81.

Cranfield J, Henson S, Holliday J. 2010. The motives, benefits, and problems of conversion to organic production. Agriculture and Human Values, 27(3): 291-306.

Cui Z L, Zhang H Y, Chen X P, et al. 2018. Pursuing sustainable productivity with millions of smallholder farmers. Nature, 555: 363-366.

Dabbert S, Lippert C, Zorn A. 2014. Introduction to the special section on organic certification systems: policy issues and research topics. Food Policy, 49: 425-428.

Douglass G K. 1984. Agricultural Sustainability in A Changing World Order. Boulder Co: Westview Press: 3-29.

Ellison B, Duff B R L, Wang Z Y, et al. 2016. Putting the organic label in context: examining the interactions between the organic label, product type, and retail outlet. Food Quality and Preference, 49: 140-150.

Ertek G, Griffin P M. 2002. Supplier-and buyer-driven channels in a two-stage supply chain. IIE Transactions, 34(8): 691-700.

Fafchamps M, Minten B. 2012. Impact of SMS-based agricultural information on Indian farmers. The World Bank Economic Review, 26(3): 383-414.

Fan Y, Ren M H, Zhang J, et al. 2022. Risk identification and assessment on green product certification: model construction and empirical analysis. Journal of Cleaner Production, 370: 133593.

Fanasch P, Frick B. 2020. The value of signals: do self-declaration and certification generate price premiums for organic and biodynamic wines?. Journal of Cleaner Production, 249: 119415.

Faure G, Le Coq J F, Vagneron I, et al. 2012. Stratégies des organisations de producteurs de café au Costa Rica vis-à-vis des certifications environnementales et sociales. Cahiers Agricultures, 21(2/3): 162-168.

Friedman D. 1991. Evolutionary games in economics. Econometrica, 59(3): 637-666.

Fu S L, Zhan Y Z, Ouyang J, et al. 2021. Power, supply chain integration and quality performance of agricultural products: evidence from contract farming in China. Production Planning & Control, 32(13): 1119-1135.

Furumo P R, Rueda X, Rodríguez J S, et al. 2020. Field evidence for positive certification outcomes on oil palm smallholder management practices in Colombia. Journal of Cleaner Production, 245: 118891.

Gaffney J, Bing J, Byrne P F, et al. 2019. Science-based intensive agriculture: sustainability, food security, and the role of technology. Global Food Security, 23: 236-244.

Garibaldi L A, Gemmill-Herren B, D'Annolfo R, et al. 2017. Farming approaches for greater biodiversity, livelihoods, and food security. Trends in Ecology & Evolution, 32(1): 68-80.

Girma J, Gardebroek C. 2015. The impact of contracts on organic honey producers' incomes in southwestern Ethiopia. Forest Policy and Economics, 50: 259-268.

González A A, Nigh R. 2005. Smallholder participation and certification of organic farm products in Mexico. Journal of Rural Studies, 21(4): 449-460.

Grillo R, Mattos B D, Antunes D R, et al. 2021. Foliage adhesion and interactions with particulate delivery systems for plant nanobionics and intelligent agriculture. Nano Today, 37: 101078.

Gruber N, Galloway J. 2008. An earth-system perspective of the global nitrogen cycle. Nature, 451: 293-296.

Gu B J, Zhang X M, Lam S K, et al. 2023. Cost-effective mitigation of nitrogen pollution from global croplands. Nature, 613: 77-84.

Habib K N. 2023. Rational inattention in discrete choice models: estimable specifications of RI-multinomial logit (RI-MNL) and RI-nested logit (RI-NL) models. Transportation Research Part B: Methodological, 172: 53-70.

Haggar J, Soto G, Casanoves F, et al. 2017. Environmental-economic benefits and trade-offs on sustainably certified coffee farms. Ecological Indicators, 79: 330-337.

Hansen J W. 1996. Is agricultural sustainability a useful concept?. Agricultural Systems, 50(2): 117-143.

Hayati D, Ranjbar Z, Karami E. 2010. Measuring agricultural sustainability//Lichtfouse E. Biodiversity, Biofuels, Agroforestry and Conservation Agriculture. Dordrecht: Springer: 73-100.

Hazell P, Poulton C, Wiggins S, et al. 2010. The future of small farms: trajectories and policy priorities. World Development, 38(10): 1349-1361.

He Q C, Chen Y J, Shen Z J. 2018. On the formation of producers' information-sharing coalitions. Production and Operations Management, 27(5): 917-927.

Helgadóttir G, Dashper K. 2021. 20 years of Nordic rural tourism research: a review and future research agenda. Scandinavian Journal of Hospitality and Tourism, 21(1): 60-69.

Helliwell R, Morris C, Raman S. 2020. Antibiotic stewardship and its implications for agricultural animal-human relationships: insights from an intensive dairy farm in England. Journal of Rural Studies, 78: 447-456.

Hong Z F, Guo X L. 2019. Green product supply chain contracts considering environmental responsibilities. Omega, 83: 155-166.

Howlett E A, Burton S, Bates K, et al. 2009. Coming to a restaurant near you? Potential consumer responses to nutrition information disclosure on menus. Journal of Consumer Research, 36(3): 494-503.

Hsu S Y, Chang C C, Lin T T. 2016. An analysis of purchase intentions toward organic food on health consciousness and food safety with/under structural equation modeling. British Food Journal, 118(1): 200-216.

Hsu V N, Lai G M, Liang G T. 2019. Agricultural partnership for dairy farming. Production and Operations Management, 28: 3042-3059.

Huang C H, Chen P J, Lin Y J, et al. 2021. A robot-based intelligent management design for agricultural cyber-physical systems. Computers and Electronics in Agriculture, 181: 105967.

Jiang C, Yang Z Y, Liu C, et al. 2021. Win-win-win pathway for ecological restoration by balancing hydrological, ecological, and agricultural dimensions: contrasting lessons from highly eroded agroforestry. Science of the Total Environment, 774: 145140.

Kamble S S, Gunasekaran A, Gawankar S A. 2020. Achieving sustainable performance in a data-driven agriculture supply chain: a review for research and applications. International Journal of Production Economics, 219: 179-194.

Kassaye A Y, Shao G C, Wang X J, et al. 2022. Evaluating the practices of climate-smart agriculture sustainability in Ethiopia using geocybernetic assessment matrix. Environment Development and Sustainability, 24(1): 724-764.

Keating B A, Carberry P S, Bindraban P S, et al. 2010. Eco-efficient agriculture: concepts, challenges, and opportunities. Crop Science, 50(S1): S-109-S-119.

Khwidzhili R H, Worth S. 2019. Evaluation of South Africa's public agricultural extension in the context of sustainable agriculture. South African Journal of Agricultural Extension, 47(1): 20-35.

Krass D, Nedorezov T, Ovchinnikov A. 2013. Environmental taxes and the choice of green technology. Production and Operations Management, 22(5): 1035-1055.

Lai X F, Tao Y, Wang F, et al. 2019a. Sustainability investment in maritime supply chain with risk behavior and information sharing. International Journal of Production Economics, 218: 16-29.

Lai X J, Zhang Q X, Chen Q X, et al. 2019b. The analytics of product-design requirements using dynamic internet data: application to Chinese smartphone market. International Journal of Production Research, 57(18): 5660-5684.

Läpple D. 2010. Adoption and abandonment of organic farming: an empirical investigation of the Irish drystock sector. Journal of Agricultural Economics, 61(3): 697-714.

Laurett R, Paço A, Mainardes E W. 2021. Measuring sustainable development, its antecedents, barriers and consequences in agriculture: an exploratory factor analysis. Environmental Development, 37: 100583.

Lee W C J, Shimizu M, Kniffin K M, et al. 2013. You taste what you see: do organic labels bias taste perceptions?. Food Quality and Preference, 29(1): 33-39.

Levy A, Vukina T. 2004. The league composition effect in tournaments with heterogeneous players:

an empirical analysis of broiler contracts. Journal of Labor Economics, 22 (2): 353-377.

Li C D, Zhang F S, Cao C J, et al. 2019. Organizational coordination in sustainable humanitarian supply chain: an evolutionary game approach. Journal of Cleaner Production, 219: 291-303.

Li H Q, Zheng F, Zhao Y Y. 2017. Farmer behavior and perceptions to alternative scenarios in a highly intensive agricultural region, south central China. Journal of Integrative Agriculture, 16 (8): 1852-1864.

Li H Y, Zhu N Y, Wang S C, et al. 2020. Dual benefits of long-term ecological agricultural engineering: mitigation of nutrient losses and improvement of soil quality. Science of the Total Environment, 721: 137848.

Li Z R, Wu Y Q, Rasoulinezhad E, et al. 2023. Green economic recovery in central Asia by utilizing natural resources. Resources Policy, 83: 103621.

Liao C N, Chen Y J. 2017. Farmers' information management in developing countries: a highly asymmetric information structure. Production and Operations Management, 26 (6): 1207-1220.

Liao C N, Chen Y J, Tang C S. 2019. Information provision policies for improving farmer welfare in developing countries: heterogeneous farmers and market selection. Manufacturing & Service Operations Management, 21 (2): 254-270.

Lin Y, Li C. 2023. Towards sustainable development: research on the green growth effect of digital agriculture in China. https://doi.org/10.1007/s11356-023-28367-2[2024-06-27].

Liu P, Long Y, Song H C, et al. 2020a. Investment decision and coordination of green agri-food supply chain considering information service based on blockchain and big data. Journal of Cleaner Production, 277: 123646.

Liu R F, Gao Z F, Snell H A, et al. 2020b. Food safety concerns and consumer preferences for food safety attributes: evidence from China. Food Control, 112: 107157.

Lowder S K, Skoet J, Singh S. 2014. What do we really know about the number and distribution of farms and family farms in the world?. Background paper for The State of Food and Agriculture 2014. ESA Working Paper. Rome: FAO.

Luo Z, Chen X, Chen J, et al. 2017. Optimal pricing policies for differentiated brands under different supply chain power structures. European Journal of Operational Research, 259 (2): 437-451.

Luo Z, Chen X, Wang X J. 2016. The role of co-opetition in low carbon manufacturing. European Journal of Operational Research, 253 (2): 392-403.

Lyu S O. 2021. Applying discrete choice models to understand sport tourists' heterogeneous preferences for Winter Olympic travel products. Tourism Economics, 27 (3): 482-499.

Ma X L, Wang S Y, Islam S M N, et al. 2019. Coordinating a three-echelon fresh agricultural products supply chain considering freshness-keeping effort with asymmetric information. Applied Mathematical Modelling, 67: 337-356.

Maertens M, Velde K V. 2017. Contract-farming in staple food chains: the case of rice in Benin. World Development, 95: 73-87.

Maguire-Rajpaul V A, Rajpaul V M, McDermott C L, et al. 2020. Coffee certification in Brazil: compliance with social standards and its implications for social equity. Environment, Development and Sustainability, 22(3): 2015-2044.

Makate C, Makate M, Mango N. 2017. Sustainable agriculture practices and livelihoods in pro-poor smallholder farming systems in southern Africa. African Journal of Science, Technology, Innovation and Development, 9(3): 269-279.

Marotta G, Simeone M, Nazzaro C. 2014. Product reformulation in the food system to improve food safety. Evaluation of policy interventions. Appetite, 74: 107-115.

Michaelidou N, Hassan L M. 2008. The role of health consciousness, food safety concern and ethical identity on attitudes and intentions towards organic food. International Journal of Consumer Studies, 32(2): 163-170.

Michel-Villarreal R, Vilalta-Perdomo E, Hingley M, et al. 2019. Evaluating economic resilience for sustainable agri-food systems: the case of Mexico. Strategic Change, 28(4): 279-288.

Mishra B K, Raghunathan S, Yue X H. 2009. Demand forecast sharing in supply chains. Production and Operations Management, 18(2): 152-166.

Mittal S, Gandhi S, Tripathi G. 2010. Socio-economic impact of mobile phones on Indian agriculture. Working Paper. Indian Council for Research on International Economic Relations. New Delhi, India.

Miyata S, Minot N, Hu D H. 2009. Impact of contract farming on income: linking small farmers, packers, and supermarkets in China. World Development, 37(11): 1781-1790.

Mkonda M Y. 2021. The underway to pragmatic implementations of sustainable and intensive agricultural systems in Tanzania. Environmental and Sustainability Indicators, 11: 100117.

Mzoughi N. 2011. Farmers adoption of integrated crop protection and organic farming: do moral and social concerns matter?. Ecological Economics, 70(8): 1536-1545.

Napawan N C, Burke E. 2016. Productive potential: evaluating residential urban agriculture. Landscape Research, 41(7): 773-779.

Nie P Y, Chen Y H. 2014. A general equilibrium analysis of food industry considering the food quality. Agricultural Economics, 60(7): 301-308.

Niu B Z, Dai Z P, Zhuo X P. 2019. Co-opetition effect of promised-delivery-time sensitive demand on air cargo carriers' big data investment and demand signal sharing decisions. Transportation Research Part E: Logistics and Transportation Review, 123: 29-44.

Niu B Z, Jin D L, Pu X J. 2016. Coordination of channel members' efforts and utilities in contract farming operations. European Journal of Operational Research, 255(3): 869-883.

Ozinci Y, Perlman Y, Westrich S. 2017. Competition between organic and conventional products with different utilities and shelf lives. International Journal of Production Economics, 191: 74-84.

Parker C, Ramdas K, Savva N. 2016. Is IT enough? Evidence from a natural experiment in India's agriculture markets. Management Science, 62(9): 2457-2764.

Perlman Y, Ozinci Y, Westrich S. 2022. Pricing decisions in a dual supply chain of organic and conventional agricultural products. Annals of Operations Research, 314(2): 601-616.

Pince C, Yücesan E, Bhaskara P G. 2021. Accurate response in agricultural supply chains. Omega, 100: 102214.

Pinto L F G, Gardner T, McDermott C L, et al. 2014. Group certification supports an increase in the diversity of sustainable agriculture network-rainforest alliance certified coffee producers in Brazil. Ecological Economics, 107: 59-64.

Plumecocq G, Debril T, Duru M, et al. 2018. The plurality of values in sustainable agriculture models: diverse lock-in and coevolution patterns. Ecology and Society, 23(1): 21.

Popa M E, Mitelut A C, Popa E E, et al. 2019. Organic foods contribution to nutritional quality and value. Trends in Food Science & Technology, 84: 15-18.

Potočnik-Slavič I, Schmitz S. 2013. Farm tourism across Europe. European Countryside, 5(4): 265-274.

Qi X X, Wang R Y, Li J C, et al. 2018. Ensuring food security with lower environmental costs under intensive agricultural land use patterns: a case study from China. Journal of Environmental Management, 213: 329-340.

Reisinger A, Havlik P, Riahi K, et al. 2013. Implications of alternative metrics for global mitigation costs and greenhouse gas emissions from agriculture. Climatic Change, 117(4): 677-690.

Sainathan, A. 2013. Pricing and replenishment of competing perishable product variants under dynamic demand substitution. Production and Operations Management, 22(5): 1157-1181.

Sazvar Z, Rahmani M, Govindan K. 2018. A sustainable supply chain for organic, conventional agro-food products: the role of demand substitution, climate change and public health. Journal of Cleaner Production, 194: 564-583.

Schifferstein H N J, Ophuis P A M O. 1998. Health-related determinants of organic food consumption in the Netherlands. Food Quality and Preference, 9(3): 119-133.

Schneider M. 2017. Dragon head enterprises and the state of agribusiness in China. Journal of Agrarian Change, 17(1): 3-21.

Sekhon B S. 2014. Nanotechnology in agri-food production: an overview. Nanotechnology, Science and Applications, 7: 31-53.

Sharma R, Kamble S S, Gunasekaran A. 2018. Big GIS analytics framework for agriculture supply chains: a literature review identifying the current trends and future perspectives. Computers and

Electronics in Agriculture, 155: 103-120.

Sinayi M, Rasti-Barzoki M. 2018. A game theoretic approach for pricing, greening, and social welfare policies in a supply chain with government intervention. Journal of Cleaner Production, 196: 1443-1458.

Singh M, Srivastava P K, Verma P C, et al. 2015. Soil fungi for mycoremediation of arsenic pollution in agriculture soils. Journal of Applied Microbiology, 119(5): 1278-1290.

Sjostrom T, Corsi A M, Driesener C, et al. 2014. Are food brands that carry light claims different?. Journal of Brand Management, 21(4): 325-341.

Smith L E D, Siciliano G. 2015. A comprehensive review of constraints to improved management of fertilizers in China and mitigation of diffuse water pollution from agriculture. Agriculture, Ecosystems & Environment, 209: 15-25.

Sun H, Chen J C. 2023. The road to green innovation in agriculture: the impact of green agriculture demonstration zone on corporate green innovation. Environmental Science and Pollution Research International, 30: 120340-120354.

Sylvester J, Valencia J, Verchot L V, et al. 2020. A rapid approach for informing the prioritization of degraded agricultural lands for ecological recovery: a case study for Colombia. Journal for Nature Conservation, 58: 125921.

Tang C S, Wang Y L, Zhao M. 2015. The implications of utilizing market information and adopting agricultural advice for farmers in developing economies. Production and Operations Management, 24(8): 1197-1215.

Teng L F, Laroche M, Zhu H H. 2007. The effects of multiple-ads and multiple-brands on consumer attitude and purchase behavior. Journal of Consumer Marketing, 24(1): 27-35.

Thiene M, Scarpa R, Longo A, et al. 2018. Types of front of pack food labels: do obese cusumers care? Evidence from northern Ireland. Food Policy, 80: 84-102.

Tilman D, Cassman K G, Matson P A, et al. 2002. Agricultural sustainability and intensive production practices. Nature, 418: 671-677.

Tirole J. 1988. The Theory of Industrial Organization. Cambridge: The MIT Press.

Tovar L G, Martin L, Cruz M A G, et al. 2005. Certified organic agriculture in Mexico: market connections and certification practices in large and small producers. Journal of Rural Studies, 21(4): 461-474.

Ubilava D, Foster K. 2009. Quality certification vs. product traceability: consumer preferences for informational attributes of pork in Georgia. Food Policy, 34(3): 305-310.

United Nations. 2019. Transforming our world: the 2030 agenda for sustainable development. Ethnorema, 15: 159-193.

Vasile A J, Popescu C, Ion R A, et al. 2015. From conventional to organic in Romanian agriculture:

impact assessment of a land use changing paradigm. Land Use Policy, 46: 258-266.

Veldstra M D, Alexander C E, Marshall M I. 2014. To certify or not to certify? Separating the organic production and certification decisions. Food Policy, 49: 429-436.

Velten S, Leventon J, Jager N, et al. 2015. What is sustainable agriculture? A systematic review. Sustainability, 7(6): 7833-7865.

Vukina T, Leegomonchai P. 2006. Oligopsony power, asset specificity, and hold-up: evidence from the broiler industry. American Journal of Agricultural Economics, 88(3): 589-605.

Wang C, Chen X. 2017. Option pricing and coordination in the fresh produce supply chain with portfolio contracts. Annals of Operations Research, 248(1/2): 471-491.

Wang F, Zhuo X P, Niu B Z. 2017. Strategic entry to regional air cargo market under joint competition of demand and promised delivery time. Transportation Research Part B: Methodological, 104: 317-336.

Wang J, Yue H L. 2017. Food safety pre-warning system based on data mining for a sustainable food supply chain. Food Control, 73: 223-229.

Wang M M, Zhang X, Li X L. 2023. Multiple-purchase choice model: estimation and optimization. International Journal of Production Economics, 265: 109010.

Wang X J, Li D. 2012. A dynamic product quality evaluation based pricing model for perishable food supply chains. Omega, 40(6): 906-917.

Wu L, Chen X P, Cui Z L, et al. 2014. Establishing a regional nitrogen management approach to mitigate greenhouse gas emission intensity from intensive smallholder maize production. PLoS One, 9(5): e98481.

Wu X, Hu B, Xiong J. 2020. Understanding heterogeneous consumer preferences in Chinese milk markets: a latent class approach. Journal of Agricultural Economics, 71(1): 184-198.

Xia L L, Lam S K, Chen D L, et al. 2017. Can knowledge-based N management produce more staple grain with lower greenhouse gas emission and reactive nitrogen pollution? A meta-analysis. Global Change Biology, 23(5): 1917-1925.

Xie H, Huang S H, Chiu C H. 2024. Poverty alleviation schemes for high escaping poverty probability: contract-only, compensation, and capacity-building. Transportation Research Part E: Logistics and Transportation Review, 181: 103364.

Xu J Q, She S X, Gao P P, et al. 2023. Role of green finance in resource efficiency and green economic growth. Resources Policy, 81: 103349.

Yang Q, Tian Y H. 2019. On rural collective economy and rural green tourism. International Journal of Enterprise Information Systems, 15(3): 60-75.

Yenipazarli A. 2017. To collaborate or not to collaborate: prompting upstream eco-efficient innovation in a supply chain. European Journal of Operational Research, 260(2): 571-587.

Yi Y Y, Li J X. 2018. The effect of governmental policies of carbon taxes and energy-saving subsidies on enterprise decisions in a two-echelon supply chain. Journal of Cleaner Production, 181: 675-691.

Yu L, Qin H, Xiang P G. 2020. Incentive mechanism of different agricultural models to agricultural technology information management system. Sustainable Computing: Informatics and Systems, 28: 100423.

Yu Y N, He Y, Zhao X, et al. 2022. Certify or not? An analysis of organic food supply chain with competing suppliers. Annals of Operations Research, 314(2): 645-675.

Zakowska-Biemans S. 2011. Polish consumer food choices and beliefs about organic food. British Food Journal, 113(1): 122-137.

Zhao L D, Tang L. 2007. Multi-period demand-driven dynamic pricing model for fresh food in supermarket//International Conference on Service Systems and Service Management. Chengdu, China: 1-6.

Zhao W, Zheng Y S. 2000. Optimal dynamic pricing for perishable assets with nonhomogeneous demand. Management Science, 46(3): 375-388.

Zheng X Y, Vukina T. 2007. Efficiency gains from organizational innovation: comparing ordinal and cardinal tournament games in broiler contracts. International Journal of Industrial Organization, 25(4): 843-859.

Zhong R Y, Tan P K, Bhaskaran P G. 2017. Data-driven food supply chain management and systems. Industrial Management & Data Systems, 117(9), 1779-1781.

Zhong Y G, Liu J, Zhou Y W, et al. 2023. The role of ambiguity aversion in contract-farming supply chains: a distributionally robust approach. Omega, 117: 102827.

Zhou Z Z, Zhu K X. 2010. The effects of information transparency on suppliers, manufacturers, and consumers in online markets. Marketing Science, 29(6): 1125-1137.

Zhu Z J, Bai Y H, Dai W H, et al. 2021. Quality of e-commerce agricultural products and the safety of the ecological environment of the origin based on 5G internet of things technology. Environmental Technology & Innovation, 22: 101462.

Zuo Q T, Wu Q S, Yu L, et al. 2021. Optimization of uncertain agricultural management considering the framework of water, energy and food. Agricultural Water Management, 253: 106907.